교과융합 프로젝트 수업과
학습공동체 이야기

글쓴이 / 솔밭중학교 학습공동체

교사들의 자율적인 학습모임으로, 교과융합 프로젝트 수업 실천을 통해 미래교육을 꿈꾸고 있습니다. 협력적 수업 설계, 수업의 실행과 성찰을 통해 함께 성장하며 행복한 학교문화를 만들기 위해 노력하고 있습니다.

이동국(기술), 김태숙(수학), 백순주(영어), 장예진(도덕), 김갑용(사회), 강종숙(국어), 최윤선(국어), 이정혜(국어), 성은경(수학), 최예정(사회), 주은정(과학), 정향미(영어), 이현정(과학), 심하영(가정), 이봉회(과학), 나영숙(가정), 진은화(과학), 임진명(과학), 우성은(과학), 양준식(기술), 유영택(수학), 안용현(국어)

감수 / 미래교육공감연구소

미래교육에 공감하고 실천하는 연구자로서의 교사공동체입니다. 선생님, 학교, 학부모, 지역사회가 미래교육에 공감하고 협력하며 변화를 만들어 갈 수 있도록 연구와 실천을 하고 있습니다.

김두일(한영중학교), 이은상(창덕여자중학교), 유지은(한국교원대학교), 임규연(브리티시 콜롬비아 대학)

교과 🖌️ 융합
프로젝트 수업과
학습공동체 이야기

초판 1쇄 발행 2019년 4월 5일
초판 4쇄 발행 2022년 5월 10일
지은이 솔밭중학교 학습공동체
감수자 미래교육공감연구소
펴낸이 이형세
펴낸곳 테크빌교육㈜

책임편집 이윤희 | **편집** 신현숙 | **디자인** 어수미 | **제작** 제이오엘앤피
테크빌교육 출판 서울시 강남구 언주로 551, 5층 | **전화** (02)3442-7783 (142)

ISBN 979-11-6346-017-6 03370
책값은 뒤표지에 있습니다.

테크빌교육 채널에서 교육 정보와 다양한 영상 자료, 이벤트를 만나세요!

블로그 blog.naver.com/njoyschoolbooks **페이스북** facebook.com/teacherville
티처빌 teacherville.co.kr **키즈티처빌** kids.teacherville.co.kr
쌤동네 ssam.teacherville.co.kr **티처몰** shop.teacherville.co.kr

교과 ✖ 융합
프로젝트 수업과
학습공동체 이야기

솔밭중학교 학습공동체 **지음**

미래교육공감연구소 **감수**

테크빌교육

한국의 학생들이 교육을 통해
더 많이 성취할 수 있기를 바라며

마이크로소프트(Microsoft)의 교육 비전은 지구상 모든 학생들이 더 많이 성취할 수 있도록 고무(empowering)시키는 것입니다. 여기서 '모든 학생을 고무시킨다는 것'의 의미는 점점 더 복잡해져 가는 세계에서 살아갈 수 있도록 준비하기 위한 교육을 설계하는 것을 의미합니다. 미래핵심역량에 초점을 맞추어 교육을 변화시키는 것은 마이크로소프트 교육이 중점적으로 생각하는 영역입니다. 이를 지원하기 위해 마이크로소프트에서는 혁신적인 교수학습 방법론(SRI, 2011)을 기반으로 개발된 21CLD(21st Century Learning Design)를 통해 교사들에게 전문적인 연수를 성공적으로 제공해 왔습니다. 21CLD는 교육자들이 학습자의 미래핵심역량을 촉진하고 학습활동을 정교하게 변화시키는 것을 돕는 협력적이고 실천 기반의 교육과정을 제공합니다.

'마이크로소프트 혁신 교육가(Microsoft Innovative Educator Fellow)'가 속해 있는 솔밭중학교 학습공동체는 21CLD를 기반으로 다양한 주제로 융합교육을 연구해 왔습니다. 이 책은 솔밭중학교 학습공동체가 학생들이 더 많은 역량을 갖출 수 있도록 가르치고 교육을 변화시켜 나가는 모습을 잘 보여 주고 있습니다. 저는 많은 선생님들이 이 책을 읽으며 솔밭중학교 학습공동체가 유의미한 교수학습 활동을 어떻게 설계하였는지, 학생들의 학습과 역량 계발에 어떻게 긍정적인 영향을 미쳤는지 등을 흥미롭게 살펴볼 수 있을 것이라고 확신합니다. 한국의 학생들이 자신들의 미래를 위한 가능성을 넓히고 스스로의 역량을 발전시키며 더 많이 성장할 수 있기를 바랍니다.

Felicia Brown

(마이크로소프트 아시아태평양지역 교육협력 총괄 매니저)

'아는 것이 힘'이 아니라 '알아내는 것이 힘'인 시대, 프로젝트 학습은 어떻게 해야 할까

현재 진행 중인 4차 산업혁명의 시대는 지식형 인재에서 한 단계 더 나아가 협업, 의사소통능력, 비판적 사고력과 창의력을 갖춘 융합형 인재를 필요로 하고 있습니다. 이러한 시대적 요구에 맞추어 우리 교육 현장에도 학생들이 갖추어야 할 미래핵심역량의 함양을 위한 교육적 마인드와 교실 학습에 새로운 변화의 바람이 불고 있습니다. '아는 것이 힘'인 시대가 아니라 '알아내는 것이 힘'인 시대에 협력적 문제해결능력을 기반으로 하는 학생 참여형 프로젝트 학습은 융합형 인재를 양성하는 효과적 방안으로 제시되고 있습니다.

청소년기는 배움과 성장의 기적이 일어나는 놀라운 시기입니다. 이때 교사는 학습자 스스로 배움의 주체가 될 수 있도록 끊임없이 동기 부여를 해주어야 합니다. 프로젝트 학습은 교사가 학습내용을 일방적으로 전달하지 않고 학생들에게 문제를 제시하여 학생들 스스로 주제 선정, 조사, 연구, 발표 및 평가에 이르기까지 학습의 전 과정을 주도하고 참여하도록 하는 수업 모형입니다. 이 과정에서 교사는 학생들이 최선의 결과를 낼 수 있도록 안내자, 조력자로서의 역할을 수행합니다.

우리 학교는 이른바 '혁신학교'가 아닙니다. 본교에서는 자발적으로 선생님들이 주축이 되어 전문적 학습공동체를 조직, 운영해 오고 있습니다. 매주 수요일마다 모여 프로젝트 수업을 기획하는 모습을 직접 바라보면서 혁신학교 못지않게 수업 개선에 대한 의지와 열정을 가진 선생님들에게 가슴 뭉클함을 느낀 적이 한두 번이 아닙니다.

한 학기가 끝나 갈 무렵, 복도에 전시된 프로젝트 학습의 산출물을 보면서 선생님들이 그동안 물리적인 시간의 소요와 육체적인 고달픔 속에서도 아이들과 상호 작용하면서 역동적인 배움의 장을 펼쳐 왔음을 실감할 수 있었습니다. 우리 선생님들의 프로젝트 학습을 통한 수업 개선으로 학생들이 배움에 주체적인 역할로 변하고 선생님들은 가르치는 보람을 느끼며, 모두의 학교생활이 행복해짐을 생생히 경험하고 있습니다. 또한 프로젝트 학습을 기획하기 위해 참석한 교사들의 면면을 살펴보니, 신규 교사부터 원로 교사까지 다양하게 구성되어 있었습니다. 프로젝트 학습을 디자인하면서 교육과정의 재구성은 물론 원로 교사들이 신규 교사들의 멘토 역할을 하면서 학급지도, 생활지도 등에서 또 다른 시너지 효과를 얻고 있습니다.

지난 3년간 이루어진 본교의 프로젝트 학습 시도와 성과가 새로운 시대 변화에 부응하는 인재를 길러 내는 데 조금이라도 보탬이 되기를 바랍니다. 더불어 이러한 경험들이 다른 학교에도 파급되어 학생과 교사의 새로운 도전이 즐거운 경험으로 바뀌어 수업 혁신은 물론 소통과 배려, 재미를 더한 앎에의 기쁨으로 다가오기를 소망합니다.

새봄 새학기를 시작하며
오충민 (솔밭중학교 교감)

솔밭중학교 학습공동체의
프로젝트 수업 도전과 성과

"학생들의 삶에 영향을 줄 수 있는 프로 젝트 수업을 제대로 실행해보고 싶었다." 프로젝트 학습은 인간의 고차원적 인 문제해결과정이기 때문에 단일 교과의 지식만 활용하는 것이 아니라, 여 러 교과의 지식을 융합하는 것이 필수적이다. 융합 수업을 설계하기 위해서 는 여러 교과의 교사가 함께 수업을 설계하고 실행하며 성찰하는 과정이 필 요하다. 이를 위해 자발적인 참여 속에서 학습공동체가 만들어졌다. 교과수 업, 생활지도와 행정 업무로 하루 일과가 빡빡하게 돌아갔지만, 매주 수요일 7교시에 학습공동체 선생님들은 바쁜 일을 뒤로한 채 미래핵심역량과 이를 촉진하기 위한 방안을 고민하였다. 학습공동체의 비전을 공유하고 프로젝트 학습이라는 전략을 실행하기 위해 2016년부터 3년 동안 연구하고 실천하였 다. 연구와 실천의 경험을 바탕으로 혁신학교가 아닌 일반학교에서의 학습 공동체와 프로젝트 학습에 대한 경험을 이 책에 녹여 내었다.

학습공동체와 프로젝트 학습은 서로 상보적인 관계를 가진다. 학습공동 체에서 프로젝트 학습이라는 주제는 교사들이 서로 협력하여 수업하게 하고 풍성한 이야깃거리를 만들어 낸다. 프로젝트 학습 속에는 미래핵심역량, 실생활 문제, 학습자중심 교수학습 방법, 과정중심 평가, 교과과정—수업—평가—기록의 일체화 등 최근 화두가 되고 있는 대부분의 키워드들이 들어 있다. 그러므로 프로젝트 학습을 깊이 있게 탐구하다 보면 다양한 분야의 교수 역량을 촉진할 수 있게 된다. 한편, 프로젝트 학습은 학습공동체를 통해 학생들에게 더욱 의미 있는 경험을 제공할 수 있다. 특정 문제를 해결하기 위해서 여러 교과의 내용들이 융합되어 학생들에게 적용되기 때문에, 학생들은 보다 깊이 있는 학습이 가능하다.

이 책은 3부로 구성되어 있다.

1부는 학습공동체에 대한 이야기이다. 지난 3년간 솔밭중학교 학습공동체의 경험을 바탕으로 운영 원리를 도출하고, 그에 따른 사례를 기술하였다. 학습공동체의 시작, 운영, 확산별로 고려해야 할 운영 원리를 제시하였고, 구체적인 사례 제시를 통해 실제 학습공동체 운영에 활용할 수 있는 정보를 담았다.

2부는 프로젝트 학습 설계 원리이다. 마이크로소프트의 21CLD 연구를 바탕으로 프로젝트 학습 설계 원리를 도출하였다. 각 설계 원리는 프로젝트 학습을 연구하고 실천하기 위한 학습공동체의 학습자원으로 활용할 수 있다. 원리를 이해하고, 원리별 활동을 통해 프로젝트 학습을 설계할 수 있도록 제시하였다. 마지막에는 프로젝트 학습에 대한 Q&A를 통해 프로젝트 학습의 실행에 대한 궁금증을 해소할 수 있을 것이다.

3부는 학습공동체에서 3년간 실행한 9개의 프로젝트 학습 사례이다. 수업 설계의 의도, 수업 설계서, 교과별 수업 활동과 성찰로 구성되어 있다. 특히 눈여겨보아야 할 부분은 수업 설계서이다. 수업 설계서에는 프로젝트 학습의 설계 원리가 모두 포함되어 있으며 프로젝트 학습의 전체적인 방향을 소개하고 있다. 여기서 소개하는 프로젝트 학습 사례는 다른 우수한 사례에 비해 화려하지 않지만, 학급당 인원수가 많고 큰 규모의 학교에서도 쉽게 적용할 수 있는 사례로 구성하였다. 소개된 사례를 분석하여 자신의 학교 맥락에 맞게 프로젝트 학습을 수정하여 수업에 적용할 수 있을 것이다.

교사는 자신의 경험을 전수함으로써 학생들에게 세상을 바르게 볼 수 있도록 안내한다. 교사는 빠르게 변하는 사회, 문화, 기술의 변화 속에서 삶의 지혜를 찾아 학생들에게 전수해 주어야 한다. 이를 위해 교사는 그저 정해진 시간에 수업에 들어가 가르치는 데 그치지 않고, 끊임없이 수업에 대해 연구, 실천하고 성찰해야 한다. 이를 위해서는 자발적인 연구모임인 학습공동체가 필수적이다. 교사가 연구자가 되어 학습공동체에서 서로의 지혜를 나누고 함께 성찰하는 것은 그들이 속한 커뮤니티를 더욱 견고하게 해 준다. 이 책은 교사연구자로서 우리가 속한 교육이라는 커뮤니티의 지식 축적에 기여하기 위해 제작되었다. 학습공동체와 프로젝트 학습의 실천을 고민하는 교사들에게 작은 도움이 되길 바란다.

끝으로 학습공동체 활동 하나하나에 따뜻한 격려와 지원을 아끼지 않으셨던 김종신 교장 선생님, 오충민 교감 선생님, 박성훈 교장 선생님, 최명렬 장학관님께 깊은 감사를 드린다. 또한 동료 교사로서 학습공동체를 지지해 주고 응원해 주신 솔밭중학교 선생님들에게 무한한 감사의 마음을 전한다.

솔밭중학교 학습공동체 일동

차 례

학습공동체

학습공동체를 하면 뭐가 좋을까?

Part 2

프로젝트 학습 설계 원리

프로젝트 수업, 제대로 하려면?

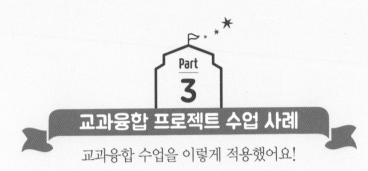

1
Part

학습공동체

✦

학습공동체를 하면 뭐가 좋을까?

학습공동체 시작하기

1__
Chapter

　　　　　　　　　　　　　　　　　　"학습공동체를 함께 해 볼까요?" 학습
공동체를 시작하기 위해서는 누군가 이 말을 꺼내 주어야 한다. 자의든 타의
든 학습공동체를 만들어 보자는 말은 참으로 꺼내기 어렵고 두려운 일이
다. 같은 공간에서 매일 얼굴을 마주하는 동료들에게 이런 말을 하기 어
려운 이유는 무엇일까? 여러 가지 이유가 있겠지만 가장 큰 이유는 불확
실성 때문일 것이다. 학습공동체에 몇 명이나 참여할까? 무엇을 함께 할
까? 얻는 것은 무엇일까? 수많은 의문이 머릿속을 맴돌아서 학습공동체
의 시작을 주저하게 되는 경우가 많다. 이 장에서는 학습공동체의 시작
을 위해 반드시 고려해야 할 요소를 살펴보고자 한다.

1. 실천적 지식을 공유하는 학습공동체

인공지능, 빅데이터, 사물인터넷 등으로 대변되는 4차 산업혁명 관련 기술의 발전은 경제, 사회, 문화 등 인류의 환경을 크게 재편할 것으로 예상된다. 4차 산업혁명이 가져오는 파괴적 혁신의 영향력은 사회 전반의 변화뿐만 아니라 교육 시스템에도 많은 영향을 미치고 있다. 기존 산업 사회에서는 매뉴얼화된 시스템 속에서 일하는 인재를 요구하였다면, 현대 사회는 복잡한 문제를 다른 사람과 긍정적으로 상호 작용하며 창의적으로 해결해 나가는 인재를 요구한다. 이러한 사회적 요구를 반영하여 교육 현장에서도 미래 사회를 살아갈 학생들의 핵심역량에 대한 관심이 뜨겁다. 다보스 세계경제포럼에서는 미래 사회를 살아가기 위한 중요한 역량으로 복잡한 문제해결(complex problem solving), 비판적 사고(critical thinking), 창의력(creativity), 타인과의 협력(coordinating with others) 등을 제시하였다. 2015 개정교육과정에서는 자기관리역량, 지식정보처리역량, 창의적 사고역량, 심미적 감성역량, 의사소통역량, 공동체역량을 제시하고 있다. 기존에 중시되던 3R(reading, writing, arithmetic)과 함께 다양한 역량을 반영한 교육 활동의 중요성이 강조되고 있다. 교사가 단순히 지식을 전달하고 학생들이 그대로 수용하는 것이 아니라, 학생들 스스로 지식을 활용하여 새로운 가치를 창출하고 다른 사람과 긍정적으로 상호 작용하는 등의 역량을 길러야 한다. 이렇게 미래의 인재상과 교육 방법이 빠르게 변화되고 있기 때문에 교사들도 자신의 교수학습 전문성에 대해 고민해 볼 필요가 있다.

흔히 교사의 지식을 실천적 지식(practical knowledge)이라 한다. 실천적 지식은 교사가 교육 현장에서 일하고 가르치며 경험을 통해 형성한 지식을 말한다. 실천적 지식은 교수행위의 근거가 되는 지식으로 교사가 가지고 있는 지식을 교실의 상황에 맞도록 자신의 가치관과 신념을 바탕으로 종합하고 재구성한 지식을 의미한다. 이러한 실천적 지식은 누적되는 경험과 실천의 지혜를 통해 얻어지는 장인정신과 유사하다.

실천적 지식은 다양한 상황에서 적절하게 사용할 수 있으며, 이론과 실제가 통합되어 형성되고, 현장에서 일어나는 교사의 모든 행동과 판단의 근거로 사용될 수 있다. 이러한 실천적 지식은 성찰(reflection)을 통해 형성된다.[1] 성찰은 어떤 교수적 행위가 진행되는 동안 앎을 표면화하고 비판하며 다음 행위에 반영할 수 있는 시사점을 도출하는 활동이다. 교사들은 교실에서 가르치는 경험을 통해 실천적 지식을 쌓아 간다. 의식적으로 성찰하는 교사는 실천적 지식이 빠르게 증가하지만, 성찰하지 않는 교사는 실천적 지식이 완만하게 증가한다.

또 실천적인 지식은 개인적인 성격을 가지고 있다. 일반적으로 교직 문화는 고립과 불간섭의 특성이 있다.[2] 지금껏 우리는 같은 학교에서 동일한 학생들을 대상으로 수업을 해 왔기 때문에 다른 교사의 수업이 어떻게 진행되는지 잘 알지 못했다. 간혹 공개 수업이 있어 다른 교사의 수

---

1) Donald A.Schön(1984). *The Reflective Practitioner: How Professionals Think in Action*. Basic Books.
2) Hargreaves, A.(1994). *Changing teachers, changing times: Teachers' work and culture in the postmodern age*. Teachers College Press.

업을 참관할 기회가 생겨 교실에 들어갈 때면 괜히 미안한 마음마저 든다. 이는 학교에서 오래전부터 형성되어 온 고립된 교실, 고립된 교직 분위기 때문일 것이다. 우리는 유독 자신의 수업에 대한 고민을 터놓고 이야기하는 것을 어려워한다. 후배 교사는 선배 교사들의 오랜 경험에서 우러나오는 수업 방식이 궁금하고, 선배 교사는 후배 교사들의 열정적이고 참신한 수업 방식이 궁금하다. 대부분의 교사는 자신의 교실 안에서 혼자 시행착오를 겪으며 실천적 지식을 쌓아 간다. 이 실천적 지식은 후배 교사에게 전수되고 공유되기보다는 개인의 노하우로만 남는 경우가 일반적이다. 후배 교사들은 똑같은 어려움과 시행착오를 거치며 교직 생활을 하게 된다. 즉 지식이 공동체에 축적되기보다는 개인에게만 축적되어 그 지식을 많은 사람들이 널리 활용하지 못하게 된다.

지식을 효과적으로 축적하기 위해서는 성찰의 과정이 필요하다. 그러나 성찰은 혼자서는 제대로 이루어지지 않는다. 자신의 실천이 예상 밖의 결과로 이어졌을 때 비판적으로 고찰하고 재구성함으로써 새로운 지식을 형성해야 하는데 혼자서는 한계에 부딪쳐서 성찰 이전의 상태에 머무는 경우가 많다. 교사의 전문성을 실천적 지식으로 대변했을 때, 실천적 지식을 공유할 수 있는 시스템(system)이 필요하다. 이러한 시스템으로 교사들이 자발적으로 자신의 전문성을 개발하기 위해 참여하는 전문적 학습공동체를 많이 언급한다. 전문적 학습공동체(이하 학습공동체)란 공동의 가치와 비전을 가지고 끊임없이 그들의 실천을 탐구하고 향상시

---

3) 서경혜(2015). 『교사학습공동체』. 서울: 학지사.

켜 나가는 전문가 집단을 의미한다.[3]

학습공동체는 가치와 비전의 공유, 집단창의성, 실천의 공유, 지원적인 공유 리더십, 지원적인 환경 등의 특성을 가진다.[4] 학습공동체에 참여하는 구성원은 공동의 비전을 세우고 함께 실천할 전략을 민주적으로 수립한다. 또 다양한 문제 상황을 해결하기 위해 집단지성을 사용하며 최적의 해결책을 도출한다. 또한 그들의 노하우를 서로 공유하며 자신의 전문성을 개발한다. 이러한 과정을 지원하기 위해 교장은 리더십을 분산하고 물적·인적 지원을 제공한다. 최근 학습공동체는 교사의 전문성을 지원하는 가장 이상적인 전문성 개발 프로그램으로서 정책적으로 활발히 장려되고 있다.

사회학자인 피에르 레비(Pierre Levy)는 지식에 가치를 부여하고 지식과 지식, 사람과 지식, 사람과 사람이 상호 작용하는 공간을 만든다면 집단지성이 출현할 거라고 했다. 그리고 이 집단지성으로 인해 인류의 삶이 크게 바뀔 거라고 했다. 그가 말한 것처럼 지식은 어느 학교 공간에나, 어떤 교사에게나 존재한다. 모든 교사에게 존재하는 지성을 연결하여 증폭 효과를 낼 때 새로운 교육 패러다임이 정착되고 현실화될 수 있을 것이다. 학습공동체 안에서 이것이 진정성 있게 이루어지고 지속된다면 학습공동체는 교육 변화에 있어 매우 효과적인 촉진제가 될 것이다.

이 책 1부에서는 솔밭중학교 학습공동체의 경험을 토대로 학습공동체 운영에 필수적으로 고민해야 할 부분을 이야기하고자 한다. 학습공동

---

4) Hord, S. M.(1997). *Professional learning communities: Communities of continuous inquiry and improvement*.

체 운영에 참고할 만한 원리들을 소개하고, 이 원리들이 실제 학습공동체 운영에 어떻게 적용되었는지 사례를 통해 제시하고자 한다. 단, 학습공동체는 이를 운영하는 학교의 문화, 구성원의 특징에 따라 각양각색의 형태를 띤다. 자신이 몸담고 있는 학교의 맥락을 고려하여 학습공동체의 상을 재구성할 필요가 있음을 머릿속에 두고 읽어 보길 권한다.

2. 공유된 비전과 상대적 이점

학습공동체의 참여는 자발적인 의사, 동료 교사의 권유, 학교의 요구 등 다양한 형태로 이루어진다. 자발적으로 학습공동체를 조직하고 운영하는 것이 이상적이겠지만, 학교의 교육방향과 정책에 따라 참여 형태는 달라질 수 있다. 학습공동체의 시작이 어떻든 지속되는 만남 속에서 자발적인 참여를 이끌어 내는 것이 중요하다. 그 이유는 학교라는 조직이 느슨하게 결합된 시스템(loosely coupled system)이기 때문이다.[5] 학교라는 조직은 구성원들이 서로 연결은 되어 있으나 각자의 독자성을 유지하면서 어느 정도 분리되어 있는 양상을 띤다. 특히 교수학습의 측면에서 그 특징이 두드러진다. 교사는 자신의 교과를 지도하는 데 있어 교육과정을 자유롭게 편성하고, 교실에서 활용할 교수법과 자원을 스스로 결정한다. 그리고 학급 운영에 있어서도 학급의 경영 방침을 스스로 결정하고 실행하는 주체적인 역할을 수행한다. 이 때문에 교사들은 서로의 교과를 넘

---

5) Weick, K. E.(1976). Educational organizations as loosely coupled systems. *Administrative Science Quarterly*, 1-19.

나들며 대화하고 협력하는 것에 익숙지 않고 이를 어색해한다. 교육청이나 상위 기관에 의해 주어진 예산을 가지고 비자발적으로 참여하는 학습공동체는 형식적으로 운영되기 쉽고 지속하기 어려운 문제점이 있다. 교사들의 자발적인 참여를 이끌어 내기 위해서는 학습공동체의 '공유된 비전'과 '상대적 이점'이 있어야 한다.

많은 교육 전문가들이 참여하는 학습공동체는 비전을 공유해야 한다. 여기서 비전은 내다보이는 장래의 상황, 이상을 의미한다. 학습공동체를 통해 이루고자 하는 이상적인 상황을 설정할 필요가 있다. 이러한 비전 설정은 리더에 의해 제시되는 것보다 구성원의 생각과 열망을 담아 함께 설정하는 것이 바람직하다. 단순히 문서 상에서만 존재하는 비전이 아니라, 구성원의 머릿속에 항상 맴도는 비전이어야 한다. 구성원이 공유된 비전에 동의하고 한 방향을 바라볼 때, 학습공동체가 올바른 방향으로 나아갈 수 있다. 일반적으로 많은 학습공동체는 공유된 비전(shared vision)으로 학생들의 학습에 초점을 두고 있다.[6]

솔밭중학교 학습공동체의 공유된 비전은 '미래 사회를 살아가는 학생들이 다른 사람과 더불어 살며 미래를 스스로 개척하는 창의적인 인재가 되도록 육성하는 것'으로 설정하였다. 이러한 비전 설정은 자유학기제의 도입과 2015 개정교육과정의 도입에 따라 교사들이 마음속으로 가지고 있는 고민으로부터 출발하였다. 교사들은 창의력, 문제해결력, 의사소통력 등과 같은 핵심역량의 중요성을 이해하고 있지만, 이것을 어떻게 교

---

6) Hord, S. M.(1997). Professional learning communities: Communities of continuous inquiry and improvement.

수학습에 녹여 낼 수 있을까에 대한 고민을 가지고 있었다. 그리고 최근 많은 학생들이 다른 사람을 배려하는 인성역량이 부족한데, 그러한 인성교육을 교과교육과 접목하여 실행하고 싶은 욕구를 가지고 있었다. 이러한 고민을 바탕으로 학습공동체에서는 역량에 대해 공부하고 교수학습의 개선을 통해 비전을 달성하고자 하는 목표를 수립하였다. 이 비전에 모든 구성원이 명시적 또는 암묵적으로 동의하였기 때문에 이후에 전개된 협력적 수업 설계, 프로젝트 학습 실천과 성찰, 교수학습 관련 독서활동이 원활하게 이루어지고 구성원들이 긍정적으로 참여할 수 있었다. 학습공동체에서 비전을 수립하기 위해서는 구성원의 요구(needs), 교육환경의 변화, 교육정책 등을 고려할 필요가 있다. 그리고 구성원이 변동하면 비전과 전략은 구성원의 동의 아래 수정되거나 보완되어야 한다.

> "처음에는 프로젝트 학습을 해 보려고 학습공동체에 참여하게 되었어요. 그런데 왜 이런 수업의 변화가 필요할까를 고민해 보니, 결국 학생들의 핵심역량과 관련되어 있더라고요. 핵심역량을 신장시켜 주기 위해서는 기존의 교수법과는 다른 접근 방법이 필요할 것이라는 생각이 들었어요. 그런 점에서 학습공동체의 참여는 문제의 실마리를 제공해 주는 단비와 같은 기회였어요." (B교사의 인터뷰)

학습공동체는 기존의 교사 전문성 개발 프로그램과 달리 상대적 이점을 가져야 한다. 첫째, 자신이 근무하고 있는 학교의 배경을 바탕으로 서로가 가지고 있는 고민과 문제점을 이야기할 수 있어야 한다. 책이나 연수 형태로 전달되는 지식은 각 학교가 처한 서로 다른 맥락을 충분히 반영하지 못한다. 학습자 특성, 지역 환경, 학교 구성원의 특징 등 학생을 둘러싼 맥락은 모든 학교가 상이하다. 따라서 학교의 맥락을 고려해 이야기를 나눌 수 있는 사람은 같은 학교에 근무하는 동료 교사밖에 없다. 동료 교사들이 '오늘은 학생들과 어떤 일이 있었고 어떤 선생님이 어떤 활동을 하고 있다'라고 공유하는 것은 학교의 맥락을 이해하는 중요한 활동이다. 학교의 맥락을 충분히 이해하는 상태에서 교수학습 개선, 생활지도 방안, 학교의 문제점을 논의하기 때문에 더욱 교사의 마음을 움직일 수 있고, 실천에 옮길 수 있는 기회를 제공한다.

둘째, 유연하게 전문성 개발 프로그램을 진행할 수 있어야 한다. 학습공동체는 일반적으로 정형화된 프로그램이 없는 것이 특징이다. 구성원의 요구, 학습공동체 리더의 운영 방향에 따라 자유롭게 프로그램을 설정할 수 있다. 구성원이 요구하는 방향과 학교의 맥락에 따라 다양한 전문성 개발 프로그램을 운영할 수 있다.

셋째, 실행과 성찰을 함께 해야 한다. 많은 교사들이 오프라인 연수나 원격 연수를 듣고 자신의 교수학습 개선에 대해 고민한다. 그러나 대부분 연수에서 배운 지식을 자신의 교수학습에 적용하기는 어려워한다. 그 이유는 대부분의 연수가 지식의 전달에 초점을 두고 있기 때문이다. 지식의 전달 후에 이어질 교사의 실천과 성찰에는 관심을 두지 않는다. 그러나 학습공동체는 지식의 습득과 함께 이 지식을 활용한 실천과 성찰에 초점을 둔다. 교사들은 자신의 수업 경험을 나누고 교실에서의 개선 방향을 탐색한다.

이 3가지 상대적 이점은 기존의 교사 전문성 개발 프로그램과 차별되는 특징으로 학습공동체의 자발적인 참여를 유도하고 학습공동체를 유지, 발전시켜 나가는 동력이 된다.

"하브루타 수업과 관련된 원격 연수를 들었어요. 그런데 그 선생님이 근무하는 학교는 학급당 인원이 20명 정도였어요. 우리 학교는 33명이라 같은 환경이 아닌데, 그 교수법이 적용될 수 있을까 하는 의문이 들었어요. 이런 고민을 학습공동체에서 이야기했는데, 선배 선생님이 우리 학교 상황에 맞는 사례를 들려주셔서 큰 도움이 되었어요." (C교사의 인터뷰)

이렇게 운영하면 좋아요

- 구성원들이 동의하는 공유된 비전을 만들어 보세요.
- 비전을 달성하기 위한 구체적인 전략을 수립해 보세요.

(비전) _____
ex) 더불어 살며 미래를 개척하는 창의적 인재 육성

(목표) _____
ex) 미래핵심역량을 고려한 교수학습 설계 능력 신장

(전략) 1. ex) 교과융합 프로젝트 학습의 설계와 실행
 2. _____
3. _____

3. 능동적 구성원의 역할

학습공동체는 다양한 관심사를 가진 교사들이 호혜성을 바탕으로 자발적인 학습을 통해 교육적 목적을 달성하기 위해 모인 조직이다. 교사들은 학습공동체에서 다양한 역할을 수행하고 학습하며 성장해 나간다.

학습공동체는 구성원들의 역할에 따라 성패가 결정된다. 초기 학습공동체는 리더가 되는 교사의 제안으로 결성되는 경우가 많다. 처음에는 리더를 중심으로 학습공동체가 운영되지만 권한이양(empowerment)을 통해 모든 구성원이 리더가 되는 집단지성 모델로 발전하는 것이 일반적이다.[7] 발전적인 학습공동체를 유지하기 위해서는 다음과 같은 구성원의 역할이 필요하다.

첫째, 변혁적 리더십(transformational leadership)을 갖춘 리더가 필요하다. 리더는 구성원들의 행동을 고취시키기 위해 영감적 동기를 부여하고 지적인 자극을 제공하여 창의적으로 사고하도록 격려하며 긍정적인 분위기를 조성하는 변혁적인 리더십을 가져야 한다.[8] 초기 학습공동체에서 리더는 학습공동체의 결성을 제안하고 운영 방향에 대한 의견을 제시하기에 리더의 성향, 관심사, 학문 분야가 학습공동체의 방향을 결정하기도 한다. 리더는 모든 구성원들의 의견을 수렴하여 민주적으로 공유된 비전을 마련하고, 구성원들이 비전을 달성할 수 있도록 전략을 수립해야 한다. 그리고 구성원들의 참여를 촉진시키기 위한 방안을 생각하고 그들에게 끊임없이 지적인 자극을 제공해야 한다. 이러한 활동이 초기에는 리더의 주도하에 일어나지만, 점차 권한이양을 통해 모든 구성원들이 리더의 역할을 수행하게끔 시스템을 마련해야 한다. 리더의 이러한 역할은 학습공동체의 성패를 결정하는 중요한 요인이다.

---

7) 김현섭(2018). 『수업공동체: 수업연구실천모임 어떻게 할까?』. 수업디자인연구소.
8) Bass, B. M., Avolio, B. J., & Pointon, J.(1990). The implications of transactional and transformational leadership for individual, team, and organizational development.

둘째, 리더(혁신가, innovator)와 함께하는 선도적인 동료(조기 채택자, early adopter)가 필요하다. 로저스의 혁신확산이론[8]은 선도적인 동료의 역할을 잘 설명하고 있다. 조기 채택자는 혁신을 빠르게 받아들이고 소속 집단에서 타의 모범이 되며 다른 사람들에게 큰 영향력을 행사하는 사람이다. 특히 조기 다수수용자들(early majority)에게 혁신의 채택을 설득하는 역할을 담당한다. 리더 혼자만으로 학습공동체를 운영하기는 어렵다. 리더를 호응하고 지지하며 학습공동체의 가치를 널리 전파하는 동료가 필요하다. 아무리 훌륭한 리더가 있더라도 이를 지원해주는 동료가 없다면 그 학습공동체는 원활히 작동하기 어렵다. 조기 채택자에 의해 조기 다수수용자들에게 학습공동체의 가치가 전수되고, 자연스럽게 후기 다수수용자들이 이를 받아들일 수 있어야 한다. 물론 혁신이 모든 구성원들에게 전파되는 것은 아니다. 어떤 구성원에게는 매우 가치 있는 활동이 되지만, 다른 구성원들에게는 가치 없는 활동이 될 수도 있다. 혁

로저스의 혁신 채택 곡선(Innovation Adoption Curve)

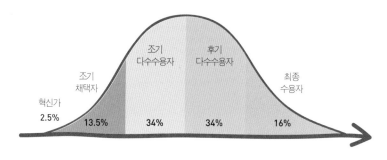

9) Rogers, E. M.(2010). *Diffusion of innovations*. Simon and Schuster.

신의 이러한 속성을 이해한다면 모든 구성원을 학습공동체의 대상으로 삼아야 한다는 강박관념에서 벗어날 수 있을 것이다.

솔밭중학교 학습공동체는 2016년 A교사의 제안으로 시작되었다. A교사는 14년 경력의 교사로 평소 미래핵심역량과 프로젝트 학습에 관심이 많았고, 관련 연구와 프로젝트를 다수 수행하였다. 자신은 교사연구자(teacher as researcher)라는 신념을 가지고 있으며, 연구와 실천의 갭(gap)을 줄이기 위해 프로젝트 학습을 동료들과 함께 실천하려는 의지에서 학습공동체 조직을 제안하였다.

> "여러 해 동안 프로젝트 학습에 대해 공부하고 교실에서 실천을 해 보았어요. 프로젝트라는 것이 인간의 자연스러운 문제해결 과정인데 특정 교과의 지식만 활용하여 문제를 해결하기 어려운 경우가 많았어요. 학생들은 학교에서 다양한 교과 지식을 배우는데 그 지식을 적용하는 방법을 잘 모르는 것 같아요. 프로젝트 수업을 제대로 실현하기 위해서는 여러 교과 교사의 협력이 필요했어요." (A교사 인터뷰)

이 제안으로 전체 교직원 38명 중 10명의 교사가 모였다. 그런데 일단 모이기는 했지만, A교사도 함께하기로 한 교사들도 정확히 무엇을 해야 할지 몰랐다. 몇 번의 모임을 통해 미래핵심역량의 중요성과 프로젝트 학습의 가치를 이야기하면서 조금씩 학습공동체의 비전과 해야 할 일을 논의하기 시작하였다. A교사는 자신의 핵심가치와 신념을 지속적으로 표현하였고, 구성원들의 의견을 이끌어 내기 위해 노력하였다. 참여한 교사들도 처음 맞이하는 자유학기제와 2015 개정교육과정의 도입으로 불안감을 가지고 있었다. 정책적으로 학습자중심의 다양한 교수학습이 요구되고 핵심역량의 가치가 대두되던 시기여서 교사들은 어떻게 가르쳐야 할까에 대한 고민을 가지고 있었다. 학습공동체의 비전은 이러한 요구를 반영하여 자연스럽게 설정되었다.

1년 차(2016년) 학습공동체의 처음 2개월 동안은 프로젝트 학습 설계 원리를 공부하는 과정으로 이루어졌다. 리더는 구성원들에게 다양한 정보를 제공하며, 지적 자극을 통해 새로운 교수학습 방법에 대해 탐색할 수 있는 기회를 제공하였다. 주로 프로젝트 학습 설계 원리와 관련하여 최신의 정보를 제공하고, 이를 함께 공부하는 활동을 전개하였다. 공부한 프로젝트 학습 설계 원리를 적용하여 함께 프로젝트 학습을 실행하고 성찰하는 과정을 반복하여 1년 차 학습공동체 활동을 마무리하였다. 2년 차(2017년), 3년 차(2018년) 학습공동체 활동에서는 프로젝트 학습과 더불어 독서모임을 하였다. 학습공동체 구성원으로부터 도서 추천을 받아 함께 읽고, 그것에 대해 모두가 발제하고 토의하는 형태로 운영되었다. A교사는 리더로서 공유된 비전을 설정하고, 다른 교사들과 협력하여 연구와 실천의 체계를 만들어 나갔다.

그리고 학습공동체의 시스템이 정착될 수 있었던 주요 원동력으로 조기 채택자의 역할을 한 B교사, C교사, D교사가 있었다. B교사는 학습공동체의 총무로서 전반적인 행정 업무를 담당하였다. 학습공동체의 개최를 알리고 학습내용을 선정하여 발제자를 정하는 등 중간 리더의 역할을 충실히 수행하였다. 또한 거리낌 없이 학습공동체의 비전을 수용하고, 그 비전에 따라 프로젝트 학습을 설계하고, 그 속에서 의미와 가치를 찾으려는 노력을 보였다. 특히 2016년에 수행한 지구온난화 프로젝트 학습에서 플래시몹을 통해 프로젝트 산출물을 전 교직원과 학생들에게 공개하는 행사를 기획하였다. B교사의 적극적인 활동은 다른 구성원들에게 프로젝트 학습의 가치를 알리는 촉매제 역할을 하였다.

> "플래시몹을 기획한 이유는 학생들의 프로젝트 산출물을 많은 사람들에게 알리고 싶어서였어요. 그리고 학생들이 함께 하는 활동을 통해 그 속에서 즐거움을 느끼고 하모니의 가치를 발견하길 기대했어요. 플래시몹 행사에 많은 선생님들과 학생들이 참여해서 저 자신도 많이 놀랐고, 몇 년이 지난 뒤에도 회자가 되고 있네요." (B교사 인터뷰)

C교사는 교수학습과 평가의 개선에 대한 최신 트렌드와 관련 정보를 제공하고 다른 사람들을 격려하는 분위기 메이커 역할을 하였다. '요즘 아이들을 어떻게 가르쳐야 할까?'에 대해 항상 고민하고, 자신의 교수학습을 개선하기 위해 끊임없이 노력하였다. 자신의 노하우를 다양한 사례를 통해 학습공동체에 전달했으며, 무엇보다 상대방의 장점을 잘 찾아내고 서로 격려하는 문화를 조성하여 학습공동체를 긍정적 분위기로 만드는 데 기여하였다. C교사는 3년 차 학습공동체를 이끈 리더로서, 학습공동체의 의미와 가치를 더욱 빛나게 하고 있다.

> "저도 예전에 선도적으로 참 열심히 했다고 생각했는데, 요즘 정책과 사회적 요구에 따른 교육 변화가 참 빠른 것 같아요. 지속적으로 공부하지 않으면 따라가기 힘들다는 생각을 해요. 학습공동체는 교수학습과 평가의 개선에 대해 이야기를 나눌 수 있어 참 좋은 것 같아요. 또 서로 격려하고 칭찬하는 과정에서 교사로서의 자존감도 올라가는 것 같아요." (C교사 인터뷰)

D교사는 교육 경력이 30년이며 자신의 수업 방법과 사례를 적극적으

로 나눔으로써, 후배 교사를 독려하고 함께 갈 수 있는 방향을 제시하였다. 교수학습과 생활지도에 있어 자신의 노하우를 아낌없이 나누고, 후배 교사들에게 멘토의 역할을 수행하였다. 또 교과융합 프로젝트 수업에서 학생들에게 프로젝트 수업이 왜 필요하고, 미래에는 어떤 역량이 중요한지에 대해 설명해 주는 역할을 수행하였다. 이러한 역할은 함께 프로젝트 수업을 전개하는 교사들에게 큰 도움이 되었으며, 수업을 원활히 진행할 수 있는 원동력이 되었다.

> "제가 가지고 있는 가르치는 경험을 말할 기회가 없는데, 학습공동체에서는 누구나 특정 주제를 바탕으로 그러한 경험을 공유할 수 있다는 점이 정말 좋은 것 같아요. 후배 교사들에게 다양한 노하우를 전달할 수 있어 뿌듯합니다."(D교사 인터뷰)

솔밭중학교 공동체는 리더와 조기 채택자의 역할을 수행하는 교사들이 적극적으로 헌신하며 공동체를 발전시켰다. 대부분의 학교에서 학습공동체를 조직하고 운영하는 리더는 매우 외로운 존재이다. 자신이 하는 활동이 다른 선생님에게 부담을 주지는 않는지, 의미 있는 활동인지, 실제로 학습효과가 있는지 등 스스로에게 끊임없이 질문을 던질 수밖에 없다. 이런 질문에 긍정적인 답변을 얻지 못하면 학습공동체는 머지않아 문을 닫게 된다. 그래서 리더와 함께 그의 활동을 지지하고 뒷받침해 주는 동료는 절대적으로 필요하다. 이런 동료를 어떻게 만들어 갈지는 학습공동체 운영에 있어 지속적으로 고민하고 노력해야 할 부분이다.

4. 분산적 리더십과 동료의 암묵적 지지

최근의 학교 시스템은 매우 다양하고 복잡한 문제들을 가지고 있으므로 이를 학교장 혼자서 다 해결하기는 어렵다. 따라서 리더십이 한 사람에게 집중되는 것이 아니라, 학교장과 교사에게 분산되어 발휘될 필요가 있다. 이를 분산적 리더십이라 하는데, 분산적 리더십은 학습공동체의 실행에 유의한 영향을 미침을 보고하고 있다.[10]

학습공동체는 기본적으로 구성원의 자발적인 참여와 협력, 긍정적인 상호 작용을 바탕으로 한다. 교사들이 교수학습 분야에 대한 리더십을 가지고 개인과 학습공동체의 역량을 향상시켜 나가는 활동은 결국 학교의 교육력 제고에 기여하게 된다. 이를 위해 학교장은 학교의 모든 분야에 리더십을 발휘하기보다는 학습공동체나 민주적 의사결정 조직에 자신의 권한을 이양함으로써 리더십의 탈중심화, 양도, 협력, 공유를 통해 능동적이고 협력적인 자발성을 이끌어 내야 한다.

솔밭중학교 학습공동체는 분산적이면서 지원적인 관리자(교장, 교감)의 리더십 아래 지속되고 발전시켜 나갔다. 관리자는 학습공동체에 어떤 자원을 지원해야 할지 지속적으로 고민하고, 학습공동체의 합리적인 요구를 받아들이며 긍정적인 지지를 보냈다. 학습공동체 운영에 필요한 예산, 교구, 컴퓨터 등 다양한 물적 자원을 제공하고 끊임없이 격려하였다. 이는 학습공동체를 안정적으로 운영하는 밑바탕이 되었다.

---

10) 김현, 강경석(2016). 초등학교 교사가 인식한 분산적 리더십, 교사학습공동체, 교사수업 활동 간의 구조적 관계. 『학습자중심 교과교육 연구』, 16(7), 137-162.

학습공동체는 자발적인 참여를 전제로 하기에 참여하지 않는 교사들도 있는데, 이들도 학습공동체의 운영에 긍정적인 지지를 보내야만 학습공동체를 원활하게 운영할 수 있다. 특히 중등학교에서는 같은 학년, 같은 교과라 하더라도 여러 교사가 가르칠 수 있기 때문에 학습공동체를 하는 교사와 그렇지 않은 교사 간에 지속적인 협의가 이루어져야 한다. 또 프로젝트 학습과 같은 융합 수업이 이루어질 때 학습공동체에 참여하지 않는 교사의 협조를 구해야 할 때도 있다. 이때 학습공동체에 참여하는 교사를 유별난 교사, 뛰는 교사로 인식하면 협조가 쉽지 않을 것이다.

동료 교사의 명시적 또는 암묵적인 지지를 받기 위해서는 학습공동체에 참여하지 않는 동료 교사를 위한 다양한 지원책도 모색할 필요가 있다. 학습공동체 모임에 초대하거나, 전체 교사 대상으로 학습공동체의 연구 결과를 발표하거나, 학습공동체에서 제작한 학습지를 공유하는 등의 활동을 통해 동료 교사의 마음을 얻어야 한다. 솔밭중학교 학습공동체는 동료 교사들로부터 매우 긍정적인 지원을 받았다. 특히 프로젝트 학습을 진행할 때 학습공동체에서 제작한 학습자료를 적극적으로 활용해 주었고, 수업 시간을 바꾸어 주거나 진도를 맞추어 주는 등 많은 지원을 해 주었다. 학습공동체 역시 동료 교사들을 프로젝트 학습 토크 콘서트에 초청하거나 학생 산출물의 전시, 수업바구니 운영 등을 통해 그들의 수업을 지원하였다. 이처럼 학습공동체 참여 교사들은 '그들만의 리그'를 만들지 말고, 동료 교사들과 협력적이고 긍정적인 관계를 유지하는 것이 매우 중요하다.

학습공동체 운영하기

2__
Chapter

학습공동체를 시작했다면, 함께 모인 동료들과 무엇을 함께 할지 정해야 한다. 학습공동체에서 다루는 연구 내용은 다양하지만, 크게 교수학습 개선과 생활지도 내용을 많이 다루고 있다. 학교에서 교사가 가장 많이 맞닥뜨리게 되는 업무는 교과지도와 생활지도이다. 이 분야의 전문성을 키우고 싶은 것은 교사의 가장 기본적인 욕구라 할 수 있다. 학습공동체 운영 주제를 정할 때는 조금 더 구체적으로 설정할 필요가 있다. 프로젝트 수업 함께 하기, 독서 토론하기 등 운영 주제를 구체화하여, 교사의 실천에 직접적인 영향을 줄 수 있어야 한다. 운영 프로그램이 교사의 삶에 영향을 줄 때 참여하는 교사들이 더 흥미를 가지게 된다.

1. 협력적 수업 설계하기

사적인 자리든 공적인 자리든 교사들이 둘 이상 모이면 항상 학생들 이야기를 하게 된다. 지금부터 학생들 이야기는 하지 말고 재미있는 이야기를 하자고 약속해도 결국은 학생 이야기로 대화가 마무리된다. 이러한 대화는 학생들의 특성을 공유하는 데 큰 도움이 된다. 그러나 대부분의 교사들이 자신의 수업에 대해서는 많은 이야기를 나누지 않는다. 그 이유는 앞서 언급한 '고립된 교실'이라는 교사문화 때문일 것이다. 학습공동체는 이처럼 고립된 교실의 벽을 조금씩 허물어 주는 역할을 하고 있다. 많은 학습공동체는 교실 수업 개선을 주제로 운영하고 있다. 수업 수다, 수업 친구, 수업 나눔 등의 활동은 수업에 대해 이야기하는 분위기와 문화를 확산시킨다. 학습공동체가 수업 나눔의 장으로서 역할하고 있는 것이다.

수업을 나누는 가장 일반적인 형태의 학습공동체는 교과협의회 또는 동 학년 협의회이다. 중등에서는 동일한 교과를 중심으로 연간 교육일정을 수립하고 구체적인 진도계획과 평가계획을 세운다. 또 학습자료를 함께 만들면서 수업을 어떻게 이끌어 나갈지 이야기를 나누기도 한다. 초등에서는 학년 교육과정을 수립하면서 학년의 교육방향, 구체적인 수업 전략 등에 대해 이야기를 나눈다. 같은 학년에서 함께 실행할 교과융합 프로젝트를 선정하거나 수업 시간에 활용할 수 있는 학습자료를 제작하고 공유하기도 한다. 교과협의회 또는 동 학년 협의회와 같은 형태의 학습공동체는 지향하고 있는 목표가 뚜렷하고, 모든 구성원이 혜택을 받을 수 있기 때문에 많은 학교에서 활성화되어 있다.

또 다른 학습공동체의 유형은 여러 교과의 교사가 협력적으로 함께 수업을 설계하고 실천하는 모임이다. 참여한 교사들은 다른 교과의 성취 기준과 핵심내용을 파악하고, 서로 연계될 수 있는 부분을 찾아 주제 연계 학습이나 프로젝트 학습 등을 함께 설계할 수 있다. 협력적 수업 설계는 수업 공개나 수업 비평에 비해 교사의 부담감이 적고, 함께 수업을 설계하면서 서로의 노하우를 나눌 수 있다는 측면에서 수업 설계에 대한 전문성을 신장하는 데 많은 도움이 된다. 또한 함께 설계한 수업을 실행하고 수업에 대한 성찰을 공유할 수 있어 학습공동체를 위한 훌륭한 프로그램이 될 수 있다. 일반적으로 중등학교에서는 교과의 벽을 허물기 쉽지 않은데, 동일한 주제로 서로 다른 교과의 내용과 교수법을 살펴봄으로써 자신의 수업 개선에 도움을 받을 수 있다. 한편 학습자들은 여러 차시 동안 동일한 주제로 수업을 하기 때문에 심도 있게 학습을 할 수 있으며, 다양한 교과를 융합하는 능력을 기를 수 있다.

> "지진을 주제로 교과융합 프로젝트 학습을 하고 정기고사를 보았어요. 그런데 사회 선생님에게서 전화가 왔어요. 사회 시험의 서술형 문제로 내진설계에 대한 문제를 냈는데, 학생들이 가르쳐 주지 않은 면진, 제진설계 등에 대해서 적었다며 이것이 내진설계에 속하는지 물어보더라고요. 학생들이 사회 시간에 배운 지식뿐 아니라 기술 시간에 배운 내용도 함께 활용한 것이지요. 이런 측면에서 교과 간 심화 학습이 가능하고, 하나의 지식이 여러 교과와 연계된다는 것을 학생들이 이해하게 되는 것 같아요. 협력적 수업 설계는 정말 큰 의미가 있는 것 같아요." (A교사 인터뷰)

그런데 협력적으로 수업을 설계하는 것이 생각보다 쉽지 않다. 교육과정을 재구성해야 하고 그에 따른 평가 계획을 수립하며 학습내용을 상호 조율하는 과정이 필요하기 때문이다. 협력적 수업 설계를 위해 솔밭중학교에서는 다음과 같은 활동을 진행하였다.

첫째, 협력적 수업 설계를 하는 목적을 명확히 한다. 긴 시간 동안 여러 교과가 연계하여 동일한 주제를 다루거나 특정 문제를 해결하는 수업을 진행하기 위해서는 분명한 목적이 있어야 한다. 앞서 언급한 것처럼 솔밭중학교 학습공동체는 미래핵심역량 신장을 비전으로 공유하고, 이를 실현하기 위한 구체적인 방법으로 프로젝트 학습을 실행하기로 하였다.

둘째, 다양한 교과에서 가르치는 성취기준과 학습내용을 공유한다. 이를 위해 솔밭중학교에서는 학기 단위로 각 교과별 핵심내용을 도출하고 포스트잇에 작성하여 모든 교사가 볼 수 있게 공유하였다. 포스트잇 메모로 비슷한 주제별로 유목화하고, 서로 연계할 수 있는 방안을 찾아보았다.

셋째, 협력적 수업의 설계 원리를 이해한다. 솔밭중학교 학습공동체는 프로젝트 학습을 위한 설계 원리를 탐색하였다. 프로젝트 학습 설계 원리에는 마이크로소프트의 21CLD(21st Century Learning Design), BIE(Buck Institute for Education)의 GSPBL(Gold Standard PBL), PMIEF(Project Management Institute Educational Foundation)의 HQPBL(High Quality PBL) 등이 있는데, 솔밭중학교 학습공동체는 21CLD를 중심으로 프로젝트 학습 설계 원리에 대해 학습하였다.(프로젝트 학습 설계 원리는 2부에서 구체적으로 안내하였다.) 학습공동체에 참여한 선생님들의 대부분이 단일 교과에서 프로젝트 학습과 같은 학습자중심 수업을 진행한 경험은 있지만, 교과융합으로 프로젝트 학습을 진행한 경험은 거의 없었다. 약 한 달 반에 걸쳐 21CLD의 프로젝트 수업 설계 원리를 배우고, 그 원리에 따라 프로젝트 학습을 차근차근 설계해 나갔다. 여기서 프로젝트 학습 설계 원리는 학습공동체에 참여한 구성원들이 동일한 잣대로 수업을 설계할 수 있는 나침반과 같은 역할을 하였고, 각자의 프로젝트 학습에서 놓칠 수 있는 부분을 보완해 주는 지침이 되었다.

〈수업 설계 카드〉를 활용한 프로젝트 학습 설계

넷째, 협력적 수업 설계를 원활히 진행하기 위해서는 여러 교사들의 대화를 이끌어 낼 수 있는 도움 자료가 필요하다. 솔밭중학교 학습공동체에서는 〈수업 설계 카드〉를 적극적으로 활용하였다. 미래교육공감연구소의 〈수업 설계 카드〉는 '내용 카드', '기능 카드', '자원 카드', '평가 카드', '역량 카드', '화이트보드'로 구성되어 있다. 〈수업 설계 카드〉는 특정 학습주제에 대한 교수방법, 자원활용방안, 평가방법 등 수업 아이디어를 도출할 수 있는 카드로, 프로젝트 학습 설계에 큰 도움이 되었다. 단일 교과 수업 설계도 매우 편리하게 도와주므로 활용해 보기를 권장한다.

다섯째, 프로젝트 학습 설계가 구체적으로 이루어졌다면 수업의 실행 시기와 평가방법을 결정해야 한다. 프로젝트 학습은 비교적 장기간에 걸쳐 이루어지기 때문에 수업 진도를 고려하여 실행 시기를 조율해야 한다. 학교 행사나 불가피한 이유로 수업이 연기될 경우에는 융통성 있게 프로젝트 학습의 절차를 조율하는 과정이 필요하다.

여섯째, 프로젝트 학습에 대한 성찰이 이루어져야 한다. 프로젝트 학습을 하면서 학생들이 무엇을 배웠는지, 무엇을 느꼈는지, 다른 교과에 어떻게 연계되었는지에 대해 이야기를 나누고 성찰함으로써 프로젝트 학습의 성과를 분석한다. 이러한 성찰 과정은 다음 프로젝트 학습을 설계하는 데 시사점을 제공하며, 교사의 교수학습 설계에 대한 전문성을 신장시킨다.

협력적 수업 설계는 해당 분야의 교수학습 전문가나 관련 서적이 있으면 쉽게 진행할 수 있다. 이 책 2부에는 솔밭중학교에서 실행한 프로젝트 학습 원리를 소개하고, 어떻게 협력적으로 수업을 설계하고 실행하고 성찰할 수 있는지 제시하였다.

2. 독서 토론하기

학습공동체 초기 단계에서 가장 많이 이루어지는 활동은 독서 토론이다. 독서 토론은 특정 도서를 선정하여 함께 읽고 그에 대한 이야기를 나누는 활동이다. 학습공동체에서 독서 토론을 많이 하는 이유는 콘텐츠가 가지고 있는 힘 때문이다. 특정 분야에 대한 전문성 있는 내용을 제공하여 교사들의 성장 욕구를 자극할 수 있다. 또 책 내용을 바탕으로 그들의 교수학습을 개선시킬 수 있는 기회를 가지기도 한다. 최근에는 교수학습 개선, 생활지도, 교육철학과 관련된 다양한 책들이 많이 출간되고 있어 선택지가 넓은 편이다.

독서 토론은 학습공동체 운영에 있어 다양한 기회를 제공한다. 첫째, 발제자를 정함으로써 리더의 권한을 쉽게 이양할 수 있다. 참여자들은 돌아가면서 발제자 역할을 하면서 학습공동체에서 학습할 내용과 운영 방식에 대해 고민하게 된다. 한 시간 동안 학습공동체를 이끌어 나가는 경험을 통해 능동적인 참여자가 되어 간다. 둘째, 해당 내용에 대한 자연스러운 토의·토론을 유도한다. 예를 들어 협동학습에 대한 내용을 읽고 토의·토론을 한 후, 선배 교사가 후배 교사에게 자신의 노하우를 알려 주거나, 후배 교사가 새로운 기법을 전체 교사와 공유한다. 자연스럽게 토론 주제가 정해짐으로써 교사들의 대화를 촉진할 수 있다. 셋째, 학습공동체 안에서 특정 내용의 전문가를 발굴할 수 있는 기회를 제공한다. 같이 근무하는 교사가 어떤 분야에 관심 있고, 어떤 전문성을 가지고 있는지 잘 모르는 경우가 많다. 그러나 다양한 책을 읽고 특정 내용을 이야기하는 과정에서 동료 교사의 전문성을 파악할 수 있다. 전문가의 발굴은 학습공동체의 학습 주제를 정하는 데 도움이 되며, 전문적인 지식을 가지고 있는 선생님은 자신이 잘 알고 있는 내용을 다른 교사들에게 전달함으로써 자신의 전문성을 더욱 발전시킬 수 있는 기회가 된다.

그렇다면 어떤 주제로 독서 토론을 하는 것이 좋을까? 학습공동체의 비전에 따라 주제가 달라질 수 있지만, 기본 원칙은 '교사의 삶에 영향을 줄 수 있는가'이다. 예를 들어 특정 소설을 읽고 그것에 대해 이야기를 나누었지만 교수학습이나 생활지도에 적용할 기회가 없다면, 책상 위 토론으로 그치게 된다. 그러나 국어 교사들이 소설을 읽고 나눈 이야기를 수업에 적용한다면 국어 교사의 전문성에 영향을 줄 수 있다. 다시 말해 학습공동체의 비전을 고려하여 독서 토론이 교사의 주된 삶인 교수학습이나 생활지도에 영향을 주는가를 고려해야 한다. 책을 깊이 있게 읽고 심도 있게 성찰하는 과정을 통해 교사의 전문성을 개발할 수 있어야 한다.

그렇다면 얼마나 많은 책을 읽어야 할까? 학습공동체에서는 각자 책을 선정하여 요약해서 발표하는 것보다는 한 권의 책을 함께 읽기를 권장한다. 보통 한 권의 책이 300쪽 정도로 구성되어 있으므로 한 주에 60~80쪽씩만 읽어도 한 달 이상의 시간이 소요된다. 그리고 협력적 수

독서 토론

업 설계 등 다른 활동도 해야 하기 때문에 한 학기에 1~2권의 책을 선정하여 읽는 것이 적당하다.

솔밭중학교 학습공동체는 독서 토론을 위해 먼저 여러 선생님으로부터 책을 추천받았다. 그리고 그 책들 가운데 교수학습 개선에 영향을 줄 수 있는 책을 선정하여 독서 토론을 실행하였다. 우선 일주일 동안 읽을 수 있는 분량(60~80쪽)을 정하고, 그 분량에 대해 발표할 발제자를 선정하였다. 발제자는 자신이 맡은 부분의 내용을 요약하고 2~3개 정도의 토론거리를 준비하였다. 발제자를 중심으로 해당 주제에 대해 살펴보고 토의를 하였다. 발제자를 선정할 때는 해당 내용에 대해 사전 경험이 있거나 배경지식이 있을 경우, 먼저 신청을 받아 선정하였다. 발제 시 책 내용뿐만 아니라 자신의 다양한 경험을 녹여 내어 발표가 이루어지기도 하고, 자신이 경험하지 못한 내용일 경우에는 질문을 통해 궁금증을 풀어 나가는 방식으로 독서 토론을 하였다. 독서 토론의 마지막은 항상 '우리 학교에는 어떻게 적용할 수 있을까?'로 마무리하였다. 책에서 소개하고 있는 맥락이 우리 학교와 상이한 부분이 있기 때문에 같은 맥락을 공유하고 있는 동료 교사들끼리 이 부분에 대해 논의함으로써 실천 지점을 모색하였다.

학습공동체의 독서 토론 초기에는 교수학습에 대한 철학이나 방향에 영향을 줄 수 있는 책을 주로 선정하였다. 그다음 책으로는 그러한 철학을 실현하기 위한 구체적인 경험이나 방법이 담겨 있는 책을 선정하였다. 최근에는 학생들을 이해하고 그들의 감정을 다루는 방법에 대한 요구가 있어 감정 코칭에 대한 책을 선정하기도 하였다. 솔밭중학교에서

2017년부터 2018년까지 읽은 책과 그 선정 이유는 다음과 같다.

번호	책	선정 이유
1	플렉서블 씽킹(마티아스 피셰디크)	사회변화 속에서 교수학습의 능동적인 변화 필요성을 이해하기 위함
2	질문이 살아있는 수업(김현섭)	수업에서 질문 방법, 교육과정 재구성, 수업 설계에 대한 시사점을 얻기 위함
3	교육과정-수업-평가 어떻게 혁신할 것인가(이형빈)	일반학교와 혁신학교의 학교문화, 교수학습 방법 등을 살펴보고, 학습공동체의 운영 방안을 모색하기 위함
4	교육과정-수업-평가-기록 일체화: 실천편(이명섭 외)	교육과정 재구성의 실제 사례를 살펴보고, 수업, 평가, 기록이 어떻게 연계되었는지 살펴보기 위함
5	내 아이를 위한 감정 코칭(존 가트맨, 최성애, 조벽)	학습자의 특성을 더욱 깊이 들여다보고, 학습자의 특성을 고려한 수업을 설계하기 위함
6	수업 비평가의 시선: 수업에 관한 오해와 이해(이혁규)	수업을 바라보는 관점 또는 프레임워크에 대해 학습하기 위함

이 책들 가운데는 확장적인 질문을 바탕으로 교사의 토의·토론을 이끌어 내는 책도 있고 다양한 사례를 탐색할 수 있는 책도 있다. 책을 선정할 때는 먼저 읽은 교사의 추천이나 여러 교사들과의 협의를 통해 신중히 선택하여 책 읽는 시간을 더욱 의미 있게 만들 필요가 있다.

이렇게 운영하면 좋아요

- 함께 읽을 책을 선정해 보세요.
- 발제자를 선정하여 온전히 그 선생님의 주도하에 토론 시간을 만들어 보세요.
- 발제자 또는 토론자를 정해 2~3개 정도의 질문이나 토론거리를 생각해 보세요.

3. 수업 공개와 성찰하기

학습공동체에서 수업을 공개하고 수업에 대해 성찰하는 것은 함께하기 가장 어려운 활동 중 하나이다. 대부분의 교사는 자신의 수업을 공개하는 것에 부담감을 가지고 있다. 다른 사람의 수업을 관찰해 본 경험이 적기 때문에 수업을 어떻게 바라봐야 하는지에 대한 관점도 부족하다. 협력적 수업 설계는 함께 설계하고 실행하는 과정에서 부담감을 나눌 수 있지만, 수업 공개는 수업을 공개하는 교사에게 부담감이 집중될 수밖에 없다. 따라서 수업 공개와 성찰을 중심으로 하는 학습공동체는 구성원들의 합의 아래 자발적인 참여로 운영할 필요가 있다. 매번 수업을 공개하기보다는 독서 토론, 협력적 수업 설계, 수업 공개 등을 적절히 섞어서 운영하는 것이 부담감을 줄일 수 있다.

그렇다면 왜 수업을 공개(나눔)하는 것이 필요할까? 40~50분 정도의 짧은 수업이지만 그 속에서 교사가 가지고 있는 교육철학과 신념, 학생들과의 상호 작용, 수업을 이끌어 가는 리더십 등이 묻어나기 때문이다. 교사가 자신의 수업 과정을 성찰하고, 다른 교사들의 시선에서 바라본 수업의 모습을 이해함으로써 스스로의 성장을 이끌어 낼 수 있다.

수업 공개는 여러 가지 방식이 있지만 교사의 부담감을 덜어 주기 위해 다음과 같은 절차로 운영할 수 있다.

첫째, 사전에 수업을 협력적으로 설계하는 것이다. 이때, 먼저 수업 공개를 진행할 교사의 수업 설계 의도를 들어 보는 것이 중요하다. 성취 기준을 달성하기 위해 왜 그러한 수업을 설계하였는지, 학생들과 어떻게 상호 작용하는지, 교수방법과 평가방법은 무엇인지 등 전반적인 수업 설계 의도를 듣고 수업 공개자의 입장에서 수업을 바라볼 필요가 있다. 이러한 공감을 바탕으로 수업 아이디어나 세부적인 활동을 같이 고민함으로써 수업 공개자의 부담을 덜 수 있다. 또 수업 공개자의 고민을 파악하여 수업을 바라볼 때 어떤 점을 함께 고민해야 하는지 결정할 수 있다. 예를 들어 수업 공개자가 프로젝트 학습에서 피드백 제공을 어려워한다면, 동료 교사들은 수업 공개자의 피드백 제공 장면을 집중적으로 관찰하고 분석하여 수업 공개자에게 의미 있는 피드백을 제공할 수 있다.

둘째, 수업을 공개한 이후에는 수업 공개자의 관점에서 수업을 바라볼 필요가 있다. 수업을 공개한 교사와 그 수업을 관찰한 교사는 다음과 같은 질문에 답하면서 수업을 성찰할 수 있다.

- 수업에서 핵심적으로 다루어야 할 가치가 잘 반영되었는가?
- 수업에서 가장 의미가 있었던 부분은?
- 수업에서 학생들의 적극적인 배움이 일어났던 부분은?
- 수업에서 아쉬웠던 부분은?
- 학생들과의 관계는 어떠했는가?
- 다음 수업을 위한 시사점은 무엇인가?

셋째, 수업을 관찰한 교사도 함께 성찰해야 한다. 수업을 공개한 교사가 가지고 있는 고민을 나의 수업에 빗댄다면 어떻게 답변할지 생각해 봄으로써 자신의 수업을 스스로 성찰하는 역할을 수행해야 한다. 수업을 관찰한 교사는 평가자가 아니다. 수업 공개자의 용기에 감사하며 여러 교사들이 나눈 이야기를 적극적으로 받아들여 자신의 수업에 투영할 수 있는 능력이 필요하다.

솔밭중학교 학습공동체는 교과융합 프로젝트 수업을 중심으로 운영하였기 때문에 수업 공개와 성찰을 경험하지 못했다. 개방적인 성향을 가지고 있는 구성원들조차 수업 공개는 큰 부담으로 생각한다. 2018년에는 수업 나눔과 수업 비평에 대해 관심을 가지는 구성원이 있어 자율 연구과제로 '수업 나눔'을 선정하였다. 수업 나눔에 처음으로 도전하면서 수업 공개자의 부담 덜어 주기, 수업을 바라보는 프레임워크(framework) 만들기 등의 연구를 수행하였다.

수업을 바라본다는 것은 고도의 전문성을 요한다. 학습공동체에서 무턱대고 수업을 공개하여 시행착오를 겪기보다는 수업을 제대로 분석하는 힘을 키운 다음에 학습공동체의 연구 주제로 선정하길 권한다.

이렇게 운영하면 좋아요

- ▶ 수업을 공개하는 이유를 생각해 보세요.
- ▶ 구성원과 협의하여 수업을 바라보기 위한 프레임워크를 만들어 보세요.

4. 탐방하기

학습공동체의 구성원들과 수업 설계, 독서 토론만 한다면 너무 지루하지 않을까? 학습공동체가 지속적으로 운영되기 위해서는 구성원들 간 '관계'가 매우 중요하다. 원만한 관계 유지를 위해서는 회의실에서만 대화를 나누기보다 가끔씩 밖으로 나가는 것도 필요하다. 학교 밖에서 학습공동체는 '선진학교 견학하기', '박물관이나 도서관 탐방하기', 워크숍 가기' 등 다양한 활동을 할 수 있다. 여기서는 솔밭중학교 학습공동체에서 추진한 탐방활동을 몇 가지 소개하고자 한다.

- 미래학교 탐방하기

다른 학교에서는 학생들에게 미래핵심역량을 길러 주기 위해 어떤 노력을 하고 있는지 궁금하였다. 그래서 서울시교육청에서 미래학교로 지정한 창덕여자중학교를 탐방하였다. 창덕여자중학교는 '미래를 만들어 가는 행복한 학교'라는 비전을 달성하기 위해 공감, 도전, 협력, 건강, 즐거움이라는 핵심가치를 설정하고 다양한 노력을 하고 있는 학교이다. 또한 교사와 학생들이 열정적으로 자신의 역할을 수행하는 학교이다. 창덕여자중학교의 교육과정, 학교시설, 교수학습은 학습공동체 운영에 시사점을 주는 내용이 많았다. 이렇게 선도적인 학교나 학습공동체를 방문하는 것은 배움의 기회를 제공한다.

서울 창덕여자중학교 탐방

"특성화된 교실, 홈베이스 등 학생들이 자기주도적인 학습을 할 수 있는 공간이 참으로 많은 것 같아요. 모든 공간이 구성원의 협력과 의사소통을 이끌어 낼 수 있도록 설계된 점이 인상적이었고, 그러한 공간을 이용하여 다양한 교육 활동이 실시되고 있어 부러웠습니다." (E교사 인터뷰)

"교과융합의 날을 정하여 학생들이 스스로 교과 연계성을 찾아보는 활동이 매우 인상적이었어요. 우리는 지금까지 교사가 중심이 되어서 프로젝트 수업을 설계하였는데, 이렇게 학생들이 스스로 교과 간 연계성을 찾아보는 활동이 큰 의미가 있을 것 같아요." (F교사 인터뷰)

"저는 개인적으로 기술지원실이 있어 정말 놀랐어요. 교사와 학생이 예약하면 다양한 테크놀로지를 활용할 수 있다는 사실에 놀랐고, 그 활동을 지원해 주는 전담 인력이 있어 정말 부러웠답니다. 저도 프로젝트 수업을 할 때 컴퓨터를 활용하고 싶은데 시설이 여의치 않거든요. 이러한 부분은 모든 학교에서 도입할 부분이라 생각해요." (G교사 인터뷰)

- 지구마을 탐방하기

'공정무역' 프로젝트 수업 후, 공정무역을 실천하고 있는 장소를 찾아보기로 하였다. 공정무역 수업을 전개하기 전에 방문하였다면 교수학습에 반영할 수 있었겠지만, 시기와 여건이 맞지 않아 수업이 끝난 후에 방문하게 되었다. 지구마을을 살펴보며 공정무역과 관련된 다양한 상품, 공정무역이 장려되고 있는 방법, 참여하고 있는 사람들과 단체 등을 살펴보면서 공정무역에 대해 더 깊은 이해가 가능하였다. 일부 선생님들은 지구마을과 공정무역 수업을 연계하는 방법을 찾아보기도 하였다.

"공정무역 수업을 하기 전에 왔으면 좋았을 텐데 정말 아쉽네요. 커피,

공정무역 프로젝트 수업과 연계한 지구마을 방문

코코아, 초콜릿, 후추, 올리브유 등 대부분의 제품이 공정무역과 관련이
있어 놀라웠어요. 학생들과 이러한 장소를 방문하거나 학생들이 제작한
포스터를 이곳에 전시한다면 교육적 효과가 클 것 같아요."(B교사 인터뷰)

· 문화활동 함께하기

학습공동체는 참여 구성원들과 함께 문화활동을 하며 친목을 도모하
였다. 뮤지컬, 연극, 박람회 등을 함께 관람하면서 서로 공유할 수 있는
경험을 만들어 나갔다. 해가 거듭될수록 이러한 경험은 추억이 되었고,
학습공동체가 더 단단해질 수 있는 밑거름이 되었다.

이렇게 운영하면 좋아요

▶ 학습공동체 구성원들의 '관계'를 개선시킬 수 있는 활동을 고민해 보세요.

학습공동체 확산하기

3_
Chapter

　　　　　　　　　　학습공동체가 안정적으로 유지되고
있다면, 학습공동체에 참여하지 않는 선생님 또는 학교 외부의 선생님
들에게 어떻게 긍정적인 영향을 줄 수 있을지 생각해 볼 필요가 있다. 성
공적인 학습공동체의 선한 영향력이 다른 교사들에게 영향을 미침으로
써 긍정적인 학교문화 조성과 자신이 속한 커뮤니티 지식 축적에 기여할
수 있다. 또 학습공동체가 더 성장하고 단단해질 수 있는 계기가 될 수
있다. 다른 교사들에게 영향을 주는 방법은 '교사 워크숍', '보고서 작성',
'출판' 등 다양한 형태가 있다. 단, 산출물을 만들어 내는 데 집중하기보
다는 그러한 산출물이 나오는 과정에 초점을 두고 내실을 다지는 방향으
로 운영할 필요가 있다.

1. 학습공동체의 활동 공유하기

프로젝트 학습 설계 원리 중에 가장 중요한 활동은 학생들의 산출물을 공유하는 활동이다. 학생들은 자신의 산출물을 공유함으로써 학습을 삶과 접목하고 더 깊이 있는 성찰을 하게 된다. 학습공동체를 운영하는 것도 하나의 큰 프로젝트로, 구성원들의 학습과정과 산출물을 다른 사람에게 공유하였을 때 더 큰 의미를 지닌다. 학습공동체의 활동을 공유하는 것은 관리자나 동료 교사들의 지지를 이끌어 낸다는 측면에서 매우 긍정적이다. 또 구성원들에게 구체적인 목표를 제시함으로써, 그 목표를 달성해 나가는 과정을 통해 성취감을 느낄 수 있게 한다. 이러한 성취감은 학습공동체를 지속시켜 주는 중요한 원동력이 된다. 학습공동체의 산출물을 공유하기 위해 다음과 같은 활동을 할 수 있다.

- 학교 교직원을 대상으로 연수 진행하기
- 소속 교육청 교직원 대상으로 워크숍 개최하기
- 수업 나눔 축제 또는 박람회 참여하기
- 연구보고서 또는 도서 출판하기
- SNS를 통해 활동 공유하기

솔밭중학교 학습공동체는 프로젝트 학습 활동을 공유하기 위하여 교직원 대상 연수, 충청북도 교직원 대상 토크 콘서트, 도서 출판 등을 진행하였다. 이러한 활동은 학습공동체의 경험을 다른 사람들에게 공유하기 위한 자발적인 참여로 이루어졌다. 먼저, 솔밭중학교 교직원을 대상으로 한 연수는 매해 실시하였다. 특히 새 학기를 준비하는 2월에 학습공동체에서 함께했던 프로젝트 학습을 공유함으로써 솔밭중학교 교사들이 프로젝트 학습에 관심을 가질 수 있도록 하였고, 새로운 구성원이 참여할 수 있는 계기를 마련하였다.

충청북도 교직원을 대상으로 한 토크 콘서트는 프로젝트 학습 사례와 시행착오를 교사들의 이야기를 통해 풀어내고자 하는 의도에서 기획하였다. 다양한 경력을 가진 5명의 교사가 프로젝트 학습을 통해 느낀 경험, 성과, 시행착오를 진솔하게 이야기함으로써 참여자들의 공감을 끌어낼 수 있었다. 또 학습산출물을 복도에 전시하여 프로젝트 학습이 실제 이루어진 모습을 보여 줌으로써, 프로젝트 학습을 확산시키는 데 기여하였다.

학습공동체의 활동을 문서화하는 것도 상당히 중요하다. 문서화한다는 것은 곧 자신이 속한 커뮤니티의 지식 축적에 기여하는 것이다. 학습공동체 활동을 간단한 보고서, 동영상 형태로 만들어 많은 사람들이 그것을 살펴볼 수 있게 함으로써 새로운 영감이나 지식을 제공할 수 있다.

이렇게 운영하면 좋아요

▶ 학습공동체의 활동을 공유하기 위한 구체적인 이벤트를 계획하여 봅시다.

2. 편안한 공간 만들기

매주 수요일 7교시, 학습공동체에 참여하는 선생님들은 어떤 마음을 가지고 있을까? '오늘도 뭔가 해야 되나?', '바쁜데 또 모이나?' 등 교사들마다 상념을 가지고 있을 것이다.

학습공동체가 지속적으로 유지되기 위해서는 교사들에게 편안함을 제공하는 쉼터 같은 제3의 공간이 되어야 한다. 제3의 공간(the third space)은 쾌적하고 편안함을 제공하는 공간으로, 개인적으로는 휴식 공간이 될 수 있고 여러 사람들이 대화나 토의를 나눌 수 있는 장소를 의미한다. 제3의 공간을 언급한 레이 올드버그는(Ray Oldenburg)는 제1의 공간은 집, 제2의 공간은 직장, 제3의 공간은 카페, 미용실, 도서관, 선술집이 될 수 있다고 하였다. 제3의 공간 마케팅으로 유명한 곳이 스타벅스이다. 스타벅스는 레이 올드버그의 'The Great Good Place'라는 테마로 누구나 편하게 접근하여 차를 마시고 쉴 수 있는 공간을 제공하며, 생산적인 일이 가능하도록 컴퓨터 활용 환경도 매우 잘 구비하고 있다.

학교는 학생들의 교육 활동에 공간과 예산을 집중하기에 교사를 위한 복지에는 인색한 경우가 있다. 대부분의 교사는 그들의 일터인 교실과 교무실에서 시간을 보낸다. 업무를 처리하고 개별 수업 준비를 하다 보면 하루가 금세 지나간다. 교무실은 사적인 장소가 아니기 때문에 편안한 대화를 나누거나 사색이 어려운 공간이다. 이런 측면에서 학습공동체는 제3의 공간을 마련해야 한다. 학교에서 제3의 공간은 교사들끼리 편안함을 느끼며, 그 속에서 여유를 찾고, 창의적인 교육 활동을 고민하는 곳이어야 한다.

제3의 공간을 만들기 위해 학습공동체는 물리적인 공간과 편안한 분위기 조성에 힘써야 한다. 정기적으로 만나는 학습공동체는 일정한 물리적 공간을 가지고 있어야 한다. 그 물리적 공간은 교사들을 위한 공간으로 쾌적하고 편안함을 제공해야 한다. 귀가 즐거운 음악이 흐르고, 향기로운 커피가 준비된 공간이면 더욱 좋다. 또 교수학습과 관련된 책과 함께 소파와 넓은 테이블이 구비되어 있어 의사소통의 장을 제공할 수 있어야 한다. 누구나 편안한 마음으로 학습공동체를 찾고, 구성원들끼리 자유로운 대화 속에서 교육을 위한 창의적인 아이디어를 모색하게 될 것이다. 최근에는 작은 학교를 중심으로 카페나 사랑방 같은 커뮤니티 공간을 만들고, 거기서 교사들이 함께 수업을 설계하고 성찰하는 일이 늘어나고 있다.

솔밭중학교 학습공동체는 이러한 제3의 공간을 지향한다. 1, 2년 차에는 학습공동체를 운영하는 부분에 초점을 두었다면, 3년 차부터는 학습공동체를 지원하는 환경적 측면이 눈에 들어왔다. 솔밭중학교가 처한 환경은 제3의 공간을 마련하기 어려운 점이 있다. 가장 큰 제약은 늘어나는 학급 수에 유휴 교실이 거의 없어 교사들끼리 만날 수 있는 공간이 갈수록 줄어들고 있다는 점이다. 또 회의실을 다양한 목적으로 활용하고 있어 학습공동체를 위한 공간으로 꾸미기 어려운 점도 있다. 그러나 수요일 7교시만은 학습공동체를 위한 공간으로 만들기 위해 노력하였다. 책장에 있던 의미 없는 책자들은 모두 정리하고 교수학습과 생활지도 책을 비치해 누구나 쉽게 관련 자료를 볼 수 있게 했으며 편안한 분위기를 조성하여 쉴 수 있게 하였다. 아직 회의실이라는 공간적 제약을 벗어나진 못했지만, 누구나 편한 마음으로 찾을 수 있는 공간을 만들기 위해 노력하고 있다. 학교 내 공간이 부족할 경우, 근처 카페나 회의 공간 등에서 학습공동체를 운영하는 것도 하나의 방안이다. 휴식과 비공식적인 공간은 교사의 창의적 사고를 촉진한다. 그 속에서 학생들을 위한 교수학습이 설계되고 성찰이 일어난다. 학습공동체를 성공적으로 운영하기 위해서는 학습공동체를 어떤 공간으로 만들지, 어떤 분위기를 조성해야 할지 등을 반드시 고민해야 한다.

이렇게 운영하면 좋아요

- 학습공동체를 위한 편안한 공간을 어디에 만들면 좋을까요?
- 이 공간을 어떻게 채우면 좋을까요?

3. 어포던스 제공하기

학습공동체는 교사의 활동을 지원하는 어포던스를 가지고 있어야 한다. 어포던스(affordance)는 어떤 행위를 유도한다는 뜻으로 '행위유발성'이라고도 한다. 예를 들어 둥근 형태의 문고리를 보면 '저것을 돌리면 문이 열리겠구나.'라고 생각하게 하는 것이다. 즉 사물의 형태, 색깔 같은 속성을 통해 자연스럽게 행위를 유발시키는 것이다. 이러한 어포던스는 사물, 프로그램 등을 디자인할 때 기본적으로 고려되는 요소이다. 그렇다면 학습공동체에서 어포던스 개념을 어떻게 적용할 수 있을까? 교사들이 교실 수업 개선을 적극적으로 할 수 있는 분위기를 조성하거나 관련 물적 지원을 제공하는 것이 어포던스이다.

솔밭중학교에서는 이러한 어포던스의 개념을 적용하여 수업바구니,

이동식 노트북함을 만들었다. 수업바구니는 교사들이 협력수업이나 프로젝트 수업을 할 때 필요한 도구나 교구를 담은 바구니이다. 수업 준비를 위해 교사들이 일일이 준비하는 것보다 학습공동체 차원에서 준비물을 제공함으로써 교사의 수고를 덜고, 자연스럽게 교실 수업 개선을 지원하는 것이다. 수업바구니는 온라인 예약제로 운영하여 교사들이 돌아가면서 활용하였고, 학습공동체에 참여하지 않는 교사들도 적극적으로 활용할 수 있도록 장려하였다. 학습산출물 제작에 필요한 다양한 색지와

모둠 활동을 위한 수업바구니

같은 종이류를 수업바구니를 통해 일괄 제공하여 교사의 수고를 크게 덜었다. 또 이동식 노트북함도 만들었다. 프로젝트 수업에서 자료 수집 및 산출물 제작 시 노트북이 많이 필요하였다. 이를 위해 예산을 확보하고 노트북 9대와 충전함을 구입하여 수업 시간에 언제든지 컴퓨터를 활용할 수 있게 하였다. 이렇듯 교실 수업을 지원하기 위한 다양한 아이디어가 어포던스의 개념이 될 수 있다.

학습공동체에서 이루어지는 연구 활동은 심리적 어포던스가 될 수 있

노트북 활용과 이동식 노트북함

다. 예를 들어 프로젝트 학습에 대해 공부하고 그들의 경험을 나누는 행위는 프로젝트 학습을 실행하고자 하는 교사에게 심리적인 지지를 제공한다. 그리고 이러한 지지는 프로젝트 학습을 실행하는 데 어포던스로 작용한다. 학습공동체에서 교사들의 활동을 지원하기 위한 어포던스를 고민하는 것은 학습공동체를 더욱 원활히 돌아가게 하는 윤활유 역할을 한다.

> "수행평가 기간이 되면 수업바구니가 정말 많이 활용돼요. 바구니가 30
> 개 있는데, 거의 모든 바구니가 나가는 것 같아요. 특히 학습공동체에 참
> 여하지 않는 선생님이 자연스럽게 바구니를 활용하는 모습을 볼 때면 참
> 으로 잘 만들었다는 생각이 들어요." (A교사 인터뷰)

> "모둠 수업을 진행하려면 여러 재료가 필요한데, 그러한 고민과 수고를
> 덜 수 있어 좋았어요. 이러한 지원이 있어서 조금 더 쉽게 학습자중심 수
> 업을 생각하게 되는 것 같아요." (E교사 인터뷰)

이렇게 운영하면 좋아요

▶ 선생님들의 수업을 지원하기 위한 어포던스를 생각해 봅시다.

4. 학습공동체 유지하기

학습공동체가 지속될 수 있을까?

이 질문에 대한 대답으로 많은 전문가들은 학교문화를 조성하면 학습

공동체가 지속될 수 있다고 대답한다. 변화와 혁신에 대한 비전, 교실 수업 개선에 대한 의지, 구성원의 협력을 바탕으로 한 학교문화는 학습공동체를 움직이는 원동력이 된다. 이러한 긍정적인 문화를 가진 학교 또는 비전이 뚜렷한 혁신학교와 연구학교에서는 학습공동체가 유지될 수 있다.

그러나 순수하게 교사의 자발성을 바탕으로 한 일반학교에서 학교문화 조성과 학습공동체 유지는 정말 어려운 일이다. 그 이유는 학교문화에 가장 많은 영향을 미치는 요인이 구성원이기 때문이다. 공립학교의 경우 매년 구성원의 4분의 1 이상이 변동된다. 서로 다른 교육철학과 관심사를 가진 교사 조직이 매년 새롭게 결성되기 때문에, 동일한 비전을 가진 학습공동체를 운영하는 것 자체가 무리가 된다. 더욱이 학습공동체의 핵심 구성원이 상당수 이탈하면 학습공동체 운영에 큰 영향을 미치게 된다.

그렇다면 학습공동체는 어떻게 유지되어야 할까? 학습공동체의 핵심 구성원이 대부분 남아 있다면 기존의 학습공동체에 새로운 회원을 추가하는 방법으로 운영할 수 있다. 새로 합류한 회원은 기존 학습공동체의 비전과 목표를 파악하고 기존의 방식에 순응하거나 새로운 전략 등을 제시함으로써 공동체를 확대하는 방식으로 운영할 수 있다. 이렇게 하면 가장 안정적으로 학습공동체를 유지할 수 있고, 기존 회원과 신규 회원과의 지식 교류를 통해 계속해서 지식을 축적할 수 있다. 솔밭중학교의 학습공동체는 현재까지 이러한 방식으로 운영되었다. 프로젝트 학습에 대한 연구와 실천 경험이 쌓이면서 자연스럽게 조직이 확대되었다. 새로운 구성원이 잘 적응하기도 하고, 비전과 목표의 필요성을 느끼지 못해서 이탈하는 경우도 발생하였다. 그러나 핵심 구성원이라는 확실한 동력원이 있기 때문에 3년이라는 기간 동안 조직이 단단해지고 확대되면서 발전해 왔다.

그러나 4년 차에는 어떻게 될지 의문이 남는다. 핵심 구성원의 상당수가 학교를 옮겨 가는 상황이 발생했기 때문이다. '학습공동체가 유지될 수 있을까? 공동체의 형태가 사라지지 않을까?' 하는 의문이 생긴다. 학교문화라는 지속성 측면에서 학습공동체의 형태가 유지될 수는 있겠지만, 핵심 구성원 대부분이 바뀌는 상황이라면 새로운 구성원들끼리 비전과 전략을 재설정하는 것이 바람직하다고 생각한다. 교사는 개개인이 전문가로서 각자의 교육철학과 방법을 가지고 있다. 솔밭중학교라는 학교문화 속에서 그들의 교육철학을 공유하고 새로운 비전을 설정하여 학습공동체를 구성하는 것이 그들의 실행과 성찰에 더 도움이 될 수 있을 것이라 생각한다.

학습공동체는 해마다 구성원의 의견을 반영하여 새로운 가치를 발견하고 의견을 수렴하는 과정이 필요하다. 이러한 과정을 통해 학습공동체가 지속되기도 하고, 새로운 비전을 가진 학습공동체로 재탄생할 수도 있다. 또 구성원들이 학습공동체를 운영하기를 희망하지 않는다면 1~2년의 준비 기간을 두고 학습공동체 운영 방안을 모색해도 된다.

학습공동체는 강제적인 참여를 유도할 경우 절대 원활히 진행되지 않는다. 학습공동체 구성원이 어떤 필요를 느끼고 자발적으로 참여하여 긍정적인 상호 작용을 할 때 실현될 수 있는 가장 난이도가 높은 교원 전문성 개발 프로그램이다. 현재까지의 학습공동체는 교사들이 시간을 내어 참여해도 어떤 혜택도 없다. 교사 자신의 노력을 통해 교실 수업이 개선되고 학생들이 즐거워하는 모습을 보면서 보람을 느낄 뿐이다. 그러나 교사의 열정만 강요하는 정책은 지속적으로 유지될 수 없다.

학습공동체는 교사연구자의 모임이다. 교사연구자의 가치를 재정립하고 그들의 활동을 지원하는 노력이 필요하다. 학교에서 교사는 수업을 실행하고 행정 업무를 처리하는 역할뿐만 아니라, 자신의 수업을 성찰하고 끊임없이 연구하는 활동을 통해 전문가로서 성장하는 중요한 역할을 수행해야 한다. 교사의 이러한 연구 활동은 다른 교사에게 공유되어 그들의 성장에 영향을 미치고, 궁극적으로 학교문화를 긍정적인 방향으로 변화시키는 데 일조한다. 이제는 교사를 연구자로 바라보고, 그 조직인 학습공동체를 지원하기 위한 교육정책에 대해 진지하게 고려해 볼 시점이다.

2

프로젝트 학습
설계 원리

★

프로젝트 수업, 제대로 하려면?

왜 프로젝트 학습인가?

1__
Chapter

　　　　　　　　　　2015 개정교육과정의 도입과 함께 미래핵심역량을 길러 줄 수 있는 수업으로 프로젝트 학습에 대한 관심이 매우 뜨겁다. 프로젝트 학습이란 무엇일까? PBL(Project Based Learning)이라는 용어로 우리에게 많이 알려져 있는데, 최근에는 학생들의 다양한 문제해결 활동을 프로젝트 학습으로 통칭한다. 프로젝트 학습은 '프로젝트(project)'라는 단어를 가장 많이 쓰는 곳을 생각해 보면 쉽게 이해할 수 있다. 일반적으로 기업체에서 프로젝트라는 단어를 많이 사용하는데, 회사원들은 주어진 문제를 해결하기 위해 서로 협업한다. 함께 정보를 수집하고 분석하여 새로운 아이디어나 해결책을 도출해 낸다. 이렇게 실제

적인 문제를 해결해 나가는 과정을 프로젝트라고 한다. 이 책에서는 프로젝트가 가지고 있는 본연의 의미를 강조하여 프로젝트 학습에 대하여 다음과 같이 조작적 정의를 하고자 한다.

> "프로젝트 학습은 복잡한 실생활 문제를 해결하기 위해 자기주도적이고 협력적으로 문제를 해결해 가면서 교과 지식과 미래핵심역량을 함양하는 학습활동이다."

이 조작적 정의에서 가장 중요한 포인트는 '실제적인 문제해결 과정에 대한 학습 경험을 학습자들에게 제공한다'는 것이다. 이 활동은 복잡하고 비구조화된 문제를 해결하면서 교과 지식과 창의력, 문제해결력, 협업과 같은 미래핵심역량을 키우는 것을 목적으로 한다. 단순히 여러 교과에서 동일한 주제를 배우는 주제 연계 학습과 달리, 학습자에게 제시된 복잡한 문제를 해결하기 위해 학습자가 직접 다양한 교과의 지식을 분석, 종합, 평가, 창조하는 등의 과정을 거친다. 그리고 교실 내 학습에서 끝나는 것이 아니라, 학습 결과를 특정 청중에게 공개함으로써 실제적인 문제를 해결하는 데 기여한다.

이러한 프로젝트 학습은 학습자들의 학업성취, 미래핵심역량 함양, 교사의 만족도 측면에서 교육적 효과가 있다.[11]

· 학업성취

교실 내 모든 수업은 특정 교과의 학업성취를 기본으로 한다. 긴 시간

---

11) BIE(n.d.), Research Summary: PBL and 21st Century Competencies.

동안 의미 있는 프로젝트 학습이 전개되었더라도 교과에서 다루고 있는 성취기준을 달성하지 못한다면 효과적인 학습이라 보기 어렵다. 특히 교사들이 프로젝트 학습을 실행하는 데 많은 노력을 기울이다 보면, 프로젝트 학습이 기대하는 목표를 간과하기 쉽다. 이러한 특성을 고려하여 프로젝트 학습을 잘 설계한다면, 학습자들은 교과 내용에 대해 더 깊이 있는 이해가 가능하며 학습한 내용을 새로운 맥락에 쉽게 적용할 수 있는 능력을 키울 수 있다. 또 프로젝트 학습과 관련된 학업성취를 비교해 보았을 때, 단순히 개념을 묻는 테스트보다 고차원적인 수행을 요구하는 테스트에서 높은 학업성취를 보였다.

- **미래핵심역량 함양**

프로젝트 학습은 복잡한 문제를 해결하기 위해 학생들이 주도적으로 정보를 수집, 분석하고 다른 사람과 의사소통을 하면서 문제를 해결해 나가는 학습이다. 교실에서 가만히 강의를 듣는 수동적 학습자가 아니라, 학생 스스로 지식을 구성하는 능동적인 학습자의 역할을 수행한다. 이러한 과정을 통해 다른 사람과 긍정적으로 상호 작용하는 의사소통능력을 키울 수 있고 협업하는 방법을 배울 수 있다. 또 새로운 맥락에 지식을 적용함으로써 비판적 사고력과 창의력 등을 키울 수 있다. 현재 많은 연구들에서 프로젝트 학습과 미래핵심역량과의 관계를 규명하고 있는데, 공통적으로 프로젝트 학습이 미래핵심역량을 함양하는 데 긍정적인 영향을 미침을 보고하고 있다.

・ 동기 유발

프로젝트 학습에서 교사는 학습자들에게 실제적인 문제를 제공한다. 실제적인 문제는 학습자들에게 왜 학습해야 하는지에 대한 의미를 제공한다. 우리 생활 속에서 발생하는 문제와 이것의 해결에 어떻게 기여할 수 있는지 설명함으로써 학습자들을 몰입하게 하여 흥미를 불러일으킨다. 또 실제적인 문제를 다루기 때문에 평소 학습에 참여하지 않던 학습자들에게도 흥미를 느끼게 하고, 다양한 역할을 담당함으로써 학습에 참여할 수 있게 한다.

・ 교사 만족도

프로젝트 학습은 가장 고차원적인 교수학습 방법 중 하나이다. 효과적인 교수학습을 설계하고, 실행에 있어 끊임없는 지원을 해야 한다. 또 학업성취를 위해 다양한 교수학습 방법을 적용하고, 이들의 성장을 지속적으로 평가해야 한다. 프로젝트 학습을 통해 학습자들이 성장하는 모습을 바라보면서 교사는 자신의 수업 활동에 자신감을 느끼고 만족감을 갖게 된다.

그렇다면 프로젝트 학습을 어떤 교과에 적용할 수 있을까? 학교에서 배우는 교과는 '학생들이 성공적인 삶을 살아가기 위해 필요한 지식으로서 사회적으로 합의된 교육내용'이다. 따라서 모든 교과에서 프로젝트 학습을 할 수 있다. 다만, 단일 교과에서 적용하는 것보다 융합 교과에서 적용하는 것이 보다 효과적이다. 그 이유는 인간의 문제해결 과정을 생각해 보면 알 수 있다. 우리 인간은 하나의 지식으로만 문제를 해결하지 않는다. 자기가 알고 있는 모든 지식을 활용하여 가장 효율적인 대안을 찾아 문제를 해결한다. 앞서 프로젝트 학습은 문제를 해결하는 과정이라 정의하였다. 교실 속의 학습자들에게도 문제해결을 위해 다양한 교과의 지식을 적용할 수 있는 기회를 제공해야 한다.

프로젝트 학습을 효과적으로 운영하기 위해서는 학교 내 학습공동체가 필수이다. 여러 교과의 교사들이 협력적으로 수업을 설계하여, 문제해결 절차에 맞추어 유기적으로 조합하는 과정이 필요하다. 이를 위해서는 서로의 교과 내용에 대해 충분히 이해하고 있어야 하며, 학문적 접점을 발견할 수 있는 역량이 있어야 한다. 이러한 역량은 여러 교과 교사들이 한 곳에 모여 이야기하는 과정을 통해 길러질 수 있다.

트릴링과 파델[12]은 프로젝트 학습에 대한 설계와 실행을 자전거를 타는 것에 비유하였다. 먼저 교사 바퀴와 학생 바퀴를 살펴보면 프로젝트 학습의 수행에 대한 비중의 차이가 있음을 발견할 수 있다. 교사는 프로젝트를 정의하고 계획하는 데 많은 노력을 쏟아야 한다. 반면 학생은 프로젝트를 실행하는 데 많은 시간을 들여야 한다. 만약 교사의 프로젝트에 대한 정의와 계획이 부족하면 학생들은 프로젝트를 실행하며 많은 혼란을 겪게 된다. 정의와 계획 단계에서 전반적인 교수학습의 방향을 결정하고 학생들의 활동을 지원하기 위한 방안이 설계되어야 한다. 교사의 충분한 정의와 계획은 프로젝트 수업을 성공적으로 달성하게 한다.

---

12) Trilling, B., & Fadel, C.(2009). *21st Century Skills: Learning for Life in Our Times*. John Wiley & Sons.

자전거 모형에서 교사는 학생들을 자전거에 태우고 자전거가 넘어지지 않도록 원활하게 운행해야 한다. 프로젝트와 관련하여 문제를 만들고 적절한 학습자료와 도구를 선정해야 한다. 또 프로젝트 관리를 위해 속도와 시간을 관리해야 하며 속도계를 보며 적절한 평가를 수행해야 한다. 일부 프로젝트에서는 학생들이 독자적으로 자전거를 운행하는 경우가 있다. 이때 교사는 다양한 자전거를 관리해야 하며 적절히 통제해야 한다. 그러지 못하면 자전거가 원하는 방향으로 가지 않거나 넘어져 프로젝트를 제대로 수행하지 못하는 경우가 발생한다. 물론 학생들이 교사 없이 직접 자전거를 타고 프로젝트를 성공적으로 수행할 경우 학습효과는 더 크리라 생각한다. 그러나 일반적인 교실 환경을 고려하였을 때, 프로젝트 학습이 성공적이며 일반화될 수 있는 유형은 교사와 학생이 같은 자전거를 타고 교사의 적절한 지원 아래 프로젝트가 수행되는 것이다.

P21의 프로젝트 학습 자전거 모형(Trilling&Fadel, 2009)

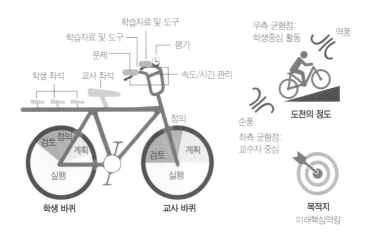

일반적으로 프로젝트 수행 시에는 교실 내부의 변수뿐만 아니라 외부 변수도 작용한다. 동료 교사와 관리자의 지지, 예산, 외부 환경 등 다양한 변수가 존재한다. 이러한 변수가 긍정적으로 작용할 때 자전거는 빠른 속도로 운행이 가능하다. 반면에 외부 변수가 부정적으로 작용하면 교사가 프로젝트를 운영하는 데 힘에 부치거나 넘어져 프로젝트가 중단될 수 있다. 예를 들어 환경과 관련하여 외부에서 프로젝트 학습을 수행해야 하는데, 관리자가 학교 밖 수업을 금지한다면 프로젝트 학습 운영에 큰 차질을 겪게 된다. 따라서 프로젝트 학습을 원활히 운영하기 위해서는 이를 지지하는 학교문화가 함께 형성되는 것이 중요하다.

교사들이 자전거에 많은 학생들을 태우고 이렇게 힘든 과정을 겪는 이유는 무엇일까? 바로 목적지에 해당하는 미래핵심역량을 촉진하기 위함일 것이다. 학생들은 복잡한 문제를 해결해 나가는 과정을 통해 창의력, 문제해결력, 비판적 사고력, 의사소통능력과 같은 고차원적인 역량을 기를 수 있다.

트릴링과 파델의 프로젝트 학습 자전거 모형은 프로젝트 학습 설계에 있어 많은 시사점을 준다. 첫째, 프로젝트 학습은 학습자중심 활동을 지향하되 적절한 교수자의 지원과 통제가 제공되어야 한다. 흔히 구성주의 학습에서 교수자의 역할을 '촉진자'라고 정의한다. 촉진자는 학습자의 활동을 방관하는 것이 아니라 지속적으로 스캐폴딩과 피드백을 제공하며 프로젝트를 성공적으로 이끌어 나갈 수 있어야 한다. 둘째, 교수자와 학습자의 래포(rapport) 형성이 중요하다. 공원에서 2인용 자전거를 타 본 경험이 있는 사람이라면 둘의 호흡에 따라 앞사람이 더 힘들 수도 있고 뒷사람이 더 힘들 수도 있다는 것을 안다. 교수자와 학습자의 적절한 관계가 설정되지 않고, 학습자의 특성을 고려하지 않은 채 열정을 쏟아붓는 교수자는 프로젝트를 수행하다 혼자 지칠 수 있다. 반대로 학생이 충분한 열정을 가지고 있지만, 교수자의 적절한 지원이 없다면 프로젝트의 성과는 미미할 것이다. 셋째, 프로젝트 학습은 학교문화가 매우 중요하다. 다양한 학습자중심 수업에 대한 동료들의 공개적인 또는 암묵적인 지지가 없다면 프로젝트 학습을 전개하는 교사는 위축감을 느끼게 될 것이다.

프로젝트 학습 자전거 모형에서 살펴보았듯이 프로젝트 학습 수행은 매우 복잡한 일이다. 처음 자전거를 타면 많이 넘어진다. 유사하게 프로젝트 학습 경험이 많지 않은 대부분의 교사는 프로젝트 학습을 진행하는 데 많은 어려움을 겪게 된다. 이러한 어려움을 해결하는 정답은 많이 해보고 경험을 쌓는 것이다. 혼자 경험하는 것보다 동료들과 함께 수업하고 성찰하는 것이 더 효과적이다. 프로젝트 학습에 대한 시행착오를 줄이기 위해서는 프로젝트 학습과 관련된 선행 연구를 살펴볼 필요가 있다. 다음 장에서 살펴볼 선행 연구는 프로젝트 학습 설계에 대한 정답은 아니지만, 프로젝트 학습을 성공적으로 이끌기 위한 지침이 될 수 있다.

B교사의 프로젝트 학습 경험

"여러분, 우리가 살고 있는 지구에서 해결해야 할 문제는 무엇일까요?"
"환경문제요."
"지구온난화요."

2016년 가을, 교육과정의 내용과 실생활의 문제를 반영하여 '지구온난화'를 주제로 한 첫 교과융합 프로젝트 학습에 도전하였다.

첫 과목은 연도별 온실가스 발생량을 비교한 그래프를 그려 보는 수학 수업이었다. 그래프를 통해 지구온난화의 개념과 그 심각성을 알게 된 학생들은 여러 온실가스의 성질 및 온난화 발생의 지구과학적 원인을 파악해 보는 과학 수업에 더 많은 흥미를 갖고 임하였다. 뒤이어 연계된 기술 시간에는 온난화의 심각성과 예방에 대해 스톱모션 기술을 이용한 UCC를 제작해 보는 활동이 이루어졌다. 학생들은 창의적인 방법으로 그들의 생각을 영상으로 표현해 내려고 노력하였으며 완성된 UCC를 1학년 학생들이 다 함께 감상하는 시간도 가졌다. 교과융합 프로젝트 수업의 마지막 과목이었던 영어 시간에는 지구온난화를 주제로 한 포스터를 제작하였는데, 전시회뿐 아니라 교문 캠페인에도 사용되어 다른 학년 학생들의 관심을 이끌어 냈다. 특히 아침 환경 캠페인이 있던 날 점심시간에는 1학년 학생들과 프로젝트 학습공동체 교사들이 함께 준비한 플래시몹 행사가 이루어졌다. 수백 명이 동물 복장을 하고 신나는 음악에 맞추어 똑같은 춤을 추었던 그 멋진 퍼포먼스는 학교 구성원들로부터 지구온난화에 대한 관심과 참여를 끌어내는 데 성공하였다.

"예전에는 지구온난화를 책으로만 배워 마음에 와 닿지 않았어요. 그런데 하나의 주제로 여러 과목에 걸친 활동을 하다 보니 개념을 확실히 알게 되었고 좀 더 깊이 배웠다는 느낌이 들어요. 우리 생활에서 지구온난화가 계속되면 정말 큰일 나겠다는 생각이 들더라고요. 다음에도 또 이렇게 함께 캠페인을 하거나 플래시몹을 하면 좋을 것 같아요. 나도 지구를 위해 뭔가 한다는 뿌듯함이 있었어요. 친구들이 춤추는 모습을 보면서 열정이 있는 친구들이 많다는 것을 알 수 있었고 다른 친구들이 보내주는 환호에 희열을 느꼈어요." (솔밭중 3학년 J군)

학생들은 '지구온난화' 프로젝트 학습을 통해 하나의 문제를 각기 다른 분야의 시각으로 접근할 수 있고, 문제해결을 위해 다양한 지식이 필요하다는 것을 알게 되었다. 그들이 교실에서 배운 지식은 쓸모없는 게 아니라, 교실 밖 삶의 문제를 조금 더 나은 방향으로 해결하는 데 바탕이 된다는 것을 깨달았다. 더불어 UCC 제작, 캠페인, 플래시몹 활동을 통해 메시지를 창의적으로 표현하고 전달할 때 사람들의 마음을 움직일 수 있다는 사실도 느꼈다. (B교사의 성찰 일지)

프로젝트 학습 설계를 위한 연구

2__
Chapter

프로젝트 학습은 학생들의 미래핵심역량을 촉진하는 유용한 교수학습 방법으로 여러 연구를 통해 프로젝트를 효과적으로 설계하기 위한 원리들을 제시하고 있다. 이러한 설계 원리는 프로젝트 학습의 교육적 효과를 높이고, 실행에 있어 교사의 시행착오를 줄여 주기 때문에 살펴볼 필요가 있다.

미래핵심역량과 연계하여 프로젝트 학습에 시사점을 줄 수 있는 연구로 마이크로소프트의 21CLD, BIE의 GSPBL, PMIEF의 HQPBL, P21(www.battelleforkids.org)의 Skills Map 등이 있다. 여기서는 마이크로소프트의 21CLD를 중심으로 프로젝트 학습 설계에 대한 시사점을 간단히 살펴보고자 한다.

미국의 비영리 교육단체인 벅 교육협회(Buck Institute for Education)는 교육자의 PBL 수업 설계를 도와주기 위해 포괄적 연구 기반의 GSPBL을 개발하였다. GSPBL은 필수적인 프로젝트 설계 요소를 포함하고 있어 학습공동체에서 프로젝트 학습을 협력적으로 설계하고자 할 때 매우 유용하게 활용할 수 있다. GSPBL에서 제시하는 프로젝트 설계 요소는 1) 도전적인 문제와 질문, 2) 지속가능한 탐구, 3) 실제성, 4) 학생의 발언과 선택, 5) 성찰, 6) 비평과 수정, 7) 공개적인 산출물이다.

BIE의 GSPBL에 대한 내용은 『프로젝트 수업 어떻게 할 것인가?』(존 라머 외 지음)에 상세히 기술되어 있다. 프로젝트 학습 설계의 기본 지침서이므로 읽어 보길 권한다.

<Gold Standard PBL>

마이크로소프트와 미국 스탠퍼드 대학의 비영리 연구기관인 SRI (Stanford Research Institute)에서는 혁신적인 교수학습(ITL: Innovative Teaching and Learning) 연구[14]를 수행하였다. 1차 연구(2009~2011년)에

---

13) Buck Institute for Education(http://www.bie.org)
14) ITL Research(2011), ITL Research Findings and Implications.

서는 여러 나라에서 이루어지는 혁신적인 교수학습 사례를 수집하고 학생과 교사를 인터뷰하여, 많은 교사들이 핵심역량 증진의 중요성에 대해 인식하고 있지만 목표와 실천 사이에 차이가 있음을 제시하였다. 예를 들어 대부분의 교육자들이 창의성의 중요성에 대해 인식하고 있지만 학생들의 창의성을 촉진하기 위해 어떻게 교수학습을 설계하고 실행해야 되는지 의문을 가지고 있다는 것이다. 이 연구에서는 목표와 실천 사이의 간극을 줄이기 위한 방안으로 6개 핵심역량을 정하고 그에 대한 루브릭(rubric)을 도출하였다. 2차 연구(2012년)에서는 이 루브릭을 교수학습 설계에 적용하여 효과성을 살펴보는 연구를 진행하였다. 그 결과, 교사가 교수학습 설계 시 핵심역량을 얼마나 고려했는지에 따라 학습자의 핵심역량에 유의미한 영향을 미친다는 것을 보여 주었다.

ITL 연구를 기반으로 도출된 21세기 학습 설계(21CLD)는 교사의 전문성 개발 프로그램으로, 교실 수업에 21세기 역량을 적용하는 프로젝트 학습에 대한 여러 시사점을 제공하고 있다. 21CLD는 1) 협업, 2) 지식구성, 3) 실세계 문제해결과 혁신, 4) 학습을 위한 ICT 활용, 5) 자기조절, 6) 능숙한 의사소통의 6가지 역량에 대한 루브릭으로 구성되어 있다.

• 협업

협업(collaboration)은 학생들이 모둠을 이루어 특정 문제를 해결하거나 산출물을 제작할 때 촉진된다. 일반적으로 복잡한 문제를 해결할 때는 혼자서 해결하기보다는 여러 사람과 함께 해결한다. 여러 사람과 브레인스토밍하는 과정에서 문제해결의 실마리가 떠오르고 도전적인 과제를 보다 쉽게 해결할 수 있다. 이러한 협업은 학습과정과 결과에 대해 공동의 책임을 지고 학습의 내용, 과정, 산출물에 대해 실제적인 결정을 함께 내리며 모둠의 성공을 위해 모든 학생들이 적극적으로 참여할 때 촉진된다. 협업에 대한 루브릭은 다음과 같다.

협업 루브릭

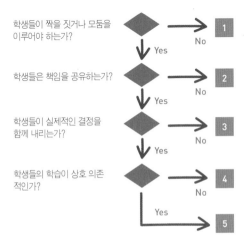

• 지식 구성

지식 구성(knowledge construction)은 프로젝트 학습에서 매우 중요하다. 학습자들이 많은 시간과 노력을 들여 과제를 수행하였지만 기대만큼 학업성취가 이루어지지 않는다면 학습이 효과적이지 않다고 할 수 있다. 여기서 말하는 지식 구성은 분석, 종합, 평가, 창조와 같이 고차원적인 지식의 유형을 의미한다. 그리고 학습자들은 고차원적인 지식을 활용하여 새로운 맥락에 지식을 적용할 수 있어야 한다. 이때, 하나의 지식만 적용하는 것이 아니라 여러 교과에 걸쳐 융합적인 것을 다룰 때 보다 효과적이라 할 수 있다. 지식 구성에 대한 루브릭은 다음과 같다.

지식 구성 루브릭

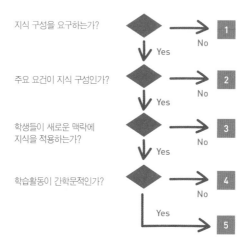

• 실세계 문제해결과 혁신

실세계 문제해결과 혁신(real-world problem solving and innovation)은 프로젝트 학습에서 문제해결에 대한 시사점을 제공한다. 프로젝트 학습에서 학습자들은 이미 알려졌거나 해결책이 뚜렷한 과제보다는 복잡하고 비구조화된 과제를 다룬다. 이러한 과제는 인위적으로 만들어진 허구의 문제가 아니라 우리 생활 속에서 쉽게 발견할 수 있는 실세계 문제이다. 학습자들은 실세계 문제를 해결하기 위해 학습하고 학습의 결과를 바탕으로 그것을 해결하는 과정을 거치게 된다. 이러한 활동을 통해 실세계 문제해결과 혁신역량을 기를 수 있다. 실세계 문제해결과 혁신에 대한 루브릭은 다음과 같다.

실세계 문제해결과 혁신 루브릭

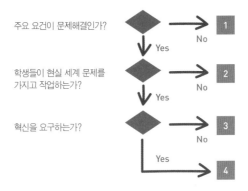

주요 요건이 문제해결인가? → No 1

Yes

학생들이 현실 세계 문제를 가지고 작업하는가? → No 2

Yes

혁신을 요구하는가? → No 3

Yes 4

• 학습을 위한 ICT 활용

학습을 위한 ICT 활용(the use of ICT for learning)은 프로젝트 학습에 있어 테크놀로지 활용에 대한 시사점을 제공한다. 학습자들은 테크놀로지를 활용하여 다양한 정보를 수집하고 문제해결에 필요한 형태로 정보를 가공한다. 그리고 문제해결을 위해 다양한 형태로 시각화함으로써 그들의 학습과정을 공유할 수 있는 기회를 제공한다.

테크놀로지가 교실에서 효율적으로 활용되기 위해서는 교수학습 설계 단계에서 이 테크놀로지가 정말 필요한지 신중히 고민하고 채택해야 한다. 목적에 맞지 않거나 불필요한 테크놀로지 활용은 수업을 방해하는 요인이 될 수 있다. 학습을 위한 ICT 활용 루브릭은 다음과 같다.

학습을 위한 ICT 활용 루브릭

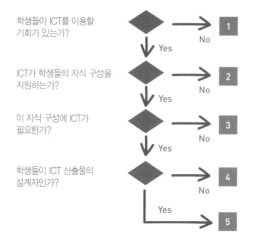

• 자기조절

프로젝트 학습은 비교적 긴 시간 동안 이루어지기 때문에 자기조절
(self regulation)이 필수이다. 자기조절을 촉진하기 위해서는 먼저 학습목

자기조절 루브릭

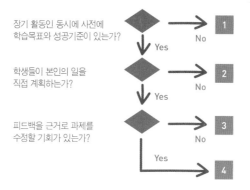

표와 성공기준(성취기준)이 명확히 제시되어야 한다. 이 목표에 따라 학습자들은 그들의 학습을 스스로 계획하고 관리해야 한다. 어떤 일정에 따라 어떤 활동을 수행할지 스스로 계획을 수립함으로써 자기조절역량을 키울 수 있다. 그리고 동료, 교사, 전문가로부터 피드백을 받아 그들의 학습과정과 결과를 수정·보완함으로써 학습목표를 달성하게 된다.

• 능숙한 의사소통

인간의 상호 작용에서 능숙한 의사소통(skilled communication)은 필수이다. 협업 상황에서는 다른 사람들과 긍정적으로 상호 작용하면서 문제를 해결해 나가야 한다. 이러한 의사소통역량을 키우기 위해서는 확장된 의사소통이 요구된다. 한 가지 유형 이상의 의사소통 도구를 활용하여 응집력 있고 확장적인 대화가 오가야 하며, 이 대화 속에서는 자신의 주장에 대한 구체적인 증거를 제시해야 한다. 그리고 이러한 의사소통은

능숙한 의사소통 루브릭

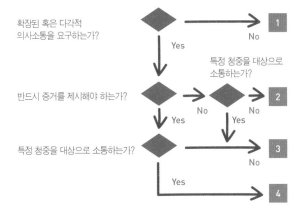

분명한 청중을 대상으로 진행함으로써 그들이 누구를 대상으로 어떤 기여를 해야 하는지 분명히 파악할 수 있다.

솔밭중 학습공동체에서는 21CLD에 대한 연구를 기반으로 프로젝트 학습 설계를 위한 6가지 설계 원리를 도출하였다. 설계 원리는 1) 실제성, 2) 지적 도전, 3) 자원 활용, 4) 과정중심 평가, 5) 스캐폴딩과 피드백, 6) 산출물 공개이다. 도출된 설계 원리는 단일 교과 및 융합 교과의 프로젝트 학습 설계 원리로 활용될 수 있다. 각 설계 원리는 프로젝트 학습에 있어 필수적이며, 해당 원리를 통해 설계된 프로젝트 학습은 학습자의 미래핵심역량과 핵심지식 함양을 촉진하는 것을 목표로 한다. 다음 장부터는 설계 원리를 바탕으로 세부 내용을 기술하고자 한다.

프로젝트 학습의 6가지 설계 원리

프로젝트 학습 관리

설계 원리

3 ___ 1. 실제성
Chapter

프로젝트 학습을 설계하기 위한 첫 번째 원리는 실제성(authenticity)이다. 학습자들이 실제적인 문제 또는 질문을 해결하는 과정을 거쳐야 한다는 말이다. 교과서에서만 존재하는 문제가 아니라, 학생들이 살아가면서 부딪히는 문제를 해결했을 때 프로젝트 학습의 효과를 극대화할 수 있다. 여기서 교사는 실제 문제와 교육과정을 연계시켜 주는 역할을 해야 한다. 교육과정 속에서 실세계와 관련된 문제를 찾고, 그 문제를 해결해 나가는 활동을 통해 교육과정의 성취기준을 달성할 수 있도록 설계하는 과정이 필요하다. 이를 위해서는 교육과정에 대한 문해력(literacy)과 다양한 사회문제에 대한 배경지식을 가지고 있어야 한다.

1. 교육과정에서 주제 찾기

프로젝트 학습을 설계하기 위한 첫 번째 활동은 적절한 주제를 찾는 일이다. 프로젝트 학습의 주제는 인간의 일(work)과 관련되어 있기 때문에 매우 광범위하고, 교과서 내의 모든 내용이 프로젝트 학습과 연계될 수 있다. 학생들의 고민, 교실과 학교가 처한 문제, 지역사회의 화제, 글로벌 문제 등 다양한 주제를 프로젝트 학습에 적용할 수 있다.

프로젝트 학습의 주제가 너무 작은 단위의 문제일 때는 교육과정과 연결이 잘 안 된다. 학생들 주변에서 발생하는 신변잡기와 관련된 문제는 프로젝트 학습에서 매우 매력적인 주제임에 틀림이 없다. 또한 이러한 문제를 해결함으로써 학습자들은 즉각적으로 피드백을 받을 수 있어 학습효과가 크다. 그러나 일반적인 학생들의 신변잡기, 학급 관련 문제는 대부분 교육과정과 매칭이 어렵다. 예를 들어 '교실의 쓰레기를 줄이자'라는 프로젝트를 수행한다면, 특정 교과의 성취기준을 찾기가 매우 어려울 뿐만 아니라 교과 진도와 연계하기도 어렵다. 이런 이유로 이러한 주제는 교과 시간보다는 동아리나 자유학기 활동으로 이루어지는 경우가 많다. 그러나 글로벌 이슈 또는 사회적 화제와 같은 큰 문제들은 교육과정과 매칭이 잘 된다. 그 이유는 대부분의 교과서가 해당 이슈를 다루고 있기 때문이다. 상당수의 교과가 민주시민과 범 지구촌의 문제와 가치를 다루고 있기 때문에 교과융합 수업을 설계할 때는 사회적 이슈 또는 글로벌 이슈가 주제로 많이 선정된다.

이러한 주제에 적합한 내용으로 UN에서 제시한 SDGs(Sustainable

Development Goals)가 있다. UN은 2030년까지 극심한 빈곤 퇴치, 불평등 및 불의와의 전쟁, 기후 변화에 대응하기 위하여 17가지 글로벌 목표를 수립하고, '세계에서 가장 큰 수업'이라는 제목으로 글로벌 목표와 관련된 교육 활동을 지원하고 있다. 유네스코 웹사이트(worldslargestlesson.globalgoals.org)를 방문하면 각 글로벌 목표별로 교수학습 자료를 얻을 수 있다. 예를 들어 13번 목표인 '기후 변화'를 주제로 다룬다면, 음식물 낭비하지 않기, 플라스틱 패키지 줄이기, 지구온난화 홍보자료 만들기 등이 학습주제가 될 수 있다. 프로젝트 학습을 통해 인류가 공통적으로 지향하는 문제를 해결함으로써 학습자들에게 글로벌 민주시민으로서 갖추어야 할 행동요령에 대해 알려 줄 수 있을 것이다.

주제를 선정했더라도 해당 내용을 교육과정에서 다루고 있지 않다면

UN의 17가지 글로벌 목표[15]

15) 그림 출처: worldslargestlesson.globalgoals.org

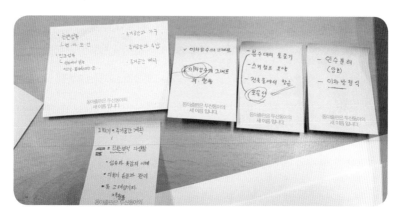

각 교과별 핵심 내용 나열하기

수업을 전개하기 어려울 것이다. 따라서 주제를 선정할 때는 전 교과의 교과서 또는 교육과정의 내용이 체계적으로 정리된 자료가 필요하다. 동학년 선생님들이 각자의 교과서를 펼쳐 놓고, 각 교과별 핵심내용을 포스트잇에 적어 공유함으로써 프로젝트 학습의 주제를 찾을 수 있다. 서로의 교과 내용을 살펴보면서 실세계 문제와 연계함으로써 프로젝트 학습의 주제를 잡아 나갈 수 있다. 시간적 여유가 있을 때 한 학기에 해당하는 교과별 핵심내용을 모두 작성하여 눈에 띄는 장소에 부착해 두면 다른 교과에서 가르치는 내용을 쉽게 파악하여 교과융합 수업 설계를 용이하게 할 수 있다.

활동 1. 주제 만들기

▷ 교육과정을 분석하여 프로젝트 학습에 적절한 주제를 찾아봅시다.

2. 문제 만들기

프로젝트 학습의 주제가 결정되었다면, 주제와 관련된 문제(problem)를 만들어야 한다. 여기서 문제란 학생들이 프로젝트 학습을 통해 수행해야 하는 과제의 맥락과 학습할 내용이 담겨 있는 정보를 의미한다. 프로젝트 학습의 문제는 일반적으로 비구조화된 문제이다. 비구조화된 문제(ill-structured problem)란 다양한 정답과 해결책이 존재하고, 정해진 절차나 방법을 따르지 않는 문제를 의미한다.

왜 비구조화된 문제일까? 학생들은 학교 수업이라는 맥락을 벗어나면 구조화된 문제보다는 비구조화된 문제를 주로 접하게 된다. 5개의 보기 중에서 하나를 고르는 것이 아니라, 뚜렷한 정답과 해결책이 없는 매우 복잡한 문제(complex problem)를 해결하도록 요청받는다. 가령 학생들이 축제를 재미있게 운영하기 위한 방안을 협의하고 있다면 학생들이 참여하는 다양한 이벤트, 선생님의 장기 자랑, 음식 먹기 대회 등 다양한 아이디어가 나올 수 있다. 정해진 해결책이 없기 때문에 그 문제를 해결하는 다양한 방법과 시도가 이루어지게 된다. 교실에서 정해진 보기 중에 선택하는 훈련만 받은 학생들은 복잡한 문제가 주어졌을 때 혼란을 겪게 되고 쉽게 포기할 수밖에 없다. 비구조화된 문제를 통해 복잡한 문제를 해결하는 경험은 미래 사회를 살아가는 데 필수적인 역량이다.

"구조화된 문제(well-structured problem)란 하나의 혹은 제한된 수의 정확한 정답이 존재하며 문제를 해결하는 데 필요한 모든 요소들을 포함하기 때문에 문제에 직면한 사람이 문제가 무엇인지, 어떤 조건들을 만족시켜야 하는지를 파악하기가 상대적으로 쉽다. 반면 비구조화된 문제(ill-structured problem)는 문제에 대한 명확한 설명이 없고, 특정 맥락에서 나타나며, 그 문제의 해결책 역시 다양한 접근이 가능하다." [16]

프로젝트 학습에서는 학습자의 동기를 유발하기 위해 실세계의 문제를 많이 다룬다. 실세계 문제는 학습자들이 그들의 삶에서 직접적 또는 간접적으로 접할 수 있는 문제를 의미한다. 학습자들이 생활하는 교실, 학교, 지역사회, 국가, 글로벌 이슈 등 우리 주변에서 일어나고 있는 실제 문제를 접했을 때 학습자들은 더욱 흥미를 가지고 적극적으로 참여하게 된다. 실세계 문제가 매력적인 또 다른 이유는 프로젝트 학습에서 이루어진 학습 경험을 실세계에 적용할 수 있다는 점이다. 예를 들어 내가 사는 동네의 쓰레기 투기 문제를 해결하기 위한 프로젝트 학습을 했다면, 학생들의 산출물(캠페인, 홍보자료 등)로 다른 사람들에게 긍정적인 영향을 주어 그 문제를 해결하는 데 기여할 수 있다. 만일 교과서에 나오는 가상의 문제가 주어졌다면, 가상의 문제를 해결하는 데 그치고 다른 사람에게 긍정적인 영향을 주지는 못하였을 것이다. 일반적으로 많은 프로젝트 학습에서 다루는 실세계 문제는 다음과 같다.

> 지구온난화, 공정무역, 재해, 불평등, 환경, 안전, 지역사회 문제, 사이버 폭력, 미래 사회, 진로, 다문화, 저출산 고령화, 적정 기술 등

---

16) Jonassen, D. H.(1997), "Instructional design models for well-structured and ill-structured problem-solving learning outcomes", *Educational Technology Research and Development*, 45 (45): 65-94.

프로젝트 학습은 문제를 확인하는 과정에서 학습자들이 문제해결 방향을 설정하기 때문에 교수자의 입장에서는 문제를 어떻게 만들 것인가가 매우 중요하다. 문제를 잘 만드는 것만으로 프로젝트 학습 설계의 50%를 수행했다고 해도 과언이 아니다. 그렇다면 학습자들에게 어떤 문제를 제시하면 좋을까? 문제는 일반적으로 맥락, 학습내용, 혁신을 위한 청중의 설정을 포함한다.

맥락(실제 데이터 기반)

최근 아이티와 중국, 일본 등지에서 대규모의 지진이 발생하여 많은 사람이 다치고 큰 재산 피해가 발생하였다. 우리나라 또한 지진의 안전지대가 아니다. 최근 10년 동안 연평균 30~60회 정도의 지진이 발생하고 있다. 그러나 우리 학교는 1970년대에 지어진 오래된 학교로 내진설계가 적용되지 않아 지진에 매우 취약한 특성을 가지고 있다. 우리 학교에서 지진에 취약한 부분을 찾아보고, 그곳을 보완할 수 있는 적절한 내진 방안을 설계하여 보자. 그리고 학교장에게 학교의 구조 보강을 요청하는 제안서를 A4 3매 이내로 작성하여 홈페이지에 올려 보자.

혁신을 위한 청중의 설정(청중에게 피드백을 받을 수 있으면 이상적)

학습내용(지식구성을 위한 활동)

문제 작성 사례

첫째, 맥락은 가능하면 실제 데이터를 기반으로 제시해야 한다. 가상의 데이터는 학생들이 주어진 자료 내에서만 조사할 수 있지만, 실제 데이터는 다양한 수단을 활용하여 자료를 모으고 시각화하여 그들이 필요로 하는 정보로 가공할 수 있다. 즉 실제 데이터를 기반으로 한 맥락은 학습자들에게 정보를 활용하고 가공할 수 있는 기회를 제공한다. 둘째, 학습내용은 해당 맥락과 관련된 문제를 해결하기 위해 어떤 학습을 해야 하며, 그들이 어떻게 문제를 해결해야 하는지 방향성을 제시한다. 가능하면 이 부분은 반구조화된 정도로 기술하면 좋다. 지나치게 구체적으로 기술하면 학생들은 해당 정보만 수집한다. 반대로 지나치게 추상적으로 기술하면 학생들은 어떤 활동을 해야 하는지 감을 잡지 못한다. 셋째, 혁신을 위한 구체적인 청중을 설정해야 한다. 학생들의 산출물이 다른 사람에게 혜택과 긍정적인 영향을 줄 수 있는 기회를 제공할 필요가 있다. 캠페인, 전시회, 제안서, UCC 등 다양한 방법이 활용될 수 있고, 동영상 공유를 통해 지구촌을 대상으로 할 수도 있다.

일반적으로 문제를 작성하는 데 많은 시간이 소요된다. 그렇지만 프로젝트 학습의 방향성을 결정하는 일이므로 신중하게 작성할 필요가 있다. 위에서 제시한 문제의 3가지 요소, 즉 맥락, 학습내용, 혁신을 위한 청중의 설정을 고려하여 프로젝트 문제를 작성하여 보자.

활동 **2. 문제 만들기**

- ◉ 실제 데이터를 기반으로 한 맥락을 작성해 보자.
- ◉ 문제해결을 위해 학습자들이 수행해야 할 과제나 학습내용을 적어 보자.
- ◉ 문제해결을 위해 누구를 대상으로 어떤 행위를 할지 작성해 보자.

설계 원리

4__ 2. 지적 도전
Chapter

          다른 수업에 비해 설계 과정이 힘들고, 비교적 긴 시간과 노력이 들어가는데도 굳이 프로젝트 학습을 하는 이유는 무엇일까? 그 이유는 일반적인 교실 수업과 달리 프로젝트 학습은 세상의 문제를 접할 수 있고 지식의 분석, 종합, 평가, 창조와 같은 고차원적인 사고를 촉진할 수 있기 때문이다. 프로젝트 학습에서 지적 도전은 매우 중요한 활동으로 단순히 특정 내용을 문자 그대로 암기하는 것이 아니라, 정보를 분석, 해석, 종합, 평가하여 고차적원인 지식을 습득하는 것을 말한다. 블룸은 개정된 텍사노미(bloom's revised taxonomy)를 통해 인간의 사고력을 저차원에서 고차원적 사고력으로 제시하고, 기억, 이해, 응용, 분석, 평가, 창조의 순으로 제시하였다. 프로젝트 학습에서 적용되는 다양한 학습방법과 활동은 고차원적인 사고력을 키워 주는 데 효과적이다. 예를 들어 프로젝트 학습에서 '교실 쓰레기를 줄이는 장치 개발하기'라는 문제가 주어지면 설계하기(designing), 제작하기(producing), 발명하기(inventing), 만들기(making) 등의 활동을 통해 블룸의 개정된 텍사노미에서 가장 위계가 높은 사고력인 '창조'를 촉진할 수 있다.

블룸의 개정된 텍사노미[17]

고차원적 사고력(Higher Order Thinking Skills)

창조하기(creating)	설계하기, 구성하기, 계획하기, 제작하기, 발명하기, 창안하기, 만들기
평가하기(evaluation)	확인하기, 가설화하기, 비평하기, 실험하기, 판단하기, 시험하기, 탐색하기, 관찰하기
분석하기(analysing)	비교하기, 구조화하기, 해체하기, 속성 파악하기, 개요화하기, 찾기, 체계화하기, 통합하기
응용하기(applying)	시행하기, 수행하기, 사용하기, 실행하기
이해하기(understanding)	해석하기, 요약하기, 추론하기, 주석 달기, 분류하기, 비교하기, 설명하기, 예시하기
기억하기(remembering)	인지하기, 열거하기, 묘사하기, 알아보기, 검색하기, 이름 붙이기, 배치하기, 찾기

저차원적 사고력(Lower Order Thinking Skills)

고차원적인 사고 기능을 촉진하는 지적 도전을 불러일으키는 프로젝트 학습은 교수학습 설계에 많은 노력을 기울여야 한다. P21에 따르면

---

17) Churches, A.(2010). Bloom's digital taxonomy.

프로젝트 지식 구성 유형으로 '탐구'와 '설계' 과정이 일반적으로 많이 활용된다고 제시하였다. 탐구활동은 문제를 해결하기 위해 가설을 설정하고, 실험 및 검증 과정을 통해 해결책을 도출하는 것을 의미한다. 설계 활동은 문제를 정의하고 대안을 찾아 설계와 제작의 과정을 통해 문제를 해결하는 것을 의미한다. 기본적으로 프로젝트 학습은 이러한 문제해결 과정을 거친다. 이러한 과정에 거꾸로 수업, 토의·토론, 표현 활동 등 다양한 학습방법이 접목될 수 있다.

탐구와 설계 절차

학습자의 지적 도전을 촉진하는 정해진 방법은 없다. 다만 '탐구', '설계'와 같이 인간의 자연스러운 문제해결 과정을 거치는 것은 학습자들의 다양한 역량을 촉진할 수 있다. 2015 개정교육과정에서는 교과별로 다양한 기능들이 제시되고 있다. 이 기능은 핵심역량을 촉진할 수 있는 필수적인 활동이다. 문제해결 절차에 따라 각 기능을 나열하는 것만으로도 간단히 수업을 설계할 수 있다. 여러 교사들이 문제해결 절차에 따라 기능을 나열하고, 각 기능별로 어떻게 수업을 전개할지 이야기를 나누는 것만으로도 교과융합 수업 설계가 가능하다.

　다음 표는 이 책 3부에서 소개할 '움직이는 장난감이 들려주는 환경 이야기'에 대한 수업 설계서이다. 먼저 가장 좌측에 있는 절차(기능)는 문제해결 절차를 의미한다. 이 수업에서는 사회과와 기술과의 성취기준을 달성하기 위해 환경문제를 이해하고, 환경문제의 심각성을 알리는 오토마타 장치를 제작하기 위해 다음과 같은 문제해결 절차를 설정하였다.

문제 확인하기 → 분석/해석하기 → 설계하기 → 제작하기 → 공유하기

절차 (기능)	교과 (차시)	학습활동	평가 방법	자원
문제 확인하기	기술 (1)	· 프로젝트 안내하기 · 문제 확인하기 · 모둠 구성하기		
분석/ 해석하기	사회 (2)	· 환경문제의 원인과 결과 알아보기 · 스캐폴딩 환경문제 카드게임하기	관찰평가	카드게임
설계하기	기술 (1)	· 오토마타 장치 설계하기 · 피드백 오토마타 장치 설계에 대한 피드백 · 피드백에 따른 설계도 수정·보완하기		
제작하기	기술 (3)	· 오토마타 장치 만들기 · 피드백 오토마타 장치 작동에 대한 피드백 · 피드백에 따른 장치 수정·보완하기 · 공익광고 UCC 만들기 · 스캐폴딩 UCC 제작에 따른 저작권 안내	포트 폴리오 평가	오토마타 스마트폰
공유하기	축제 (1)	· 오토마타 장치 전시하기 · 공익광고 UCC 상영하기		

문제해결 절차를 설계할 때 주요 기능이나 학습활동이 나열된 카드를 활용하면 설계를 보다 효율적으로 할 수 있다. 솔밭중학교 학습공동체는 〈수업 설계 카드〉(미래교육공감연구소)를 활용하여 여러 교사들의 협력적인 수업을 이끌어 냈다. 프로젝트 학습 설계 원리에 따라 주제를 선정하고 문제를 제작하여, 이를 해결할 수 있는 문제해결 절차를 수업 설계 카드를 이용하여 나열하였다. 이 카드를 활용하면 수업을 설계하는 데 모든 구성원이 참여할 수 있을 뿐만 아니라 속도도 빨라진다. 또 다른 교사들이 수업에 피드백을 제공하고 그에 따라 수정·보완할 수 있는 기회를 제공한다.

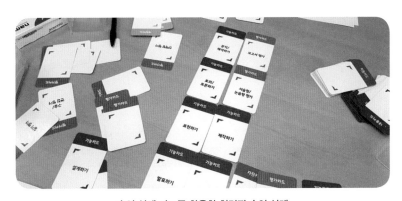

수업 설계 카드를 활용한 협력적 수업 설계

문제해결 절차가 결정되었다면, 각 절차별로 어떤 교과에서 어떤 활동을 수행해야 되는지 결정한다. 이때 교과의 성취기준을 고려하여 각각의 활동을 선정할 필요가 있다. 예를 들어 수업에서 기술과의 성취기준 중 하나는 '[기9243-2] 제조기술과 관련된 문제를 창의적으로 해결할 수 있다'이다. 이 성취기준을 달성하기 위하여 기술교과에서는 '설계하기'와 '제작하기' 단계에서 기계 요소를 활용한 오토마타 장치를 제작하였다. 문제해결 단계와 각 교과의 성취기준을 적절히 연결하는 것으로 자연스러운 문제해결 절차를 거치며 프로젝트를 완수할 수 있게 한다. 이러한 문제해결 절차에 따른 수업 전개는 학습자들의 지적 도전을 자극하고 고차원적인 사고 기능을 촉진시킨다.

교수학습 TIP ✏️

학습자들은 문제를 보고 그들이 해결해야 할 문제를 이해하고 프로젝트에 대한 전반적인 계획을 스스로 세워야 한다. 이때 주어진 과제가 비구조화된 문제이기 때문에 반드시 문제를 확인할 수 있는 기회(시간)를 부여해야 한다. 그들이 해야 할 일이 무엇인지, 어떤 산출물을 만들어야 하는지, 정해진 기간이 언제인지 등 메타인지를 정립할 수 있는 기회를 부여했을 때 프로젝트 학습이 보다 효과적으로 이루어질 수 있다. 따라서 프로젝트 학습의 도입에서 문제를 확인할 수 있는 시간을 충분히 가져야 한다.

활동 3. 문제해결 절차와 학습활동 설정하기

절차 (기능)	교과 (차시)	학습활동	평가 방법	지원

※ 해당 양식은 미래교육공감연구소(feeri.or.kr)에서 수정 가능한 파일로 제공되고 있다.

설계 원리

5 ___ 3. 자원 활용
Chapter

　　　　　　　　　학생들은 프로젝트 학습에서 문제
를 해결하는 동안 다양한 자원을 요구한다. 앞서 프로젝트 학습을 인간
의 자연스러운 문제해결 과정을 배우는 것이라고 정의하였다. 인간은 문
제를 해결하기 위해 필연적으로 도구를 사용한다. 인터넷을 이용하여 자
료를 조사하고, 파워포인트 등을 이용하여 조사한 자료를 시각적으로 표
현한다. 이러한 점에서 프로젝트 학습에서 학생들이 다양한 자원을 활용
할 수 있는 기회를 제공해야 한다. 프로젝트 학습에서는 일반적으로 테
크놀로지, 전문가, 지역사회 등의 자원이 많이 활용된다.
　　첫째, 테크놀로지의 의미는 광범위하지만 일반적으로 수업 시간에 활

용되는 ICT라 생각하면 좋을 것 같다. 10년 전만 하더라도 ICT는 교실에서 활용하기 참으로 까다로웠다. 툭하면 고장이 나거나 인터넷 연결이 끊어져서 수업을 풍요롭게 하기보다는 수업을 방해하였다. 지금이라고 그러한 문제가 발생하지 않는 것은 아니지만, 발달된 기술 환경은 교실에서 ICT를 더욱 활용하기 쉽게 만들어 주고 있다.

교실에서 테크놀로지를 활용한다는 것은 '역량의 확장'이라는 개념으로 이해해야 한다. 학생들이 스마트폰이라는 도구를 활용했을 때, 다양한 정보를 수집할 수 있는 가능성을 부여하고, 이를 바탕으로 지식의 분석, 해석, 적용, 창조 등의 고차적원인 사고력을 증진할 수 있다. 또한 학생들이 프로젝트 학습에서 습득한 지식을 바탕으로 많은 사람들에게 영향을 줄 수 있는 산출물을 제작할 수 있는 기회를 제공한다. 즉 테크놀로지는 프로젝트 학습에서 세상과 연결하는 도구로 활용될 수 있다.

둘째, 프로젝트 학습에서 많이 활용되는 또 다른 자원의 유형으로 전문가가 있다. 프로젝트 학습에서 학생들이 제시한 해결책의 타당성을 구하는 과정으로 전문가의 견해나 검토 등이 필요한 경우가 있다. 전문가를 만나면 학생들은 궁금한 내용을 질문할 수 있고, 자신의 활동과 산출물에 대하여 피드백을 받을 수 있다. 이러한 교육적 효과를 위해 가능하다면 프로젝트 학습에서 전문가나 지역사회를 연결해 주는 것이 좋다. 그러나 프로젝트 학습 설계에서 전문가를 섭외하는 것은 쉽지 않다. 일부 선생님들이 SNS나 개인의 친분을 활용하여 전문가를 섭외하여 프로젝트 학습을 전개하고 있지만 일반화되기는 어려운 상황이다. 프로젝트 학습을 지원하기 위해 전문가 풀(pool)을 제공하는 스타트업 기업도 있지만, 공교육 차원에서 전문가 풀이 만들어지고 프로젝트 학습을 지원할 수 있으면 더욱 효율적일 것 같다.

셋째, 프로젝트 학습에서 학습자의 산출물은 다른 사람에게 긍정적인 영향을 주고 사회에 기여해야 한다. 이것이 이루어지기 위해서는 지역사회와의 연계가 필요하다. 학교 주변에서 활용 가능한 자원의 지도를 만들어 학생들에게 제시한다면 학생들은 그곳에서 정보를 수집하거나, 전문가의 견해를 듣거나, 캠페인 활동을 통해 다른 사람에게 영향을 줄 수 있다. 최근 많은 교육지원청을 중심으로 마을교육을 활성화시키고 있다. 각 지역에서 지식과 재능을 가진 인재를 발굴하여 그들을 학교교육과 연계시켜 주려는 정책적인 움직임이 시도되고 있다. 프로젝트 학습에서 이들 자원을 적절히 발굴하여 적용하는 것으로 학습의 폭을 확장시켜 줄 수 있다.

앞서 소개한 '움직이는 장난감이 들려주는 환경 이야기'에서는 사회 시간에 환경문제의 원인과 결과를 알아보기 위하여 자원으로 카드게임을 선정하였고, 기술 시간에는 스마트폰을 선정하였다. 게이미피케이션(gamification)이 적용된 카드게임은 환경문제에 보다 쉽고 재미있게 접근할 수 있는 기회를 제공한다. 또한 기술 시간에 학생들은 스마트폰을 활용하여 동영상을 제작함으로써 다양한 청중들에게 자신의 작품을 뽐내고 환경문제에 대한 메시지를 전달할 수 있는 기회를 가졌다. 이렇듯 자원을 선정하는 데 있어 수업의 목적과 교실 환경을 철저히 고려하여 채택할 필요가 있다.

프로젝트 학습에서 테크놀로지를 많이 활용하고 있는데 주로 활용되는 도구명과 특징은 다음과 같다. 도구를 하나씩 알아보고 교수학습에 적용할 수 있는 방안을 탐색해 보는 것도 학습공동체의 학습거리가 될 수 있다. 다양한 ICT를 탐색하기 위해 한국교육학술정보원에서 발행한 'ICT와 함께하는 스마트 교육 활동(2016)'이라는 자료를 활용하면 유익하다.

- 수업 관리 도구
  - 클래스123

학습자들의 학습과정에 대해 누가 기록할 수 있는 관리 도구이다. 프로젝트 학습에 참여하는 대상을 설정하고, 그들의 학습과정에 대해 일자별로 쉽게 기록할 수 있다. 또 참여도에 따라 상점과 벌점 내역을 쉽게 기록할 수 있다. 프로젝트 학습에 활용할 수 있는 유용한 도구로 행운의 뽑기, 타이머, 판서, 집중벨 등의 부가 기능을 제공하고 있다.

  - 위두랑

에듀넷(한국교육학술정보원)에서 제공하는 교육용 SNS로 '소식', '모둠', '과제방', '포트폴리오' 등의 다양한 기능을 제공한다. 프로젝트 학습에 대한 공지사항이나 학습과제를 빠르게 전달할 수 있고, 학생들의 과제를 모둠별로 과제방에 업로드하게 함으로써 학습과정을 효과적으로 관리할 수 있다. 또 학습과정에 대한 내용을 포트폴리오로 제출하게 함으로써 평가의 참고자료로 활용할 수 있다.

– 오피스365

클라우드 서비스로 언제 어디서나 엑셀, 파워포인트와 같은 도구를 쉽게 이용할 수 있다. 사진, 영상, 문서 등의 파일을 업로드하여 쉽게 공유할 수 있고, 하나의 엑셀, 파워포인트 문서를 여러 사람이 동시에 접속하여 함께 작성할 수 있다. 또 설문조사를 제공하고 있어 설문이나 형성평가의 도구로 활용할 수 있다.

• 정보 표현 도구

– 무비메이커

가장 대표적인 동영상 편집 도구이다. PC와 스마트기기에서 무료로 다운로드할 수 있고, 기능이 단순하여 누구나 쉽게 다룰 수 있다. 자막, 효과음 등을 넣어 동영상을 빠르게 제작하기 위해 사용한다.

– 스웨이

인터넷상에서 발표 자료나 공유 자료를 쉽게 제작할 수 있는 도구이다. 다양한 자원(그림, 영상, 소리 등)을 끌어다 놓음으로써 자동으로 디자인되며, 이 디자인은 뷰어의 형태에 따라 역동적으로 변한다. 발표 자료 또는 전자책의 형태로 출판할 때 유용하게 활용할 수 있다.

활동 4. 자원 선정하기

▶ 프로젝트 학습에서 필요한 자원을 선정하여, 활동 3의 양식에 기록해 봅시다.
▶ 자원을 선정할 때는 학습자의 특성, 교사의 활용 수준, 교실 환경 등을 고려해 봅시다.

설계 원리

6__ 4. 과정중심 평가
Chapter

프로젝트 학습에서 평가는 어떻게 이루어져야 할까? 프로젝트 학습은 최종 산출물도 중요하지만 학습의 과정도 중요하다. 따라서 과정중심 평가를 통해 프로젝트 학습 전반의 학습 과정을 지원할 필요가 있다. 과정중심 평가는 "교수학습 과정에서 학생의 변화와 성장에 대한 자료를 다각도로 수집하여 적절한 피드백을 제공하는 평가(교육부)[18]"로 정의할 수 있다. 과정중심 평가는 암기 위주나 정답 찾기와 같은 결과중심 평가에서 문제해결 과정을 중시하는 평가로 전

---

18) 과정중심 평가의 개념과 의미: http://happyedu.moe.go.kr/happy/bbs/selectHappyArticleImg.do?bbsId=BBSMSTR_000000000192&nttId=7238

환해야 한다는 의미를 가지고 있다. 이러한 과정중심 평가를 효과적으로 적용하기 위해서는 먼저 교수학습과 평가활동이 일체화되어야 한다. 즉 수업 과정 속에서 평가가 이루어져야 한다는 말이다. 수업 속에서 평가는 자기평가, 동료평가, 교사의 관찰평가 등으로 다양하게 이루어질 수 있다. 특히 프로젝트 학습은 장기간에 걸쳐 이루어지는 학습이기 때문에 교사의 관찰평가, 산출물 평가뿐만 아니라 자기평가와 동료평가가 수시로 이루어져야 한다. 이러한 평가방법은 학습에 있어 적절한 피드백을 제공함으로써 학습자의 더 나은 성취를 이끌어 낼 수 있다. 또한 이러한 학습과정을 꼼꼼히 기록하는 과정까지 이루어져야 한다.

하지만 프로젝트 학습에서 매 시간 평가를 한다는 것은 매우 어렵다. 학생중심 수업을 하다 보면 학생들의 활동 과정에 대한 궁금증을 풀어 주는 것만으로도 시간이 훌쩍 가 버린다. 그래서 선생님들의 수고를 덜고 과정중심 평가를 돕기 위해 평가 루브릭의 활용을 제안하고자 한다.

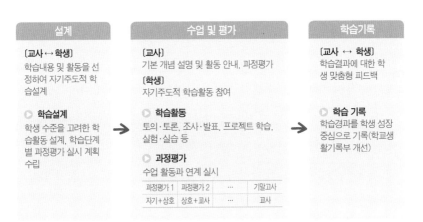

출처: 교육부(2016), 2015 개정교육과정

루브릭이란 수행과제에 대한 기대 사항이 무엇인지를 일목요연하게 보여 주는 평가 준거 모음이다. 수행평가의 한계점이라고 할 수 있는 객관도와 신뢰도를 확보하는 데 큰 역할을 할 수 있으며, 현재 성취평가제와 자유학기제 평가에 있어서 가장 적합도가 높은 평가방법이다.[19] 루브릭은 수행수준을 기술하기 때문에 과정과 결과에 대한 구체적인 평가를 가능하게 하고, 학습자에게 상세한 피드백을 제공할 수 있게 한다. 그리고 학습자들에게 미리 공개되어 평가에 대한 이해를 도모시켜 목표의식을 부여함으로써 학습의 몰입도를 높일 수 있다. 궁극적으로 루브릭은 교사의 수업 연구를 촉진하고, 수업 설계와 수행에 긍정적인 영향을 미친다. 그렇다면 루브릭은 어떻게 만들어야 할까? 루브릭 개발방법을 솔밭중학교 학습공동체의 J교사 사례를 통해 알아보자.

• 루브릭 유형 정하기

루브릭 개발의 첫 단계는 루브릭 유형을 정하는 것이다. 수업의 목표와 프로젝트에 따라 루브릭 유형이 달라질 수 있어서 스스로 아래와 같은 질문을 던져 보고 자신의 수업에 맞는 루브릭의 유형을 정한다. 대표적인 루브릭 유형으로 총체적 루브릭과 분석적 루브릭이 있다. 총체적 루브릭은 프로젝트에 대한 전반적 인상을 토대로 총점을 산출하는 방법으로, 만들기 쉽고 평가자의 노력과 시간이 많이 들지 않는다. 하지만 학생 개개인에 대한 장단점 파악과 자세한 피드백이 어려운 단점이 있다.

---

19) 임은진(2015). 핵심역량 기반 교육과정에서의 사회과 평가에 대한 연구. 『사회과 교육』 54(4). 143-155.

반면 분석적 루브릭은 한 프로젝트에 두 개 이상의 기준을 가지고 평가 기준에 따른 각각의 수행 점수를 합산하여 총점을 산출하는 방식이다. 그래서 개별지도와 구체적 피드백을 제공하기에 적합하다.

J교사는 아래와 같이 모둠별 프로젝트 학습을 계획하였고, 수업 중 학생들을 다방면으로 관찰하고 평가해야 했기 때문에 분석적 루브릭을 선택하였다.

프로젝트 과제	주요 활동	평가방법
인권 관련 인물을 조사하고 멘토 소개서 작성하기	조사하기 소개서 작성하기	관찰평가 작품평가

• 핵심역량 및 평가기준 추출하기

프로젝트 학습에서 평가할 핵심역량과 평가기준을 추출해야 한다. 프로젝트 학습을 통해 길러 줄 수 있는 핵심역량을 선정한 후, 도출된 핵심역량 요소에 맞게 프로젝트에서 평가하고자 하는 지식과 기술 목록을 브레인스토밍하여 적는다. 핵심역량에 해당하는 지식과 기술을 분류하고 중요하지 않은 것들은 제거하여 적절한 기준을 정한다.

J교사는 자신의 프로젝트 학습을 통해 학생들이 ① 지식정보처리역량, ② 공동체역량, ③ 자기관리역량, ④ 창의적 사고역량을 기르길 바랐다. 이러한 역량들을 기르기 위해 수업에서 필요한 역량은 다음과 같다고 판단했다.

① 지식정보처리역량: 정보 수집 및 활용 능력
② 공동체역량: 타인 이해 및 존중, 역할 배분 및 협동
③ 자기관리역량: 도덕적 자기 인식 및 절제
④ 창의적 사고역량: 과제의 창의성과 정교성

- 성취수준 및 설명 설정하기

학생들의 각 성취수준에 따라 어떤 유형의 점수를 배정할지 정한다. 점수를 배정할 때에는 3~5단계 사이의 점수가 적합하며 홀수의 경우에는 중간을 선택하는 경향이 있으므로 짝수인 4단계를 추천한다.

- 1단계: 주요 평가기준에 전반적으로 달성되지 않음.
- 2단계: 주요 평가기준 중 일부가 달성되지 않음.
- 3단계: 주요 평가기준에는 도달하였으나 우수하지 않음.
- 4단계: 각 평가기준에 도달하여 다른 학생보다 뛰어난 수준을 보임.

각 점수에 맞는 수준별 설명을 최대한 구체적이고 관찰 가능한 용어로 서술해야 하며 단계별 차이가 가시적으로 드러나야 한다. J교사가 프로젝트 수업을 수행하며 정한 루브릭의 핵심역량 평가기준과 성취수준에 따른 단계별 설명은 다음과 같다.

평가요소		4	3	2	1
지식정보 처리역량	정보 수집 및 활용	주제에 맞는 인물 정보를 수집하였고 조사학습지 완성도가 높음	주제에 맞는 인물 정보를 수집하였지만 조사학습지 완성도가 비교적 낮음	조사 활동에는 참여하였으나 주제와 맞지 않는 인물을 조사함	조사 활동에 참여하지 않음
공동체 역량	타인 이해 및 존중	모둠 토의나 다른 모둠 발표 시 경청하고 성실히 참여함	자신의 모둠 활동에는 참여하였으나 다른 모둠 발표 시 경청하지 않음	모둠 토의나 다른 모둠 발표 시 종종 경청하지 않음	모둠 토의나 다른 모둠 발표 시 전혀 경청하지 않음

평가요소		4	3	2	1
자기관리 역량	도덕적 자기 인식 및 절제	멘토의 신념과 가치를 도출하였으며 자신의 삶에 적용하는 태도가 뛰어남	멘토의 신념과 가치를 도출하였지만 자신의 삶에 적용하지 못함	멘토의 신념과 가치를 주제에 맞지 않게 도출하였고 자신의 삶에 적용하지 못함	과제에 대한 인식이 제대로 이루어지지 않아 해당 부분을 제시하지 못함
창의적 사고역량	과제의 창의성과 정교성	과제물 구성의 창의성이 돋보이며 완성도가 높고 성의 있게 제작함	과제물 구성을 창의적으로 하였으나 완성도가 조금 부족함	과제물 구성의 창의성은 부족하지만 성의 있게 제작함	과제물 구성이 창의적이지 않고 완성도도 낮음

• 루브릭 수정·보완

루브릭이 타당성을 가지기 위해서는 여러 교사들의 검토 과정이 필요하다. 기준이 너무 많아 동시에 평가하기 어렵지는 않은지, 수업 중 여러 변수는 없는지 실제 루브릭을 시험해 보고 동료 교사에게 피드백을 받으며 수정·보완할 수 있다. J교사 또한 학습공동체 선생님들 중 동 교과 및 사회과 선생님들에게 루브릭을 공유하였다.

동료 선생님들이 '루브릭은 과정중심 평가를 위해 사용되는 평가도구인데 나의 루브릭에서는 학습과제와 같은 결과물에 대한 비중이 크다'는 조언을 해 주었다. 스스로 잘 만든 루브릭이라고 생각했지만, 다른 선생님들 눈에 부족한 것이 보였고 피드백 받은 부분을 보완하여 완성도를 높이고 나니, 수업에 대하여 객관적이고 비판적 시각이 필요함을 절실히 느낄 수 있었다.

- 학교생활기록부 기재 방법

　프로젝트 학습을 학교생활기록부 교과학습 발달 상황의 과목별 세부 능력 및 특기 사항에 기록할 때 유의점 및 방법은 다음과 같다.[20]

① 프로젝트 학습 활동과정에 따라 각 학습단위 내에서 수행한 역할을 구체적으로 기록한다.
② 학습을 통해 핵심역량과 지식 및 기능이 어떻게 향상되었는지 기록한다.
③ 시작은 학습 전 상태, 끝은 학습 후 최종 상태로 기술하면 좋다.
④ 프로젝트 학습의 활동과 평가를 기초자료로 삼아 구체적으로 기술한다.

구분	역량 및 기능	문구
학습 전 상태		학기 초부터 아프리카 기아문제와 난민에 대한 관심과 문제이시이 있었고,
프로젝트 활동내용 ①	지식정보 처리역량	'인권'을 주제로 한 프로젝트 학습에서 모둠원들과 함께 이태석 신부의 삶을 조사함.
프로젝트 활동내용 ②	도덕적 자기 인식 및 절제	도덕 멘토의 도덕적 특징을 자신의 삶에도 적용하여 자기 이익만 생각하지 않고 다른 사람의 아픔을 헤아리는 사람이 되어야겠다고 다짐함.
프로젝트 활동내용 ③	타인 이해 및 협동	모둠의 리더를 맡아 도덕 멘토를 소개하는 소개서를 작성하고, 멘토의 삶을 노래로 개사하여 발표하는 과정에서 모둠원을 배려하는 모습이 돋보였으며, 모둠 활동에서 협력 정도가 매우 우수함.
학습 후 최종 상태	본받기 (모델링)	이태석 신부를 본받는 과정에서 핵심역량인 지식정보 처리역량을 함양하고 도덕적 자기 인식 및 절제, 타인 이해 및 협동능력을 형성할 수 있게 되었음.

---

20) 출처: 교육부(2016), 2015 개정교육과정 교수학습 자료 중 중학교 도덕에서 내용을 재구성함.

예시 문구) 학기 초부터 아프리카 기아문제와 난민에 대한 관심과 문제의식이 있었고, '인권'을 주제로 한 프로젝트 학습에서 모둠원들과 함께 이태석 신부의 삶을 조사함. 도덕 멘토의 도덕적 특징을 자신의 삶에도 적용하여 자기 이익만 생각하지 않고 다른 사람의 아픔을 헤아리는 사람이 되어야겠다고 다짐함. 모둠의 리더를 맡아 도덕 멘토를 소개하는 소개서를 작성하고, 멘토의 삶을 노래로 개사하여 발표하는 과정에서 모둠원을 배려하는 모습이 돋보였으며, 모둠 활동에서 협력 정도가 매우 우수함. 이태석 신부를 본받는 과정에서 핵심역량인 지식정보처리역량을 함양하고 도덕적 자기 인식 및 절제, 타인 이해 및 협동능력을 형성할 수 있게 되었음.

활동 5. 평가방법 선정하기

- ▶ 프로젝트 학습의 과정을 효과적으로 평가하기 위한 방법은 무엇일까요?
- ▶ 프로젝트 학습에서 어떤 내용과 역량을 평가할 것인지 생각해 봅시다.

프로젝트 학습은 다른 교수학습에
비해 장기간에 걸쳐 이루어진다. 학생들이 자기주도적으로 문제를 해결
해 나가야 하고, 다양한 지식을 활용하고, 창의적인 산출물을 만들어야
한다. 이러한 복잡한 문제를 학생들이 잘 해결하기 위해서는 교사의 적
절한 지원이 있어야 한다. 이러한 지원책에는 스캐폴딩(scaffolding)과 피
드백(feedback)이 있다. 스캐폴딩은 학습자들에게 인지적 도움과 안내를
제공하여 학습을 촉진하는 전략으로 정의할 수 있다. 우리말로는 '비계'
로 많이 소개되어 있는데, 고차원적인 학습을 할 수 있도록 도와주는 발
판을 제공한다는 의미로 받아들여지고 있다. 스캐폴딩은 크게 3가지 유
형으로 구분할 수 있다.

첫째, 개념적 스캐폴딩으로 학습자가 어떤 내용을 학습해야 하는가에 대한 안내를 제공한다. 예를 들어 학생들에게 개념에 대한 힌트를 제공한다거나 개념이 잘 정리된 마인드맵을 제공하는 것이다. 프로젝트 학습에서 학생들에게 어떤 개념적 스캐폴딩을 제공하는 것이 효과적일까? 개념에 대해 직접적인 정보를 찾게 하는 괄호 채우기보다는 그 개념을 찾을 수 있는, 또는 그 개념을 활용하여 다른 지식을 탐색할 수 있는 확장적 질문을 스캐폴딩으로 제시하는 것이 효과적이다.

둘째, 절차적 스캐폴딩으로 기술 및 절차와 관련된 안내를 제공한다. 학생들은 프로젝트 학습을 많이 경험해 보지 않았기 때문에 어떤 과정으로 문제를 해결해야 하는지 어려움을 느낀다. 이럴 때 학생들에게 문제해결 절차와 각 단계별로 어떠한 활동을 해야 하는지 안내해 주면 방향성을 잃지 않게 된다. 예를 들어 디자인 씽킹(Design Thinking) 과정에 익숙하지 않은 학생들에게 디자인 씽킹에 대한 문제해결 절차와 주요 활동을 안내하는 포스터를 교실 벽면에 붙여 두는 것도 절차를 안내하는 스캐폴딩이 될 수 있다. 또 프로젝트 학습에서 도구를 많이 활용하는데, 도구의 기능적인 측면이나 도구 활용에 대한 규칙 등을 제공할 수 있다.

셋째, 메타인지적 스캐폴딩으로 문제해결이나 과제 성취와 관련된 지침을 제공한다. 여기서 메타인지란 자신이 아는 것과 모르는 것을 스스로 찾아내어 자신의 학습과정을 조절하는 인지를 의미한다. 프로젝트 도중에 인지, 동기, 행동을 돌아보고 조절할 수 있는 스캐폴딩을 제공한다. 학습자들에게 성찰일지를 작성하게 하거나 자기평가를 하게 하는 활동이 그 예가 될 수 있다.

스캐폴딩에 조금 더 쉽게 접근할 수 있는 방법은 학생들이 프로젝트 학습을 수행하면서 어떤 어려움을 겪게 될지 생각해 보는 것이다. 예를 들어 학생들이 저작권에 대해 잘 몰라서 산출물을 제작할 때 사진이나 음악을 인터넷에서 무단으로 가져올 것으로 예상된다면 저작권과 관련된 학습자료를 제공하는 것도 스캐폴딩이 될 수 있다. 또 개념을 확장시켜 나가지 못할 것이 우려된다면 학습지를 통해 '왜 그렇게 생각했을까?', '증거는 무엇인가?' 등으로 구체적인 안내가 제시된 학습자료를 제공할 수 있을 것이다.

피드백은 학생의 현재 상황을 객관적으로 설명하여 미래의 수행을 위해 도움을 제공하는 과정으로, 교수학습의 과정에서 학습과정과 결과에 대하여 다양한 의견을 제공하는 모든 형태의 의사소통을 말한다. 학생들에게 피드백을 제공하는 것은 학습의 방향성을 제공하며, 적극적으로 학습에 참여할 수 있는 촉진제 역할을 한다. 피드백의 주체는 본인, 동료, 교사, 학부모와 전문가 등 다양하다. 교사가 수업 도중에 제시하는 의견, 검토, 평가 등이 대표적인 피드백의 형태이다. 또 학생들이 그들의 작품에 대해 서로 의견을 교류하거나 전문가의 검토를 받는 것도 피드백이 될 수 있다.

피드백은 과제(task), 과정(process), 자기조절(self-regulation) 차원에서 이루어져야 한다.[21] 첫째, 과제 차원의 피드백은 학생들이 다루어야 하는 학습문제 및 내용에 대한 피드백을 제공하는 것이다. 예를 들어 학생들이 환경문제에 대해 토론을 하였다면, 교사가 각 모둠별 토론 근거자료를 검토하여 자료를 보완할 것을 요구하는 활동이 이에 해당된다. 둘째, 과정 차원의 피드백은 학생들이 문제를 해결하는 절차에 대한 피드백을 제공하는 것이다. 예를 들어 학생들이 스토리보드나 설계도 없이 UCC를 제작하려 한다면, UCC에 들어갈 장면, 스토리, 대사 등을 고민해 보게끔 하는 활동이 이에 해당된다. 셋째, 자기조절 차원의 피드백은 자신의 활동을 점검하고 자신의 행동을 조절하는 것이다. 예를 들어 모둠원이 다른 동료 모둠원들에게 정해진 시간을 확인하며 시간 내에 과제를 수행할 수 있도록 안내하는 활동이 이에 해당된다.

효과적인 피드백이 이루어지기 위해서는 다음과 같은 노력이 필요하다. 첫째, 피드백을 근거로 산출물을 수정·보완할 수 있는 기회를 제공해야 한다. 교사가 산출물에 대한 정보를 충분히 제공하였지만, 이를 반영할 기회가 없다면 학습이 효과적으로 이루어졌다고 보기 어렵다. 둘째, 피드백은 적절한 시점에 이루어져야 한다. 학생들이 산출물을 제작한다고 가정해 보자. 제작활동이 진행되는 도중에 피드백이 제공되면, 산출물을 처음부터 제작해야 되거나 피드백을 반영하여 수정·보완하기 어렵다. 이런 경우, 설계도와 계획서를 먼저 작성하게 하고 이를 검토하는 과정에서 피드백이 이루어져야 한다. 즉 피드백의 제공 시점은 과제를 수정·보완할 수 있는가를 고려하여 실시되어야 한다. 셋째, 피드백은 구체적으로 제공되어야 한다. 피드백의 내용이 추상적이거나 개략적으로 제공된다면, 학생들은 자신이 어떤 일을 수행해야 하는지 파악하지 못한다. 어떤 내용을 어떻게 수정해야 할지, 어떤 방법으로 해결해야 할

---

21) Hattie, J., & Timperley, H.(2007). *The power of feedback. Review of educational research*, 77(1), 81-112.

지 등에 대해 구체적인 피드백을 제공해야 한다. 단, 피드백은 구체적인 정답을 제공하는 것이 아니라 구체적인 방향성을 제공해야 한다는 측면을 꼭 기억해야 한다.

'움직이는 장난감이 들려주는 환경 이야기' 수업에서는 다음과 같은 스캐폴딩과 피드백이 적용되었다. 사회 시간에 환경문제의 원인과 결과를 알아보기 위하여 '환경문제 카드'를 활용하였다. 환경문제 카드는 환경문제의 원인과 결과를 연결해 보면서 환경문제의 심각성을 이해하는 활동이다. 단순히 교과서의 내용을 읽는 것보다 카드게임을 통해 원인과 결과를 연결해 봄으로써 학습자의 흥미를 유발하고 학습효과를 높일 수 있다. 기술 시간에 오토마타 장치를 활용한 공익광고 UCC 만들기 활동

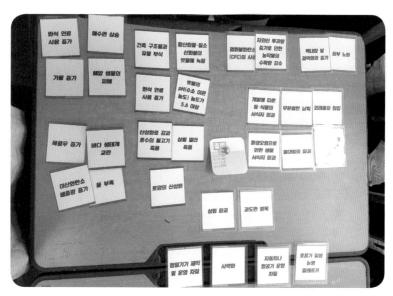

스캐폴딩으로 제공된 환경문제 카드

에서 학생들에게 '저작권 유의사항'을 안내하였다. 저작권에 대해 잘 모르는 학생들이 많기 때문에, UCC 제작 시 음악, 이미지 활용 등에 대한 사전 교육을 실시하였다. 학생들의 산출물이 저작권을 침해하는 사례가 없어야 그 작품을 온라인상에서 공유하는 것이 가능하다. 온라인 공유를 목표로 하고 있는 프로젝트 학습에서는 필수적으로 제공해야 할 스캐폴딩 전략 중 하나이다. 기술 수업에서는 오토마타 장치의 설계에 대한 피드백과 장치 작동에 대한 피드백을 제공하였다. 학생들은 오토마타 장치에 대해 먼저 설계도를 작성하고, 교사의 중간 검토를 통해 목적에 맞는 산출물인지, 시간 내에 완성할 수 있는지를 판단할 수 있었다. 그리고 학생들이 작품을 제작하는 중에 오토마타 메커니즘에 대해 지속적인 피드백을 제공하면서 학생들 스스로 수정·보완할 수 있는 기회를 제공하였다. 스캐폴딩과 피드백은 사전 준비가 필요한 작업이지만, 교수학습이 전개되는 도중에 갑작스러운 어려움이 발생하였을 때 즉각적으로 제공할 수 있어야 한다.

활동 6. 스캐폴딩 및 피드백 설정하기

▷ 프로젝트 학습의 각 단계에서 어떤 도움이 필요한지 생각해 봅시다.
▷ 프로젝트 학습의 각 단계에서 어떤 피드백을 제공할지 생각해 봅시다.

설계 원리

8 — 6. 산출물 공개
Chapter

　프로젝트 학습이 다른 교수학습 방법과 차별되는 가장 큰 특징 중 하나는 산출물의 공개를 강조한다는 점이다. 산출물을 공개한다는 것은 학생들이 단순히 작품을 전시하는 것이 아니라 다른 사람에게 긍정적인 영향을 제공함을 전제로 한다. 이는 앞서 언급한 프로젝트의 실제성과 매우 관련이 깊다. 학생들에게 실제적인 문제를 제공했기 때문에 학생들에게 그 문제를 해결할 수 있는 기회를 제공하는 것이다. 학생들은 오랜 시간 동안 탐구와 설계의 과정을 통해 문제를 해결하기 위한 방안을 도출하였다. 이것들을 단순히 교사에게만 제출하고 끝낸다면, 학생들이 보다 큰 성취를 맛볼 수 있는 기회가 주어지지 않게 된다. 예를 들어 다문화

116

인식 개선과 관련된 포스터를 제작했다면, 이를 교사에게만 제출하는 것이 아니라 같은 학교 학생들, 지역 주민을 대상으로 전시회를 개최함으로써 다른 사람에게 긍정적인 영향을 제공할 수 있다. 이는 '다문화'라는 실제적인 문제해결에 기여할 수 있는 기회를 제공하는 것이다.

그렇다면 학교에서는 어떤 방식으로 산출물을 공개할 수 있을까? 일반적으로 학교 내부 청중을 대상으로 발표, 전시, 행사, 캠페인 등의 방법을 많이 활용한다. 학교의 문제해결을 위한 프로젝트를 수행했다면, 문제해결에 필요한 교장 선생님, 담당 선생님들을 대상으로 발표를 하여 산출물을 공개할 수 있을 것이다. 또 학교폭력을 주제로 프로젝트 학습을 했다면, 등굣길에 제작한 포스터를 전시하고 구호를 외치는 캠페인 활동을 전개할 수 있을 것이다.

학교 외부 청중을 위해서는 제안서 제출, 메일 발송, 공공장소에서의 캠페인, 동영상 게시 등의 방법을 활용할 수 있다. 학생들이 지구온난화 캠페인 동영상을 제작하였다면, 이를 유튜브와 같은 공유 플랫폼에 게시함으로써 다른 사람에게 공유할 수 있다. 또 지역사회의 문제해결을 위해 행정기관 담당자에게 제안서를 제출하는 등의 방법을 활용할 수 있을 것이다.

산출물을 공개하는 방법은 정해진 것이 아니다. 문제해결을 위해 분명한 청중을 정하고 그에 맞는 공개 방식을 결정하여 학생들의 학습과정을 더욱 가치 있게 만드는 교수학습 설계의 노력이 요구된다.

프로젝트명	청중	공개방식
열 받는 지구 멈추기!	학생	• 지구온난화 UCC 시청 • 영어 포스터 전시 • 지구온난화 예방 캠페인 • 플래시몹 행사
따뜻한 공감, 바른 인성	학생 네티즌 학부모	• 칭찬 트리 전시 • 언어 순화 캠페인
흔들리는 재앙, 지진	학생	• 지진 관련 통계 포스터 전시 • 지진 대피 영어 만화 전시 • 생존가방 도안 전시
다름의 존중	학생	• 다문화 존중 캠페인 • 다문화 카드뉴스 전시
공정한 세상을 만드는 아름다운 거래	학생 네티즌	• 공정무역 관련 통계 포스터 전시 • 공정무역 영어 포스터 전시 • 공정무역 프로젝트 학습산출물 감상 보고서 • 교내 축제 공정무역 카페 운영
인간답게 사는 삶, 인권을 배우다	학생	• 인권 관련 통계 포스터 전시 • 도덕 멘토 소개 포스터 전시 • 패스트 패션 포스터 전시
지구의 분노, 기상재해 대비하기	학생	• 기상 관련 그래프 포스터 전시 • 기후난민 영어 카드뉴스 전시 • 기상재해신문 전시
움직이는 장난감이 들려주는 환경 이야기	학생 네티즌	• 오토마타 전시 • 환경공익광고 UCC 상영
내 삶의 목적은 무엇일까?	학생 학부모	• 사진 시와 피규어 전시

활동 7. 산출물 공개하기

▶ 누구를 대상으로 산출물을 공개할 것인가?
▶ 어떤 방식으로 공개할 것인가?
▶ 다른 사람에게 긍정적인 영향을 주기 위해 어떤 행위를 할 것인가?

프로젝트 학습 Q&A

9__
Chapter

　　　　　　　　　　　　프로젝트 학습을 설계하기 위해 사전에 고려해야 할 것도 많지만 실행 중에도 많은 시행착오를 겪을 수 있다. 특히 여러 교과를 융합하여 프로젝트 학습을 전개할 때 더 많은 어려움이 발생한다. 솔밭중학교 학습공동체는 2017년 2학기에 프로젝트 학습을 주제로 충청북도 내에 있는 선생님들을 모시고 토크 콘서트를 개최하였다. 한 해 동안 실행한 프로젝트 학습에 대해 소개하고, 5명의 선생님이 그 프로젝트 수업에서 있었던 에피소드, 어려움, 수정·보완해야 할 점을 여러 선생님들에게 대화 형식으로 공유하였다. 그중 교과융합 프로젝트 학습에 대해 많은 선생님들이 궁금해했던 내용을 이 장에서 Q&A 형식으로 기술하였다.

프로젝트 학습 토크 콘서트

프로젝트 학습산출물 전시

Q1 선생님들은 어떤 계기로 프로젝트 학습에 참여하게 되었나요? 특별한 동기가 있었나요?

A1 교직 경력 20년이 넘어서면서 수업에 점점 자신이 없어졌습니다. 저는 학생들의 눈높이에 맞춰 지식을 전달하는 것만큼은 최고라고 자부하며 주로 강의식 수업을 해 왔거든요. 모둠 활동을 할 때면 시끄러운 교실이 불편하고 분쟁이라도 일어나면 교사의 역할을 제대로 하지 못한 것

같아 줄곧 강의식 수업을 고집했던 것 같아요. 학생들은 종종 "선생님, 그거 배워서 어디에 써요?"라고 질문하며 노골적으로 지루함을 표현했어요. 심지어 책상에 엎드리는 학생까지 생겼어요. '더 이상 강의식 수업만으로는 변화하는 교육 생태계에서 살아남을 수 없겠구나. 어떻게 수업을 바꿔야 하나?' 하고 고민하던 중 기술 선생님의 프로젝트 수업이 저에게 굉장한 자극을 주었습니다. 몇 차시에 걸쳐 모둠별로 생활을 개선할 수 있는 아이디어를 내어 간단한 발명품을 만들어 보는 수업이었는데, 학생들이 선생님에게 자신들의 아이디어를 보여 주고 피드백을 받는 모습이 생기 있어 보였습니다. 수업 내용이 자신들의 삶과 직접 관련이 있기 때문에 학생들은 프로젝트 학습에 즐겁게 몰입하고 있었습니다. 기술 선생님이 하고 있는 프로젝트 수업이야말로 우리 학생들에게 꼭 필요한 수업 방식이라고 판단되어 참여하게 되었습니다.

A2 저는 교직 경력 10년의 교사입니다. 1학년과 3학년, 두 개 학년을 가르치는데 학년이 올라갈수록 학생들의 지식은 쌓이는 반면에 창의성은 점점 떨어진다는 느낌을 받을 때가 있었습니다. 학생들이 문제는 잘 풀지만 창의성과 문제해결력이 부족한 사람이 되게 가르치면 안 되겠다고 생각했어요. 1학년은 2학기에 자유학기제가 운영되다 보니 타 학년에 비해 다양한 수업 방식을 적용하는 것이 수월했습니다. 학생들이 살아갈 미래 세상은 지금보다 훨씬 복잡하고 다양해질 텐데, 어떠한 난관을 만나도 스스로 잘 해결하고 창의성을 발휘했으면 좋겠다고 생각했습니다. 저는 교육과정을 최소화하는 한편 시간 여유를 갖고 실생활에 적용할 수 있는 지식을 가르치기로 했습니다. 그러기에는 프로젝트 학습이

가장 적합하다고 판단되어 1학년 학생들을 대상으로 적극 참여하게 되었습니다. 프로젝트 학습에 참여한 학생들이 실세계 문제에 대한 아이디어의 전이를 불러일으킬 수 있기를 기대하고 있습니다.

A3 저는 교직 경력이 매우 짧은 편이라 수업을 잘하고 싶은 마음이 큽니다. 새 학교로 옮겨 오면서 선배 선생님들과 수업에 관한 고민을 나눌 수 있으면 좋겠다고 생각했습니다. 그러던 중 '솔밭중 학습공동체'를 리드하고 있는 선생님으로부터 "함께 해 보실래요?"라는 메시지를 받았습니다. 처음에는 프로젝트 학습 참여에 초점을 둔 것은 아니었고, 여러 선생님들과 소통하며 '수업 노하우를 얻을 수 있지 않을까?' 하는 작은 기대로 참여하기 시작했습니다. 지금은 학생중심의 문제해결력, 창의성, 자기주도적 학습능력을 키워 주는 데 가장 적합한 수업 방식이라는 확신이 있기 때문에 프로젝트 학습을 진행하고 있습니다.

Q2 제가 근무하는 학교는 한 학년이 10학급으로 구성되어 있어요. 저는 1반부터 6반까지만 들어가고 나머지 반은 다른 선생님이 들어갑니다. 그 선생님은 학습공동체를 하고 있지 않아, 프로젝트 학습을 전개하는 데 어려움이 있을 것 같아요. 이런 상황에서 프로젝트 학습을 운영할 좋은 방안이 있을까요?

A1 초등학교와 달리 중학교, 고등학교에서는 교과별, 학급별로 담당 선생님이 다르기 때문에 교과융합 프로젝트 학습을 전개할 때 어려움이 많습니다. 우선 그 문제를 해결하기 위한 가장 좋은 방법은 7~10반에 들어가는 선생님에게 프로젝트 학습에 대한 협조를 구하는 것입니다. 서

로 협의하여 학습공동체에서 만들어진 수업 설계서와 학습자료를 공유하고, 1~10반까지 모두 똑같은 프로젝트 학습이 이루어진다면 가장 효과적이라 할 수 있을 것입니다. 그리고 수업 실행과 종료 후 교과협의회에서 수업에 대해 성찰하면서 교수학습 자료를 더 개선시켜 갈 수 있을 것 같습니다.

A2 예. 그렇게 하면 가장 이상적일 것 같아요. 그런데 제 경우에는 다른 반을 가르치는 선생님과 교수법이 달라서 협조를 구하지 못했습니다. 이런 사정을 다른 교과 선생님들에게 말씀드렸더니, 그 부분에 대해 조사활동을 하거나 다른 교과 선생님들이 간략히 설명해 주는 방법으로 진행하면 좋겠다고 하시더라고요. 그래서 다른 선생님에게 큰 부담을 주지 않기 위해 제가 수업하는 반에서 활용한 학습지의 내용 구성을 바꾸고 분량을 줄여서 학습자료를 만들었습니다. 이렇게 융통성 있는 교과 전개가 필요합니다.

Q3 여러 교과가 융합하여 한 주제로 프로젝트 학습을 할 때 특별한 준비 과정이 있었나요?

A1 학습공동체 선생님들과 매주 수요일 방과 후 1시간씩 모임을 진행했습니다. 처음에는 프로젝트 학습의 이론을 공부했어요. 일찌감치 프로젝트 학습을 하고 있는 선생님이 21CLD가 무엇인지 자세하게 설명해 주셨어요. 그리고 그 선생님이 준비해 준 활동자료로 프로젝트 학습의 설계가 바르게 되었는지, 어떤 부분이 부족한지 구별하는 연습을 충분히 해 보았어요. 그 과정을 통해 앞으로 우리가 프로젝트 학습을 설계한다

면 어떤 주제를 정해야 할지, 어떻게 문제를 제시해야 할지, 어떤 요소를 수업에 포함해야 할지 등을 제대로 알 수 있었어요.

A2 여러 교과를 융합하여 동일한 주제로 프로젝트 학습을 진행하기 위해 가장 먼저 자신들이 담당하고 있는 교과의 교육과정을 철저히 분석하는 시간을 가졌습니다. 학습요소 및 성취기준을 순서대로 적어 탁자 위에 펼쳐 놓고 서로 연관 지을 수 있으면서 학생들의 삶에도 영향을 미치는 학습요소를 찾아보았습니다. 자신이 담당한 교과에 대해서는 다들 전문가이지만 타 교과를 대할 때는 교사도 학생들과 마찬가지로 배우는 입장이 되어서 궁금한 점, 더 알고 싶은 점 등을 자유롭게 이야기했습니다. 이 과정이 매우 어려웠고 꽤나 진지한 고민이 필요했습니다. 어떤 주제로 프로젝트 학습을 진행할 것인지에 대해 아이디어를 내면서 많은 대화를 했던 시간입니다. 우리는 이 과정에 가장 많은 공을 들였고, 결론적으로 지구온난화, 따뜻한 공감, 지진, 공정무역, 다문화, 자연재해 등을 주제로 정했습니다. 학생들이 실생활에서 쉽게 접할 수 있는 주제라 학습효과가 매우 컸다고 자부합니다.

A3 저는 2권의 독서활동을 열심히 했던 것도 좋은 준비 과정이었다고 생각합니다. 수업 과정을 제대로 평가하는 방법, 혁신학교나 미래학교에서 먼저 프로젝트 학습을 진행한 후 성찰하여 제언하는 내용을 미리 알 수 있었기 때문에 우리는 그런 점들을 보완하려고 노력했습니다. 단, 독서는 학습공동체 전 회원이 함께 하되 발제자를 정해 발표하고 토론하는 시간을 가져 효율적으로 진행했으며 시사점을 도출하는 데 유용하게 활용되었습니다. 또한 프로젝트 학습을 운영할 때 필요한 소소한 노하우까

지 배울 수 있었습니다. 2~3개 교과가 융합하여 프로젝트 수업을 진행한 후 피드백을 한 도서들이 많아 도움을 받을 수 있었습니다.

A4 방학 중 다음 학기 시작을 준비하는 시간이 꼭 필요합니다. 여기서 중요한 것은 '학기 시작 전'이라는 거예요. 준비물은 다음 학기 교과서와 포스트잇, 펜입니다. 여러 과목 교과서를 펼치고 프로젝트 학습의 주제를 선정했습니다. 이 시간이 있었기에 학기가 시작되면 바로 프로젝트 학습에 들어갈 수 있었어요. 프로젝트 학습은 함께 진행하는 과목들끼리 수업 순서를 정해 비슷한 시기에 진행하였는데, 방학 때 이 순서를 정했어요. 만일 이 준비 시간이 없었다면 어떤 교과에서는 프로젝트와 연계된 내용을 이미 가르쳐서 프로젝트 학습이 원활히 진행되지 않았을지도 모릅니다.

예를 들어 사회 교과에서 인권에 대한 개념을 먼저 설명하면 그다음에 이어지는 국어 교과에서는 인권에 관한 작품을 선정해 읽어 보았죠. 국어 수업이 마무리되었을 때 도덕 수업에서 인권에 관한 토의가 진행되었고요. 방학 중에 큰그림을 그렸기에 인권에 연계된 단원이 뒤쪽에 있더라도 프로젝트 학습 시기에 맞춰 교육과정을 재구성할 수 있었어요. 만약 방학 중 만남이 어렵다면 학기 말에 다음 학기 주제를 정하는 것도 좋을 것 같습니다.

Q4 교과융합 프로젝트 학습 참여 교과는 어떻게 정하였나요?

A1 교과 지식은 서로 유기적으로 얽혀 있으므로 학생들로 하여금 융합적인 문제해결력을 키워 주고 싶었습니다. 단기에 그치는 프로젝트가 아

니라 지속적인 배움이 일어나서 학생들에게 깊이 있는 배움과 공감을 불러일으키고 싶었습니다. 그러기에는 단일 교과보다는 여러 교과가 함께 수업에 참여하면 좋겠다는 생각이 들었습니다. 다만, 우리는 학습공동체에 속한 선생님들의 모든 교과가 꼭 프로젝트 학습에 참여하지 않아도 된다는 전제를 두었습니다. 억지로 여러 교과가 반드시 융합할 필요는 없다고 생각했기 때문입니다. 학습요소와 프로젝트 학습의 주제가 부합하며 학생들의 미래핵심역량을 길러 주는 데 적합하다고 판단된 교과만 참여하도록 하여 결과적으로 수업의 효과가 더욱 컸다고 생각합니다.

예를 들어 2018학년도 1학기 프로젝트 학습의 주제인 '지구의 분노, 기상재해 대비하기'에 8개의 교과가 융합하여 참여하려 했으나, 기술·가정과에서는 기상재해에 관련된 발명품을 만들기에 어려움이 있었고, 국어 시간에 시와 기상재해를 연계하기가 애매하였습니다. 또한 도덕 시간에 기상재해 피해를 입은 학생들에게 편지 쓰기 등을 생각하였으나 너무 억지스러운 느낌이 들었습니다. 그래서 이들 3개 교과는 참여하지 않고 5개의 교과만 참여하였습니다.

Q5 교과융합 프로젝트 학습을 진행할 때 교과의 지도 순서에 따라 특별히 어려웠던 교과는 없었나요?

A1 저는 공정무역 프로젝트 학습의 첫 수업을 담당하였습니다. 애초 4차시의 수업 계획을 세웠으나 일부 학급은 계획했던 시간보다 1~2시간이 더 소요되었습니다. 학생들이 생활 속에서 직접 접하는 것이 아니다 보니 주제가 학생들에게는 다소 생소하였습니다. 또한 저는 정해진 시간

내에 활동을 마치고 다음 순서 교과 선생님에게 인계하려는 생각이 앞서 주제 선정에 대한 충분한 취지나 이론에 대해 제대로 설명하지 않고 급하게 수업을 시작하였습니다. 학생들의 배경지식이 충분하지 않았고, 학생들이 수집하고자 하는 정보가 중학교 1학년 수준에는 다소 어려워서 예상치 못한 어려움도 발생하였습니다. 하지만 프로젝트 학습이 진행될수록 앞 교과에서 배운 지식이 누적되어 그 다음에 참여하는 교과는 예상보다 시간이 단축되기도 하였습니다. 만약 같은 유형의 수업을 또 진행한다면, 첫 참여 교과에서는 주제 선정 이유 및 유용성을 학생의 눈높이에 맞추어 1차시 정도 설명해 학생들이 수업의 기획 의도를 이해하도록 하면 수업이 더욱 효율적으로 진행될 것 같습니다.

Q6 교과서 위주의 강의식 수업을 진행할 때와 비교하여 프로젝트 학습을 진행하였을 때 수업 시수의 부족, 진도의 압박은 없었나요?

A 제가 한때 교과서 위주의 강의식 수업을 고집한 이유는 학생들에게 가급적 교과 지식을 많이 다뤄 주기 위함이었습니다. 그런데 어느 순간부터 학생들에게 질문을 던지고 생각할 틈을 제대로 주지 않고 있는 저자신을 발견했어요. 저 혼자 질문하고 대답하는 식으로 수업을 진행하고 있더라고요. 이런 수업이 계속되니 학생들은 수박 겉핥기 식으로 단편적인 지식만 습득하고 응용력은 점점 떨어지고 있는 모습을 보였어요. 조금만 복잡한 문제가 주어져도 내용을 끈기 있게 파고들지 못하더라고요. 특히, 사회 시간에 배우는 내용과 과학 시간에 배우는 내용이 동일한데도 학생들은 완전 별개의 지식으로 생각하는 경향이 심했습니다. 진

정한 이해와 학습은 혼자 머리 싸매고 치열하게 고민하며 자신의 생각에 의문을 제기하는 학습 태도에서 이루어지는데 말이에요. 처음 프로젝트 학습에 참여했을 때는 교과 진도와 학습을 별개로 생각하는 오류를 범해서 수업 시수가 부족하다고 생각했습니다. 하지만 두 번째 프로젝트 학습부터는 다음 학년도에 배울 내용과 연계가 되며 타 교과와 유기적으로 얽혀 있는 가장 중요한 개념들만 추려서 깊이 있게 탐구하도록 하였습니다. 교육과정을 재구성하였으며 교과서에 수록된 모든 문제를 다루지는 않기로 했습니다. 교육과정 재구성을 통해 자연스럽게 수업 시수의 부족, 교과 진도의 압박은 해결되었습니다.

Q7 프로젝트 학습은 모둠별로 수업을 진행하는 경우가 많은데, 모둠 구성은 어떻게 하였나요?

A1 모둠은 주로 4~5인의 이질집단으로 편성하여 활동을 진행했습니다. 지구온난화를 주제로 첫 프로젝트 학습을 할 때 출발 교과인 수학 과목에서 모둠 편성을 한 후 마지막 교과인 기술·가정까지 모둠 구성의 변동 없이 수업을 진행하였습니다.

장점은 과목이 바뀔 때마다 새롭게 모둠 편성을 해야 하는 수고와 소요 시간을 아낄 수 있었으며, 같은 모둠원끼리 누적 학습이 이루어지니 체계적이고 서로를 더욱 배려하는 모습이 보였습니다.

하지만 단점도 있었습니다. 처음부터 모둠 구성이 마음에 들지 않았던 학생이 있었는데, 수업이 계속될수록 스트레스가 심해져서 프로젝트 활동 자체를 힘들어한 것입니다.

그래서 우리는 모둠 구성을 잘 하기 위해 많은 노력을 했습니다. 학생의 자율권을 보장하면서도 교사가 지혜롭게 개입하여 자칫 너무 친한 친구끼리만 편성되거나, 혹은 너무 학습 능력이 뛰어나거나 부족한 학생들끼리 한 모둠에 쏠리지 않도록 조정했습니다. 프로젝트 수업 활동이 이루어지는 내내 모둠 구성의 문제점은 없는지, 어려움을 겪는 모둠은 없는지 끊임없이 섬세하게 살펴보아야 합니다. 교사는 학생들의 자율권을 침해하지 않는 범위 내에서 적극적인 도움을 주어야 합니다.

Q8 일반 수업을 진행했을 때와 프로젝트 학습을 진행했을 때 수업의 효과는 어떻게 달랐으며, 어떤 성과가 있었나요?

A1 프로젝트 학습은 학생들이 실제 교실에서 미래핵심역량을 기를 수 있는 활동을 실시한다는 점에서 탁월한 수업이라고 생각합니다. 학생들이 여러 교과에 걸쳐 한 주제에 대해 다각적으로 접근하고 심도 있게 생각해 볼 수 있는 충분한 시간이 확보된다는 점, 실제 삶의 문제가 학습 문제로 제시되고 학생들이 토의와 모둠별 협력을 통해 창의적인 아이디어로 해결해 볼 수 있다는 점이 프로젝트 학습의 가장 큰 효과라고 생각합니다. 보통의 수업에서는 아무래도 교과 간 연계가 이루어지기 어렵기 때문에 같은 주제에 대해 여러 과목이 중복된 내용을 학습한다거나, 또는 한 주제에 대해 교과마다 분리된 활동이 실시되어 학생들이 그것이 하나의 주제였다는 사실조차 모르는 경우가 많습니다. 하지만 프로젝트 학습을 통해 학문이 다양한 방식으로 연계되어 독특한 아이디어가 나올 수 있고, 그것이 실제 우리 지역사회에 영향을 주어 변화하는 모습을

볼 수 있기 때문에 좋은 학습법이라 생각합니다. 또한 이러한 사고과정을 배워 나가는 것이 미래 사회를 살아갈 우리 학생들에게 꼭 필요하다고 생각합니다.

A2 어떤 프로젝트 학습은 효과가 눈에 당장 보이지는 않았습니다. 그런데 프로젝트 학습을 경험한 학생들이 고학년이 되면서 자발적으로 교과와 관련한 학생 자율 동아리를 구성하고 스스로 교과를 심도 있게 탐구하려는 모습을 보였습니다. 당장의 효과가 교사의 눈에 띄지 않았을 뿐, 프로젝트 학습이 학생들에게 긍정적인 영향을 끼쳤다는 것을 분명히 느낄수 있었습니다. '영어로 배우는 수학 동아리'와 같은 학생 자율 동아리가만들어졌고, 학습 자율 동아리 개수가 전년과 비교하여 두 배 이상 늘어났습니다. 그 이유는 학생들이 프로젝트 학습을 경험하면서 어떤 식으로교과가 연계될 수 있는지, 친구들과 어떻게 배움을 나누고 협력하여 학습할지에 대해 스스로 계획하고 실천해 나가는 것에 부담을 덜 느끼기 때문이라고 생각합니다. 실제로 자율 동아리 활동은 적극적으로 실시되었습니다. 학생들은 교육청에서 주관하는 수업 나눔 축제에서 학습 부스를 만들어 지식을 나누고 즐겁게 축제에 참여하기도 하였습니다.

Q9 프로젝트 학습을 하면서 어떤 어려움이 있었나요?

A1 프로젝트 학습에서 가장 어려웠던 점은 학생들이 모둠 수업에 대해부정적으로 생각하는 것이었습니다. 주로 학습 상위권 학생들에게서 부정적인 인식이 관찰되었는데, 그 학생들은 자의 또는 타의로 각 모둠의모둠장을 맡게 되면서 그 모둠의 과제를 모두 떠맡는 상황이 발생하기

도 하였습니다. 모둠원들이 '모둠장이 똑똑하니까 다 알아서 하겠지!'라는 잘못된 태도를 갖고 각자의 역할을 완수하지 않아, 모둠장만 그 책임을 떠안고 학습결과물을 만드는 일이 종종 발생했습니다. 그래서 교사는 수업 중 모둠 활동을 세심히 관찰하여 활동을 따라가지 못하는 학생에게 적절한 스캐폴딩을 제공하고, 최선을 다하지 않고 자기 몫을 전가하는 학생에게는 지도 및 독려가 이루어져야 합니다.

그 반대의 경우도 발생하였는데, 모둠원의 역량을 믿지 못하여 모둠장이 모든 것을 독차지하고 과제를 수행하는 경우였습니다. 교사는 사전에 모둠장과 모둠원의 바람직한 역할 수행에 대해 알려 주는 교육을 실시할 필요가 있고, 상황에 맞는 리더십이 발휘될 수 있도록 지도가 필요합니다. 또한 모둠 활동을 평가할 때는 모둠의 결과물뿐만 아니라 개인의 활동과정 평가도 함께 이루어져 모두에게 경각심을 주고, 모둠 내 친구의 미흡한 활동을 도와주는 학생에게는 이점을 주어 서로 협력할 수 있는 분위기가 조성되도록 하면 좋을 것 같습니다.

A2 프로젝트 학습에서는 각 교과별로 대부분 모둠 활동을 실시하였습니다. 학생들은 때로 수업 시간 외에 학교 밖에서 조사나 결과물 제작을 위해 모둠원들과 따로 만나야 할 때가 있는데, 그런 경우 개인 시간이 할애되어 프로젝트 학습과 모둠 활동에 대해 학생과 학부모님으로부터 부정적인 반응이 나오기도 하였습니다. 그리고 어떤 학부모님은 수업 시간에 '기상재해', '지구온난화', '삶의 목적'과 같은 주제의 프로젝트 학습이 시험 점수에는 직접적으로 도움이 되지 않는다고 생각하셨습니다.

이러한 문제를 조금이나마 해결하기 위해 우선 프로젝트 학습에 대한 인식 개선이 이루어져야 할 것 같습니다. 프로젝트 학습 시작 전에 학생들에게 이 수업이 우리에게 왜 필요한지, 그리고 수업 후 우리는 어떻게 달라질 수 있는지에 대한 학습목표를 생각하는 시간을 반드시 계획하여야 합니다. 그래야 단순 지식 암기와 문제풀이를 벗어나 교과 지식을 활용하여 자신과 주변의 문제에 대해 고차원적인 사고를 통한 '문제해결력'을 기르고, 사회에 따뜻한 마음을 가질 수 있는 '인성'을 갖추는 과정이 될 수 있습니다. 또한 자신의 미래 직업을 찾을 수 있는 '진로탐색' 기회와도 연결될 수 있다는 점을 이해하도록 하는 인식 개선의 노력이 필요합니다.

프로젝트 학습이 수업 시간 내에 교실에서 모두 이루어질 수 있게 해야 합니다. 결과물 제작을 위해 교실 밖 개인 시간을 할애할 필요가 없게 된다면, 과제 부담으로 인한 부정적인 의견을 줄일 수 있을 것입니다. 수업 중 활동만으로도 충분히 결과물을 낼 수 있도록 시간을 여유 있게 계획해야 합니다. 그리고 수업 시간에 모둠별 컴퓨터를 지급하여 자유롭게 활용할 수 있는 환경을 만들고 자료 조사부터 결과물 제작까지의 전 과정이 교실에서 이루어질 수 있다면, 교사도 수업 중에 학생들을 적절히 통제하고 관찰하며 각 활동 단계에 맞는 피드백을 제공할 수 있을 것입니다.

A3 기존에 강의식 교육, 입시를 대비한 경쟁 구도의 교육을 받았던 학부모님들이 부정적으로 반응하여 당황한 적이 있습니다. 자녀들이 특정 주제에 대한 탐구보다는 교과서 문제를 더 많이 풀고 선생님이 이를 체크해 주기를 바라는 요청이 있었습니다. "프로젝트 학습이 당장 성적 향상에 도움이 될까요?", "방과 후에 자료를 수집한다는 핑계로 인터넷 접

속 시간이 지나치게 길고, 스마트폰 활용이 늘어나서 걱정스러워요."라고 걱정하는 학부모님에게 2015개정교육과정에서 추구하는 미래핵심역량을 키워 주기 위해 학교에서 하는 수업의 방향을 설명해 드렸습니다. 또한 프로젝트 학습을 통해 성장하는 선배 학생들의 사례를 들려주며 앞으로 문제해결능력을 키우는 데 프로젝트 학습이야말로 꼭 필요한 수업이라고 강조하면서, 긍정적인 효과에 대해서도 상세하게 안내해 드렸습니다. 학부모님들과 대화를 나눈 후에 가급적이면 학생들이 수업 시간 내에 친구들과 협력하며 과제를 해결할 수 있도록 지도하였으며, 발표를 위한 파워포인트 활용이나 보고서 작성 등에 지나치게 치중하지 않도록 안내하였습니다.

A4 대학교 교육실습 일정으로 인해 프로젝트 학습 일정이 조금 뒤로 미루어져 학교 정기고사 준비 시간과 겹치게 되었습니다. 그러다 보니 학생들이 탐구 활동을 할 시간이 조금 부족하다고 이야기하였습니다. 프로젝트 학습 실행에 앞서 교육과정과 학사 일정을 꼼꼼히 파악하고 수업 시기를 정하면 좋을 것 같습니다.

3
Part

교과융합
프로젝트 수업 사례

*

교과융합 수업을 이렇게 적용했어요!

열 받는 지구 멈추기!

1__
Chapter

'역대급 태풍', '역대급 한파,' '역대급 폭염' 등 해마다 기록을 갱신하는 기상 이변이 속출하고 있고 그 어느 때 보다 우리 일상에 많은 영향을 끼치고 있다. 아름다운 사계절을 자부했 던 우리나라에 이제 봄과 가을이 사라지고 여름과 겨울만 남은 것 같다 는 어르신들의 푸념이 예사로 들리지 않게 되었다. 그리고 한여름에 에 어컨 없이는 공부에 집중할 수 없는 학생들에게 '지구온난화'는 매우 중 요한 이슈가 되었다. 학생들이 꿈을 실현하기도 전에 그들이 바라는 미 래는 없을 수도 있다는 심각성을 인식하고, 더 많은 사람들이 지구온난 화 예방에 참여할 때 미래의 모습은 좀 더 희망적일 것이라는 공감에서 '열 받는 지구 멈추기!' 프로젝트 수업을 시작하였다.

주제	열 받는 지구 멈추기!				
교과	과학, 수학, 국어, 기술·가정, 영어			대상	중 1 (자유학기)

	교과	내용요소	성취기준(2015 개정교육과정)		
교과별 성취기준	과학	기권의 특징 지구온난화	(9과18-01) 기권의 층상 구조를 이해하고, 온실효과와 지구온난화를 복사평형의 관점으로 설명할 수 있다.		
	수학	통계 처리 자료 분석	(9수05-01) 자료를 줄기와 잎, 그림, 도수분포표, 히스토그램, 도수분포다각형으로 나타내고 해석할 수 있다. (9수05-03) 공학적 도구를 이용하여 실생활과 관련된 자료를 수집하고 표나 그래프로 정리하고 해석할 수 있다.		
	국어	시나리오 및 스토리보드 작성	(9국03-05) 자신의 삶과 경험을 바탕으로 하여 독자에게 감동이나 즐거움을 주는 글을 쓴다. (9국05-01) 문학은 심미적 체험을 바탕으로 한 다양한 소통 활동임을 알고 문학 활동을 한다.		
	기술·가정	정보통신기술 문제와 해결	(9기가04-18) 정보통신기술과 관련된 문제를 이해하고, 해결책을 창의적으로 탐색하고 실현하며 평가한다.		
	영어	명령문 만들기 방법 설명하기	(9영02-04) 일상생활에 관한 방법과 절차에 대해 설명할 수 있다. (9영04-03) 일상생활에 관한 그림, 사진, 또는 도표 등을 설명하는 문장을 쓸 수 있다.		

미래 핵심역량	☐ 자기관리역량 ☑ 지식정보처리역량 ☐ 창의적 사고역량 ☐ 심미적 감성역량 ☑ 의사소통역량 ☑ 공동체역량

산출물	개인	공익광고 시나리오 및 스토리보드
	모둠	지구온난화 노래, 통계 포스터, 공익광고 스토리보드, 영어 포스터, 지구온난화 UCC

산출물 공개 및 청중	지구온난화 UCC 시청, 포스터 전시, 지구온난화 예방 캠페인, 플래시몹

	핵심역량	내용요소
평가내용	·지식정보처리: 합리적인 문제해결을 위해 다양한 지식과 정보를 처리하여 활용 ·의사소통: 자신의 생각과 감정의 효과적 표현 및 타인의 의견 존중 ·공동체: 공동체 구성원으로서 요구되는 가치와 태도를 갖고 발전에 적극 참여	·과학: 지구온난화 원인의 이해 ·수학: 지구온난화 원인 및 결과 통계 처리 ·국어: 공익광고의 이해 및 스토리보드 작성 ·기술·가정: 스톱모션 애니메이션의 이해 및 작품의 완성도 ·영어: 명령문 만들기 및 방법 설명하기

문제 (or 질문)	2015년은 역사상 지구가 가장 더웠던 해였고 2016년 한국은 초강력 추위로 한 해를 시작했다. 국립해양대기청은 2015년 지구의 연평균 온도는 20세기 평균치보다 0.9도 높고 온실가스의 농도가 짙어짐에 따라 지구온난화가 지속되고 있으며 엘리뇨 현상까지 일어나면서 지구가 점점 뜨거워지고 있다고 발표했다. 엘리뇨 영향으로 겨울을 따뜻하게 보낼 것을 기대했으나 이상 한파 현상으로 유럽에서는 폭설과 눈사태로 여러 명의 희생자가 발생했고 우리나라에서도 농작물 피해 및 빙판길 교통사고가 많이 발생했다. 지구를 꽁꽁 얼게 한 이상기후는 지구온난화로 북극 기온이 올라가면서 한파를 가두어 두었던 북극의 제트기류 속도가 느슨해졌고 그 한파가 중위도까지 내려오면서 생긴 현상이었다. 현재 지구온난화 완화를 위해 2016 파리기후변화협약이 발효되었으며 전 세계인이 2100년까지 지구 온도가 산업화 이전과 비교해 2℃ 이상 오르지 않도록 온실가스 배출을 제한하려고 노력하고 있다. 지구온난화의 심각성을 인식하고 일상생활 속에서 온난화 예방을 위해 노력할 수 있는 방법을 찾아 공동체의 관심을 이끌고 실천을 촉구해 보자.

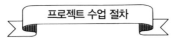

절차 (기능)	교과 (차시)	학습활동	평가 방법	자원
조사하기	과학 (5)	· 지구온난화의 원인과 영향 조사하기 · 자료를 분석하여 지구온난화의 개념 알기 · 지구온난화를 줄일 수 있는 방법 중 내가 할 수 있는 일을 노래로 개사하여 발표하기	관찰평가 보고서평가 발표평가	책 인터넷 자료

분석/
해석하기
	수학
	(3)
		· 지구온난화의 발생 원인 및 결과와 관련된
		  수치 자료 조사하기
		· 스캐폴딩 통계 관련 인터넷 사이트 안내
		· 지구온난화 관련 수치자료 통계 처리 및
		  분석하기
		· 분석된 수치를 통계 포스터로 작성, 발표하기
		· 스캐폴딩 도수분포표 작성에 관한 〈EBS Math〉
		  영상 시청 및 실용통계 소프트웨어 활용법 안내
		· 피드백 자료의 특성에 맞는 그래프 고르기
		  및 수치 계산의 오류 점검 후 정정 안내
			관찰평가
			보고서평가
				인터넷
				자료

설계하기	국어 (3)	·지구온난화 관련 시나리오와 스토리보드 작성하기	관찰평가 산출물평가 발표평가	마인드맵 인터넷 자료
	기술· 가정(4)	·지구온난화 관련 스톱모션 애니메이션 UCC 제작하기	관찰평가 산출물평가	스마트폰

제작하기	영어
	(7)
		·지구온난화의 심각성 및 예방법을 영어 홍
		  보 포스터로 제작하기
		· 스캐폴딩 지구온난화 포스터 샘플 제시
		· 피드백 모둠별 포스터 주제 선정과 영어 표
		  어 작성 후, 주제와 포스터 내용의 일치성
		  및 표어 문장의 문법적 오류 피드백 제공
		·지구온난화 플래시몹 율동 숙지 및 연습하기
			관찰평가
			산출물평가
				책
				인터넷
				자료

공유하기	캠페인	· 지구온난화 UCC 시청하기 · 아침 교문 캠페인 활동하기 · 지구온난화 플래시몹 활동하기		

1. 과학

• 수업 활동

1학년 프로젝트 수업의 주제는 지구온난화 현상이었다. 1학년 과학 단원 중 대기권에 대한 내용이 있어 지구온난화 현상을 도입하는 것에는 무리가 없었다. 그래서 지구온난화에 대한 정의, 원인과 영향, 예방법을 소주제로 정하였다.

1차시에는 '지구온난화란 무엇인가?'를 주제로 수업을 시작하였다. 학생들에게 지구온난화가 무엇인지 물어보니, 뉴스나 인터넷을 통해 자주 접해 단어 자체에는 익숙했지만 정확한 정의와 원인은 잘 모르고 있었다. 최근 몇 년 동안 지구의 연평균 온도가 어떻게 변했는지 그래프를 통해 살펴본 후, 지구온난화의 의미와 온실효과에 대해 학습하였다. 또한 지구의 평균 기온이 높아지는 이유에 대해서도 의견을 나누고 다음 시간에 도서관에서 자료를 조사해 정리하기로 하였다.

2차시에는 '지구온난화는 왜 일어나며 우리에게 미치는 영향은 무엇인가?'에 대해 학습하기 위해 인터넷과 서적을 이용했다. 수업은 와이파이가 가능한 도서관에서 진행되었다. 모둠별로 2개의 스마트폰이 허용되었으며 온난화 관련 도서를 3권씩 고르도록 하였다. 도서관에는 중학교나 초등학교 고학년 수준의 책이 많아 온난화 관련 정보와 지식이 쉽고 간략하게 잘 정리되어 있었다. 인터넷 자료에는 다양한 온실 기체들이 온실효과에 미친 영향에 대한 전문적인 내용이 나와 있었다. 온실 기체 중에는 오존, 메테인, 질소산화물 등 학생들이 처음 들어보는 생소한 단어들이 많다. 학생들은 이 중 온난화에 가장 큰 영향을 주는 기체를 살펴보고 활동지에 정리하였다.

3차시에는 스마트폰과 책을 이용하여 지구온난화를 늦추기 위한 방법들을 조사하고, 지금 내가 할 수 있는 일들을 찾아 정리하였다. 칠판에 모둠별로 정리한 내용을 붙이고 발표도 하여 다른 모둠의 내용도 살펴볼 수 있었다.

4~5차시에는 노래 개사를 통해 모둠별로 지구온난화 대책을 발표하였다. 지난 3시간 동안 배웠던 내용 가운데 핵심내용을 뽑아 가사로 작성하고 노래 연습을 한 후 발표하였다. 다른 모둠은 발표하는 모둠의 노래를 듣고, 내용과 주제의 일치성 및 친구들 간 협동성에 대해 평가하고 별 스티커를 붙였다. 평가는 교사가 개사한 노랫말이 학습내용과 일치하는지를 먼저 평가하고, 자기평가와 동료평가를 통해 모둠 활동 과정에서 협력, 기여도, 경청의 태도를 평가하였다.

구분	평가내용	평가기준
내용	내용과 주제 일치성	· 지구온난화의 원인 및 예방책과 관련된 내용이 가사에 적절히 포함되었는가?
역량	경청	· 다른 모둠이 발표할 때 경청하였는가?
	협력	· 개사한 노래를 부를 때 적극적으로 협력하였는가?
	역할 수행도	· 모둠에서 맡은 역할을 성실하게 수행하였는가?

• 수업 성찰

지구온난화는 널리 알려져 있고 쉽게 접할 수 있는 주제이다. 학교 교과서는 정제된 내용을 요점만 알려 준다. 학생들이 스마트폰이나 책을 통해 수많은 지식을 검색하고 필요한 지식을 찾아 정리할 수 있도록 하고 싶었다. 지구온난화만이 아니라 앞으로 대두될 다른 사회적·환경적 문제들도 인터넷과 뉴스, 책을 통해 자기주도적으로 학습하는 방법을 익히는 기회가 될 것으로 생각했다. 그리고 교과서보다 더 깊이 있는 내용을 다루고, 모르는 단어들이 나왔을 때는 그 단어와 주제를 다시 검색하는 과정에서 더 넓고 깊게 학습할 수 있도록 설계하였다.

수업을 계획할 때는 수업이 순조롭게 진행될 것이라 생각했다. 학생들 대부분이 스마트폰을 사용했고 주제도 친숙했기 때문이다. 그러나 2차시부터 예상은 깨졌다. 스마트폰을 평소 이용하지 않는 학생도 있었고 스마트폰 하나로 여러 명이 보는 것도 어려웠다. 그나마 다행인 것은 도서관에서 수업을 진행했기에 스마트폰과 책을 동시에 활용함으로써 무임승차를 하거나 활동을 방관하는 학생이 없도록 할 수 있었다.

또 하나 예상하지 못했던 점은 광범위한 자료가 오히려 학생들의 자료 조사를 수박 겉핥기 식으로 이루어지게 만들었던 점이다. 책을 통해 필요한 내용을 정리하고 모르는 단어는 스마트폰을 이용해 깊이 있는 조사가 이루어지길 바랐으나, 학생들은 스마트폰 검색으로 손쉽게 다른 사람이 정리해 놓은 내용을 찾아냈고, 그중에서도 가장 간단하고 쉬운 내용을 선택하였다. 프로젝트 수업 초반에 정보 검색 방법을 교육할 필요가 있음을 느꼈다. 예를 들어 주제에 관한 책을 먼저 읽어 보고 내용을 정리한 다음에 더 필요한 내용은 인터넷으로 보강 조사를 하도록 하는 것이다. 시간이 부족하다면 모둠별로 영역을 나누어 깊이 있는 자료 조사를 하고 발표를 통해 그 내용을 반 모두와 공유하도록 하여 자료 찾는 시간을 줄이면서도 더 다양한 자료를 얻을 수 있다.

한편, 다행스러웠던 것은 수업 시간에 모든 활동이 이루어져 학생의 부담감이 줄어들었던 점이다. 하지만 개사하여 노래 부르기 활동에서는 역시나 무임승차하는 학생이 있었다. 적극적인 친구들은 열정적으로 노래를 찾거나 가사 내용을 정리하였지만, 소극적인 친구들은 지켜보았고 남학생들은 장난치기가 일쑤였다. 또한 학생들의 부담을 줄이기 위해 노래 가사를 보고 부르는 것을 허용하였더니 더욱 불성실한 학생들이 나왔다. 충분히 연습하면 부를 수 있는데도 대충 하는 학생이 있었던 것이다.

이 수업을 다시 한다면, 학생들 모두 가사를 외워 발표하도록 하고 모둠 활동 장면 사진과 발표 동영상을 SNS에 올려 공유하도록 할 것이다. 그러한 과정들이 학생들에게 완성도 있는 퍼포먼스를 위해 모둠 활동에 조금 더 책임감 있게 임하도록 할 것이다. 더불어 수업 시간의 배움을 다른 학급 친구들과도 공유할 수 있는 좋은 기회가 될 것이라 생각한다.

2. 수학

• 수업 활동

지구온난화 프로젝트 학습의 두 번째 교과인 수학 시간에는 앞서 과학 시간에 학습했던 지구온난화의 발생 원인과 결과에 대해 수치와 관련한 심화 활동을 하는 것이다. 수치화한 자료를 표와 그래프로 나타내어 분석하고 그 결과와 새롭게 알게 된 점을 정리하여 발표하는 활동을 전개하였다. 학생들이 방대한 정보의 홍수 속에서 자신들에게 꼭 필요한 자료를 가려내고, 전문적인 자료가 가진 속성을 처음 접하는 사람들도 쉽게 이해할 수 있도록 자료를 정리하는 능력을 키워 주고자 수업 활동을 설계하였다.

이 활동을 통해 사회현상을 나타내는 각종 그래프를 직접 그려 보고 해석함으로써 사회현상을 객관적으로 이해하고, 앞으로 일어날 일을 예측할 수 있는 눈을 키우고자 하였으며 수업은 총 3차시로 진행하였다.

1차시에는 주제 선정 및 자료 수집, 2차시에는 자료의 정리 및 분석, 3차시에는 보고서 작성 및 발표 활동을 하였다. 처음으로 도전하는 교과 융합 프로젝트 수업이라 학생들의 문제해결역량, 모둠 수업 활동의 문제점, 그리고 프로젝트 수업에 대한 다양한 반응 등을 살펴보기 위해 다음 2가지 유형으로 수업을 나누어 진행하였다.

남학생 한 학급과 여학생 한 학급에 각각 하나의 주제를 정해 주고 탐구하도록 하였다. 이후, 모둠별로 학생들의 역량에 따라 분석 결과와 결과의 수준에 어떤 차이가 있는지 비교해 보았다. 나머지 8개 학급은 모둠끼리 1시간 동안 탐구 주제를 자율적으로 선정한 후 자료를 조사하고 수집하도록 하였다.

1차시에 조사된 내용에서 대부분의 학생들은 초등학교 선수학습과 각종 매체의 영향 탓인지 'CO_2의 배출량 증가'를 지구온난화의 원인으로 꼽았다. 지구온난화의 결과로는 '연일 이어지는 폭염'을 들었다.

앞서 여학생, 남학생 학급에 각각 정해준 탐구 주제는 '지구온난화의 원인이 되는 CO_2의 배출에 관하여 조사하기'와 '청주시 기준 1987년과 2015년의 월별 최고기온 비교 조사'였다. 나머지 8개 학급에서 자율적으로 정한 탐구 주제는 다음과 같다.

- 20년간 자동차 등록 대수 비교
- 연도별 평균 오존 농도 비교
- 나라별 CO_2 배출량 비교
- 우리나라의 연도별 CO_2 배출량 비교(1992년과 2015년)
- 서울시 쓰레기 배출량 조사
- 2015년 매월 24일 청주의 낮 최고기온 조사
- 지난 20년간 해수면과 빙하의 높이 관계 조사
- 국내 10년간 평균기온의 변화 조사
- 청주시 기준 1987년과 2015년의 월별 최고기온 조사
- 서울 기준 연도별 6월 10일 최고기온 조사
- 우리나라 연도별 1인당 온실가스 배출량 조사
- 우리나라 지역별 평균기온 변화 조사
- 청주 지역의 8월 10년 단위 기온 비교
- 지구온난화로 인한 태풍의 속도 변화 조사

탐구 주제를 미리 정해 준 학급의 경우, 학생들은 같은 주제 내에서도 다른 모둠과는 차별화된, 좀 더 가치 있는 정보를 얻기 위해 자료 수집에 성실히 임하였다. 모둠별로 2~3대의 스마트폰을 이용하여 자료를 수집하도록 하였으며 시간은 30분으로 제한하였다. 유용한 자료를 검색하는 데 개인차가 커서 시간 내에 자료를 수집하지 못한 모둠은 따로 검색 사이트(국가통계포털 KOSIS, 통계지리정보시스템 SGIS)와 검색어를 알려 주는 등 도움을 주었다.

모둠별로 자율적으로 탐구 주제를 정한 경우, 미리 어느 정도 자료를

찾아보면서 정한 주제라 매우 빠르고 정확하게 유용한 정보를 검색하여 시간을 절약할 수 있었다.

2차시에는 1차시에서 조사한 자료를 분석하고 정리하는 활동을 실시하였다. 도수분포표 작성 방법은 프로젝트 학습 일주일 전에 학생들이 〈EBS Math〉 동영상을 시청하여 스스로 완벽하게 숙지하도록 안내하였으며 학생들은 이를 잘 이행하였다. 학생들이 수집한 자료를 도수분포표와 그래프로 정리할 때, 어려워하는 단위 처리는 교사가 도와주었으나 그 외에 어떠한 것에도 교사가 개입하지 않고 학생들 스스로 해결하도록 하였으며 학생들이 궁금해하거나 어려워서 도움을 요청하는 것만 도와주었다.

도수분포표를 통해 수치가 한눈에 들어오도록 자료를 정리하였으며, 그래프는 원그래프, 꺾은선그래프, 히스토그램, 도수분포다각형 중에서 자신들의 자료 분포 상태를 가장 잘 표현할 수 있는 것을 선택하도록 하였다. 단, 엑셀 프로그램을 이용하여 출력해도 되고 직접 그려도 무방하였다. 평균, 상대도수 등의 수치 계산은 반드시 포함하도록 안내하였고 이 부분에서 가장 많은 질의응답이 오갔다.

보고서는 4절 머메이드지에 작성하도록 하였으며 모둠원과 각각의 역할, 탐구 주제, 수집 자료, 자료를 정리한 도수분포표와 그래프, 분석, 느낀 점 또는 새롭게 알게 된 점을 반드시 포함하도록 제한을 두었다.

마지막 3차시에는 완성된 보고서를 교실 앞 칠판과 교실 뒤 게시판에 각각 4개씩 나누어 게시하고 '셋 가고 하나 남기' 형식으로 발표를 진행하였다. 모둠별로 돌아가면서 보고서를 읽어 보고 각자 다른 모둠의 탐구 결과로부터 새롭게 알게 된 것이 있으면 수업 활동 일지에 기록하여 교사에게 제출함으로써 전체 발표를 대신하였다.

평가는 교사의 관찰 및 보고서, 수업 성찰 일지를 평가하였다. 평가의 관점은 정확한 정보의 수집 및 분석, 도수분포표와 적합한 그래프의 작성 여부에 두었다. 보고서 작성에서 디자인을 포함한 시각적인 미 측면은 평가하지 않았다. 수업 성찰 일지 작성은 다른 모둠의 탐구 결과로부터 새롭게 알게 된 것을 꼼꼼하게 기록하였는가를 중심으로 평가하였으며 평가표는 다음과 같다.

구분	평가내용	평가기준
내용	수업 성찰 일지	• 다른 모둠의 탐구 결과를 3개 이상 기록하였는가? • 새롭게 알게 된 것을 제대로 정리하였는가?
역량	정보 수집 통계 처리 정보 분석	• 정확한 정보를 수집하였는가? • 도수분포표를 제대로 작성하였는가? • 적합한 그래프를 작성하였는가? • 유용한 분석을 하였는가?

• 수업 성찰

정해진 시간 내에 계획한 활동을 모두 끝마치게 하려고 매 시간 바빴다. 또한 수학 시간에 활동한 내용이 다음 수업에 좋은 영향을 끼쳐야 한다는 생각에 학생들의 부족한 면이 보일 때면 즉각 개입하는 실수를 하였다. 학생들이 서로 더 많이 토론하고 때로는 다른 모둠의 조언을 받아가면서 충분히 스스로 해낼 수 있는 것들을 기다려 주지 못하였다. 반 전체가 같은 주제로 탐구했을 때와 비교해 본 결과, 생각만큼 결과의 차이는 크지 않다. 부족할 것이라 생각했던 모둠에서 의외로 유의미한 결

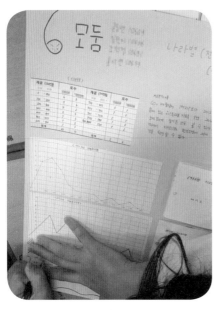
학생 통계 포스터

과를 얻기도 하였다. 활동 과정은 눈에 보이지 않지만 보고서는 최종적으로 남는 시각 자료라 그런지, 남녀 학생들 모두 보고서 작성에 지나치게 많은 에너지를 쏟았으며 의견 충돌도 잦았다. 모둠의 리더들은 보고서를 멋지게 작성해야 한다는 생각에 심적 부담이 컸다고 성찰 부분에 기록하였다. 다음에는 간단한 메모 형태의 포스트잇에 활동 내용을 적어 칠판에 붙이도록 하고 발표하는 것도 좋을 것 같다.

실용통계교육 소프트웨어인 통그라미 활용법을 학생들에게 안내했지만, 시간이 부족하여 수업에 활용하지 못한 것이 또한 아쉽다. 다음에 기회가 된다면 통그라미 프로그램을 활용하면 좋겠다.

학생들이 어려운 수업 과정이었다고 평가했지만, 과학 시간에 이미 지구온난화의 원인에 대한 과학적 이론을 배웠기 때문에 교사가 생각지 못한 탐구 주제를 다양하게 선정해 놀라웠다. 물론 교사가 즉석에서 인터넷을 검색해서 대답을 해 줘야 하는 질문도 많았으나, 교사도 모르는 이론과 내용을 학생들이 알고 있어서 앞 시간에 같은 주제를 가지고 수업을 한 후에 이어지는 수업이 얼마나 수월한지 깨달을 수 있었다.

이 수업 이후 과학, 사회 교과서에 소개되는 어떠한 그래프도 쉽게 분석할 수 있고 생활 속에서도 날씨, 경제 등 각종 다양한 그래프가 보이면 편하게 읽을 수 있게 되었다는 학생들의 자랑을 들으며 나름 성공적인 수업이었다고 자부한다.

3. 국어

• 수업 활동

앞서 진행한 과학, 수학 수업을 통해 학생들은 지구온난화의 개념 및 발생 원인, 그리고 지구온난화로 인한 문제점들을 사전에 학습하였다. 따라서 국어 시간에는 이미 학습된 배경지식들을 활용하여 지구온난화를 알리는 공익광고 시나리오 및 스토리보드를 작성하는 3차시 수업을 계획하였다. 공익광고를 만들기 위해서는 우선 학생들이 주어진 주제에 대해 철저히 분석하고 해석하는 과정이 필요하였고, 무엇보다 공익광고의 의의를 알고 이에 적합한 소주제를 선정하고 재구성하는 활동이 선행되어야 했다.

따라서 1차시 수업에서는 지구온난화에 대하여 친구들과 자유롭게 의견을 나누며 모둠별로 소주제를 선정하는 활동을 하였다. 모둠원들이 모두 공감하고 동의할 만한 소주제를 선정하기 위해서는 지구온난화에 대한 자료를 다양하게 모아서 체계적으로 정리하고 이에 대해 모둠원들이 자유롭게 의견을 나누는 시간이 필요하였다. 그래서 시나리오를 작성하기 전에 모둠별로 4절지를 제공하고 지구온난화라는 주제로 마인드맵 활동을 진행하였다. 모둠별로 지구온난화를 다양한 관점에서 세부적으로 분석해 보고, 각각의 문제들에 대한 원인과 해결 방안을 조사한 후 보기 쉽게 정리하였다. 지구온난화에 대한 자료는 수업 전에 준비할 수 있도록 과제로 제시하였는데, 특히 이전 과학 시간에 조사한 자료들을 적극적으로 활용하도록 하였다. 자료들을 분석하고 정리하여 기록하는 활동은 수업 시간에 모두 이루어지도록 하였다. 학생들은 글과 그림을 활용하여 자신들의 생각을 자유롭게 풀어내었다. 이렇게 완성된 결과물은 각 반의 벽이나 창문에 게시하였고, 수업 막바지에 학생들에게 각각 두 장의 스티커를 나눠 준 뒤 자신의 모둠을 제외한 다른 모둠의 우수한 작품에 투표하도록 하였다. 가장 많은 스티커를 받은 모둠에게는 평가과정에서 가산점을 제공하여 모둠원들이 수업 활동에 책임감을 갖고 임할 수 있도록 동기를 부여하였다. 수업 이후에도 약 일주일간 교실 내에 작품들을 게시해 놓고 학생들이 서로의 생각을 공유하고 자연스럽게 의견을 나눌 수 있는 시간을 충분히 제공하였다.

2차시 수업에서는 다양한 공익광고를 학생들에게 보여 준 뒤 공익광고의 개념과 의미, 효과 등을 간단하게 설명하고, 학생들이 만들어야 하는 공익광고가 어떤 의미를 담고 있어야 하는지, 왜 필요한지에 대해 인식하도록 하였다. 이후 사전에 조사하였던 지구온난화에 대한 정보들을 어떻게 하면 효과적으로 전달할 수 있을지 고민하여 자신만(개별 활동)의 공익광고 스토리보드를 작성하게 하였다. 공익광고의 전체적인 줄거리를 짜고, 이를 바탕으로 8~16컷으로 이루어지는 공익광고의 각 장면에 어떤 그림과 글귀를 넣을 것인지 구상하여 지구온난화에 대한 자신의 생각을 공익광고로 표현해 보는 활동이었다. 그리고 이 공익광고가 자신이 전달하고자 하는 메시지를 관객에게 정확하게 전달하고 있는지도 스스로 점검해 보도록 하였다.

이렇게 모둠 활동을 하기 전 개별 활동을 계획한 이유는, 모둠 활동에서 자신의 생각을 적극적으로 표현하는 것에 어려움을 겪는 친구들을 배려하여 모든 학생들이 자신의 표현능력을 십분 발휘할 수 있도록 기회를 먼저 주기 위해서였다. 또한 모둠 활동에서 무임승차하는 친구들을 가려내고 모든 학생들이 활동에 참여할 수 있도록 독려하기 위함도 있었다. 단, 이 활동은 모둠 활동을 준비하는 활동으로 한 차시에 진행되는 수업이다 보니 최대한 간단하고 신속하게 진행되어야 했다. 따라서 A4 한 장의 학습지 안에 채색은 하지 않고 간단한 그림과 문구로만 표현하도록 제한을 두었다.

마지막 3차시에서는 학생들이 자신의 스토리보드를 가지고 다시 모둠별로 모여 모둠 안에서 자료를 공유하고 의견을 나누는 활동을 하였다. 그리고 모둠원들의 의견을 모아 마지막으로 모둠별 스토리보드를 완성하도록 하였다. 이때는 단순히 스토리보드 작성으로 끝나는 것이 아니라, 스토리보드에서 구상했던 장면을 4절지에 옮겨 실제화하는 활동도 함께 이루어졌다. 공익광고의 한 컷, 한 컷이 4절지의 각 장에 그림과 문구로 표현되고, 8~16장의 4절지가 모여 하나의 공익광고로 완성되는 것이다. 이 활동을 통해서 어떤 방법(그림을 그리는 방법, 모형을 만들어 사진을 찍어 이어 붙이는 방법, 실제 사람이 나와 연기하는 방법 등)으로 자신의 이야기를 풀어 나갈지 구체적인 계획을 세울 수 있으며, 마지막으로 친구들 앞에서 완성된 공익광고를 발표하면서 생각을 공유하고 의견을 나누었다. 특히, 이 발표를 통해서 친구들이 발표한 공익광고가 어떤 메시지를 전달하고 있는지 추측해 보는 활동을 하고, 자신이 어떤 메시지를 전달 받았는지에 대해 서로 평가하는 활동을 진행하였다. 그리고 발표한 친구들은 자신들이 의도한 바가 친구들에게 제대로 전달되었는지 스스로 점검해 보도록 하였다. 발표 과정에서 자기평가, 동료평가가 함께 이루어지도록 학생들에게 평가지를 나누어 주었고, 교사평가를 반영하여 학생의 활동을 평가할 수 있었다.

구분	평가내용	평가기준
내용	도구(공익광고) 이해도	• 도구(공익광고)의 개념과 효과에 대해 명확하게 이해하고 있는가?
	광고를 통한 메시지 전달력	• 공익광고를 통해 의도한 주제를 명확하게 전달하였는가?
역량	협력	• 모둠원들과 협력적으로 의견을 나누고 생각을 공유했는가?

• 수업 성찰

학생들이 자신만의 이야기를 만들어 내는 수업을 진행하면서 교사가 기대한 것보다 학생들의 능력이 훨씬 우수하다는 것을 재확인할 수 있었다. 또한 자신이 가진 창의력을 적극 발휘하여 활동에 참여하는 모습을 보면서 수업에 대한 흥미도가 매우 높았다는 것을 알 수 있었고, 지식을 전달하는 수업보다 표현하고 활동하는 수업일수록 학생들의 참여도가 더욱 높아진다는 것을 다시 한 번 깨달았다.

하지만 이 수업이 공익광고를 계획하는 단계까지만 다루는 수업이었기 때문에 학생들이 실제 공익광고를 제작하는 모습을 볼 수 없었다는 것에 아쉬움이 남는다. 그리고 개인 스토리보드를 작성하고 다시 한 번 모둠별 스토리보드를 작성하는 과정에서 모두의 의견이 공평하게 반영되지 않고 소외되는 학생들이 생기게 되어 수업에 아쉬움을 갖는 학생들도 있었다. 특히 최종 스토리보드를 작성할 때에는 서로의 의견을 공유하여 결과물을 완성하기보다는 가장 우수한 모둠원의 작품을 선정하여 그대로 재작성하는 경우가 많았다. 스토리보드 만들기 활동이 반복되다 보니, 학생들이 지루해하고 불성실하게 참여하기도 하였다.

다시 이 수업을 진행하게 된다면, 조금 더 간단한 절차로 진행하여 학생들의 흥미를 끌어올릴 수 있도록 하겠다. 또한 공익광고 만들기 활동에 국한되지 않고, 학생들이 자신의 이야기를 더욱 적극적으로 풀 수 있도록 지구온난화라는 주제로 동화책 만들기 활동을 계획해 보아도 좋을 것 같다.

4. 기술·가정

• 수업 활동

기술·가정 교과에서는 지구온난화의 문제점을 UCC로 표현해 보는 활동을 하였다. 중학교 1학년 정보통신기술 단원에서 UCC 만들기는 정보를 표현하거나 메시지를 전달하는 능력을 키워 주는 데 가장 효과적인 방법 중 하나로 여겨진다. 그래서 대부분의 교과서에서 체험 단원으로 제시된다. UCC를 만드는 기법 중 스톱모션 애니메이션 기법을 적용하였다.

1차시 수업은 학생들이 국어 시간에 작성한 스토리보드를 참고하여 UCC 제작을 위한 스토리보드를 다시 한 번 제작해 보는 활동이었다. 이미 다른 교과에서 지구온난화와 관련된 정보를 수집하고 분석하였기 때문에 기술·가정 교과에서는 UCC 제작 기술을 이용하여 어떻게 스토리를 전개할지 구상하는 것에 초점을 두었다. 스토리보드의 양식은 화면, 화면에 대한 설명, 자막 등을 적는 란으로 구성되어 있다. 학생들은 모둠별로 몇 가지 핵심 장면을 선정하고, 적절한 화면 내용, 자막, 배경음악이나 음향효과 등 정보를 효과적으로 표현하기 위한 방법을 생각했다.

장면1	장면2
자막	자막
화면에 대한 설명	화면에 대한 설명

스토리보드 양식

학생들이 스토리보드를 어느 정도 작성하였을 때 모둠별로 순회하며 중간 설명을 들어 보았다. 중간 설명을 듣는 이유는 학생들이 핵심 메시지를 정확하게 선정하였는지 확인하기 위함이다. 학생들이 만들기 활동에만 집중하다 보면, 학습내용과 어긋난 부분이 생기거나 스토리의 초점이 흐려지는 경우가 발생하기 때문이다. 이때 적절한 피드백을 제공함으로써 학생들의 실패 경험을 줄일 수 있다. 모둠별로 중간 설명을 마치고 피드백을 바탕으로 스토리보드를 수정·보완한 후 다음 단계로 넘어갈 수 있도록 지도하였다.

2~4차시에는 UCC를 제작하였다. 모둠별로 스마트폰을 두 대씩 사용할 수 있게 하고 스마트폰 이용에 대한 규칙을 제시하였다. 스마트폰은 반드시 정보 수집과 제작의 목적으로만 활용하고 다른 목적으로 활용하지 말 것을 당부하였다. 한 대의 스마트폰으로 스톱모션 제작 어플리케이션을 활용한 제작 활동을 하고, 다른 스마트폰은 정보를 수집하는 용도로 활용하였다. 학생들은 메신저 프로그램을 활용하여 필요한 정보를 주고받았다. 나머지 학생들은 스톱모션 애니메이션을 제작하기 위한 소품을 제작하였다. 스톱모션 애니메이션에 활용될 수 있는 소품으로는 인형, 레고, 종이 모형, 인체 등 소재의 제한은 없다. 어떤 학생들은 종이에 직접 그림을 그려 소품을 제작하고, 어떤 학생들은 사전에 준비해 온 레고를 활용하여 영상을 만들었다. 제작 활동에 총 3시간을 부여하였다. 대부분의 학생들은 시간 안에 영상을 완성하였으나 일부 모둠은 영상의 질에 너무 초점을 두어서 정해진 시간 안에 제출하지 못하는 경우도 발생하였다. 학생들이 프로젝트를 수행할 때 시간을 잘 관리할 수 있도록 지도하는 것이 중요함을 깨달았다.

마지막 활동은 제작한 UCC를 공유하는 활동이었다. 지구온난화의 심각성을 알리고 학생들의 행동 변화를 촉구하는 영상이기 때문에 유튜브와 같은 동영상 공유 사이트에 공유하였고, 학기 말을 이용하여 전체 학생들이 동영상을 교실에서 상영하기로 하였다. 10개 반에서 제작한 모든 동영상을 상영하기에는 동영상의 숫자가 너무 많아, 학급별로 우수한

학생들이 제작한 지구온난화 주제의 스톱모션 애니메이션

평가를 받은 동영상을 선정하여 방송반의 협조를 구해 전체 학생들에게
방영하였다.

　평가의 관점은 영상의 완성도와 주제의 명확성에 두었다. 영상의 완
성도는 애니메이션의 특성을 잘 적용하여 완성했는가를 평가하였고, 주
제의 명확성은 메시지가 효과적으로 전달되었는지를 중심으로 평가하였
다. 동료평가로 학생들의 역할 분담과 수행 정도를 평가함으로써 협력의
정도를 확인하였다. 구체적인 평가의 내용과 기준은 다음과 같다.

구분	평가내용	평가기준
내용	영상의 완성도	• 스톱모션 애니메이션의 특징을 잘 적용하여 영상을 완성하였는가?
	내용 전달의 명확성	• 전달하고자 하는 메시지가 명확한가?
역량	공동체역량	• 공동체의 구성원으로서 지구온난화를 극복해야 하는 이유를 말할 수 있는가?
	협력	• 다른 학생들과 긍정적으로 상호 작용하며 적극적으로 참여하는가?

• 수업 성찰

수업을 설계하면서 가장 중요하게 생각했던 부분은 직접 제작한 UCC가 명확한 청중을 대상으로 메시지를 효과적으로 전달하는가 하는 점이었다. 학생들이 UCC 제작 활동에만 초점을 두면 화려한 편집에만 치중하게 되는데, 그러한 것보다 메시지를 얼마나 명확하게 전달할 수 있을 것인가에 대해 고민할 수 있는 기회를 부여하는 것이 중요하다. 이러한 측면에서 청중을 우리 학교 학생들로 구체화하였고, 이들의 행동 변화를 촉구할 수 있는 영상을 만들어 보자고 제안하였다.

또한 스토리보드 활동에서 모둠별로 개별 피드백을 제공하여, 학생들의 영상 전개를 이해하고 적절한 피드백을 제공하였다는 점에서 영상의 완성도를 높인 것 같다. 프로젝트 학습에서 피드백의 중요성을 다시 확인한 순간이었다. 정보 수집, 영상 제작, 소품 준비 등 역할 분담을 명확하게 구분하고, 각자의 활동이 상호 의존적으로 영향을 줌으로써 협력의 향상에도 크게 기여하였다는 생각이 들었다. 마지막으로 산출물을 많은 학생들에게 공유하기 위하여 전체 학생들에게 방영하였는데, 학생들은 자신의 학습결과가 다른 사람에게 긍정적인 영향을 미친다는 사실에 뿌듯해하였다.

"영상을 만들 때 정말 힘들었어요. 사진을 하나하나 찍어서 영상으로 만드는 활동이 생각보다 어려웠어요. 앞뒤 장면도 구상해야 했고 전체적인 이야기도 잘 맞아야 했어요. 특히 우리 모둠은 스톱모션과 실제 촬영한 영상을 섞어서 편집해서 더 어려웠던 것 같아요. 그런데 동영상이 잘 만들어지자 뿌듯했어요. 특히 다른 사람에게 지구온난화의 심각성을 알릴 수

있어서 너무 좋았어요. 이 동영상이 다른 사람의 행동을 조금이라도 변화
시킨다면 정말 좋을 것 같아요."(솔밭중 1학년, A군)

그러나 문제는 영상 제작에 많은 시간이 소요된다는 점이다. 특히 과
제에 대해 욕심이 많은 학생들의 경우, 질 좋은 영상을 제작하기 위해 소
품이나 영상 편집에 너무 많은 시간을 소모하여 제시간에 제출하지 못하
는 경우가 발생하였다. 프로젝트에서 학생들의 시간 관리는 기본적으로
학생이 해야 하지만, 교사가 중간중간 시간을 안내하면서 정해진 시간
안에 할 수 있도록 지도하는 것이 중요할 것 같다. 프로젝트 학습 관리에
대해 학습공동체 선생님들과 더 공부해야겠다는 생각이 들었다.

다음에 이 프로젝트 학습을 한다면, 동영상 만들기 외에 블로그, 스웨
이(Sway), SNS 등 다양한 매체를 활용할 수 있는 기회를 학생들에게 부
여하고 싶다. 메시지의 내용, 매체의 활용 정도에 따라 메시지의 전달성
이 달라지기 때문에 학생들이 주로 사용하는 도구를 분석하고 그에 적절
한 매체를 선정하는 과정을 추가하고 싶다. 이런 활동은 다른 성취기준
도 추가할 수 있고 산출물의 공유를 더욱 확대할 수 있을 것이다.

5. 영어

• 수업 활동

학생들은 영어 수업 이전에 다른 교과 활동을 통해 지구온난화의 심
각성과 예방안을 학습하였기에 영어 시간에는 그 지식들을 영어로 표현
하며 다양한 방식으로 온난화를 알리는 프로젝트 마무리 활동을 하였다.

학생들이 만든 포스터와 전시 모습

지구온난화에 관한 영어 포스터 전시 및 캠페인, 플래시몹 활동을 통해 생태환경에 대한 타인의 관심을 이끌어 내고 환경보호 문화를 확산시키는 활동을 계획하였다.

첫 번째 활동은 지구온난화를 주제로 한 영어 포스터 만들기였다. 4인 1모둠으로 영어 교과서 '환경' 단원에 나왔던 명령문 형식과 그와 관련된 어휘를 이용해 표어를 만들고 그림을 그려 보는 활동이었다.

포스터 만들기 활동의 1차시에는 지구온난화 관련 우수 포스터 작품들을 학생들에게 보여 주었다. 학생들은 그것들을 참고로 하여 자신들의 포스터에 들어갈 표어와 그림이 어떻게 다른 친구들의 시선을 사로잡을 수 있을까를 토의하며 차별화된 아이디어를 내려고 노력하였다.

2차시에는 모둠별로 포스터의 세부 주제를 정하고 그에 맞는 영어 표어를 작성하게 한 후, 학생들에게 중간 피드백을 주었다. 모둠별 주제와 그림 및 표어가 일치하는지, 표어 문장이 적절한 어휘로 문법에 맞게 작성되었는지 등을 확인하고 수정할 수 있는 기회를 주었다.

지구온난화 예방 교문 캠페인

3~4차시에는 수업 전에 출력해 온 사진을 붙이고 그림을 그리며 포스터를 꾸미는 활동을 하였다. 포스터를 만드는 과정에서 몇몇 학생들은 매우 뛰어나고 독창적인 디자인 감각을 발휘하였고, 프로젝트 활동을 통해 자신도 몰랐던 적성을 찾아내기도 하였다. 열심히 만들어진 포스터들은 약 3주간 학교 복도에 전시되어 다른 학년 학생들에게도 환경에 대한 관심을 이끌어 냈다.

영어 프로젝트의 두 번째 활동은 교문 캠페인 활동이었다. 학생들은 자신이 만든 포스터를 들고 등굣길 교문 앞에서 지구온난화 예방 캠페인을 벌였다. 포스터를 활용하여 그들의 메시지를 전달하였고 사전에 연습했던 영어 구호를 외쳤다. 이 과정에서 학생들은 자신들이 만든 영어 명령문 문장을 발화해 보는 연습 기회를 가졌다. 같은 날 점심시간에 있을 플래시몹 행사에 대한 홍보도 잊지 않았다.

마지막 세 번째 활동은 지구온난화 프로젝트의 최종 활동이었던 '플래시몹' 활동이었다. 수업 설계 단계부터 점심 급식으로 '고기 먹지 않는 날'을 특별히 선정해 플래시몹 활동을 하기로 계획하였다. 이 활동의 시작 단계부터 학생들에게 '함께' 하는 것에 대한 즐거움과 수업의 오락적인 요소 등을 강조하며 플래시몹 활동의 분위기를 조성하였다. 플래시몹

플래시몹 사제동행 퍼포먼스 활동

의 시간과 장소, 준비물, 공연 대형 등 세부 계획들을 수업 시간 중 학생들과 의견을 나누며 정했다. 플래시몹 동작 배우기와 군무 연습은 5~7차시 동안 반별로 실시되었다. 학생들은 틈틈이 연습을 하기도 하고, 안무를 잘 익힌 학생들은 쉬는 시간에 일대일로 율동이 미흡한 친구들을 가르쳐 주기도 하였다. 학생들의 이러한 노력들이 플래시몹에서 흐트러짐 없는 완벽한 군무를 이루어 냈다. 또한 학습공동체 교사뿐 아니라 몇 분의 1학년 담임 선생님들도 플래시몹에 동참했고, 일과 후 시간을 내어 안무 연습을 하면서 '함께'라는 의미를 더해 주었다.

2016년 10월 19일 점심시간, 200명이 넘는 학생과 교사들이 함께했던 플래시몹 퍼포먼스는 현장을 지켜보던 2, 3학년 학생들이 환호를 할 만큼 충분히 멋졌고, 공연을 지켜보던 교장, 교감 선생님마저 즉흥적으로 플래시몹에 합류하여 학생들과 함께 춤을 추셨다. 전혀 예상하지 못했던 교장, 교감 선생님의 사제동행 모습을 지켜본 학생들은 학교 전체를 울리는 더 큰 환호로 화답하였고, 이렇게 많은 사람들의 참여와 관심을 이끌어 낸 지구온난화 프로젝트는 소기의 목표를 달성하며 멋지게 마무리되었다.

영어 프로젝트 수업의 평가는 포스터 속 영어 명령문의 활용도, 내용의 창의성, 모둠 내 협력도 등을 중심으로 이루어졌다. 포스터 전시를 통해 학생들은 다른 친구들의 작품을 감상하였고 자신이 만든 포스터와 비교해 보며 자연스러운 자기평가 및 모둠별 평가가 이루어졌다. 한편, 플래시몹 활동이 담긴 영상, 캠페인 활동 사진을 함께 보면서 각자의 소감

구분	평가내용	평가기준
내용	내용과 주제 일치성	• 지구온난화의 원인 및 예방책과 관련된 내용을 포스터로 효과적으로 표현하여 전달하였는가?
	명령문 활용	• 명령문을 적절히 활용하여 포스터 영어 표어를 작성하였는가?
	캠페인 참여 및 발화	• 캠페인 활동에 적극 참여하고 영어 명령문을 알맞은 발음과 톤으로 발화하였는가?
역량	협력	• 플래시몹 활동에 적극 참여하여 협력하고 다른 친구들과 조화를 이루려고 하였는가?
	자아 성찰	• 프로젝트 수업을 하면서 지구온난화 예방안을 얼마만큼 실천하였는가?

을 공유하는 시간도 가졌다. 다 함께 활동을 즐겁게 마무리한 것에 대해 스스로를 칭찬하고 서로에게 박수를 보내는 의미 있는 시간이었다.

• 수업 성찰

플래시몹은 영어 교과에서 기획하고 진행했던 활동이었지만, 만약 '영어 교과만' 했다면 학생들은 그토록 열정적이고, 즐겁고, 일사분란하게 해내지 못했을 것이다. 다른 교과를 통해 학생들은 지구온난화에 대한 활동을 연속적 또는 동시적으로 참여해 왔고, 한 주제에 대해 많은 시간 동안 깊이 생각할 수 있었다. 그 과정들이 학생들로 하여금 참여 의식을 뛰어넘는 '주인 의식'을 갖게 해 주었다고 믿는다. 그리고 학생들은 이러한 활동들이 결국 사람의 마음을 움직이고 내가 아닌 '우리'를 남게 한다는 것을 알게 되었다.

영어 프로젝트 수업은 영어 학습에 중점을 두기보다는 지금까지 여러 교과를 걸쳐 학습했던 지구온난화의 심각성과 예방책을 다양한 방법으로 표현하고 타인을 이해시키며 관심을 갖도록 하는 것을 목표로 하였다. 그리고 수업 시간 중 학습했던 '영어 명령문' 구성을 활용해 보는 활동이 될 수 있도록 하였다.

또한 프로젝트 수업은 재미있고 즐거운 것임을 느끼게 해 주고 싶어 학생들이 보다 역동적으로 활동할 수 있는 것들을 계획한 것이 바로 '플래시몹' 활동이었다. 사실 내 교직 생활의 첫 프로젝트 수업이었고, 수업 활동들을 돌이켜 보니 똑같이 다시 할 수 있을까 싶을 정도로 겁 없는 도전이었다. 학생들, 그리고 동료 교사들과 '처음' 해 보는 일이어서 재미있었고 여러 큰 행사를 기획했어야 함에도 불구하고 '잘될 거야!'라는 막연한 믿음이 있었다. 계획한 일을 학생들이 잘 지켜 실행해 줄 것이라는 믿음, 몸이 안 따라 주어 율동이 어렵다고 귀여운 투정을 부리던 동료 교사들에 대한 무한한 믿음이 있었기에 성공할 수 있었던 프로젝트였다. '처음'과 '믿음', 이런 것들이 모두의 마음을 흥분하게 하고 열정적으로 만들 수 있다는 사실을 새삼 깨달았다.

학생들은 플래시몹 활동을 하며 춤을 추는 서로의 모습에 웃었고 그간 쌓였던 갈등을 해소하였다. 동료 교사들과도 특별한 경험을 공유하며 더욱 돈독한 무언가가 만들어졌다. 또한 같은 공간에서 함께 춤을 추었던 교사와 학생들 간에 보이지는 않지만 더욱 끈끈해진 것들이 있었다. 생활지도를 할 때면 예전보다 좀 더 긍정적으로 받아들이고 반응하는 학생들이 늘기 시작했다는 선생님들의 기분 좋은 담화도 있었다. 그리고 수업 시간 중 '집중하자'라는 말을 더 이상 잔소리로 생각하지 않는 학생들의 모습이 느껴졌다.

하지만 아름다운 추억이 된 프로젝트 수업에도 많은 아쉬운 점들이 있다. 이 수업을 다시 한다면, 학생들에게 활동을 부여하기보다 활동 선정 단계부터 학생들과 프로젝트 수업의 주제를 공유하고 아이디어를 논의하여 더 흥미로워할 활동을 학생들이 주도적으로 계획해 실천해 보도록 하는 것이 좋을 것 같다. 그리고 그 부분에 영어의 학습적 요소도 조금 더 담길 수 있도록 계획하고 싶다.

또한 프로젝트 수업 전, 영어 교과에서 다양한 활동을 하며 향상될 미래핵심역량에 대해 학생들에게 알려 주고, 수업이 끝난 후 자신의 역량

변화에 대해 살펴볼 것을 당부할 것이다. 활동의 목표를 제대로 알고 과업을 수행하느냐가 큰 차이를 만든다는 생각이 들었기 때문이다. 그래서 수행평가의 기준 및 체크리스트를 수업 앞부분에 제시하여 활동 과정과 결과물의 완성도를 높일 수 있도록 할 것이다.

마지막으로, 프로젝트 수업이 끝나고 처음 제시된 기준을 성취하였는지에 대해 자기평가와 동료평가 등 성찰의 시간을 더 여유 있게 계획하면 좋을 것이다. 또한 교사의 수시 관찰 결과와 학생의 활동 결과물을 수행평가에 포함시킨다면 학생들이 프로젝트 수업을 통해 성장하는 데 더욱 도움이 될 것이라 생각한다.

▶ 생활기록부 기재 사례 ◀

과학
뉴스나 인터넷을 통해 지구온난화의 심각성을 인지하고 있었음. 관련 책이나 인터넷 검색을 통해 지구온난화의 원인과 영향에 대해 다양하게 검색하고 수집된 정보를 분석하고 모둠원들과 협력하여 주제에 맞는 자료를 정리하는 능력이 뛰어남. 온난화의 원인을 바탕으로 이를 줄일 수 있는 합리적인 해결 방안을 찾아 발표하였음.

수학
지구온난화의 심각성을 인지하여 그 원인을 알아보고자 '국가별 전체 CO_2 배출량 조사'를 주제로 도수분포표 작성, 도수분포다각형 그리기, 결과 분석 역할을 맡아 모둠 친구들과 협력하여 보고서를 작성함. 도수분포표를 작성할 때 계급의 크기가 일정해야 하므로 자료를 자연수로 반올림하여 100만 톤 이상 1,500만 톤 이하의 변량만 추출하여 자료로 활용하는 지식정보 처리능력을 보였으며 도수분포다각형을 정교하게 그림. 또한 CO_2 배출량의 평균과 상대도수를 구하는 과정을 통해 배출량이 평균보다 적은 나라는 주로 유럽 지역에 위치하고 더 많은 나라는 아시아 지역에 위치하고 있음을 알게 되었고, 앞으로 가족들과 더불어 일상생활 속에서 CO_2를 줄이는 습관으로 지구온난화를 극복하는 데 기여하겠다고 다짐함.

국어

지구온난화의 의미 및 원인 등의 배경지식을 풍부하게 익히고, 최근 지구온난화로 인해 발생한 우리 주변 문제들의 심각성을 이해하고, '지구온난화'를 주제로 한 마인드맵을 소주제에 따라 분류하여 체계적으로 정리할 수 있음. 또한 공익광고의 의미와 기능 등을 이해하고, '지구온난화'라는 주제를 창의적인 사고와 미적 감각을 활용하여 매우 훌륭하게 공익광고로 표현함. 지구온난화의 심각성을 다시 한 번 깨닫고 배운 내용을 생활화할 수 있는 구체적인 실천 방안들을 친구들과 공유함. 모둠 활동에서는 친구들을 배려하는 태도와 모둠원들의 의견을 효율적으로 종합하고 조율하는 의사소통능력이 매우 돋보임.

기술·가정

지구온난화에 대한 구체적인 자료를 인포그래픽으로 시각화시켜 누구나 쉽게 이해할 수 있도록 스톱모션 애니메이션 화면을 구성함. 지구온난화에 대비하는 국가와 대비하지 않는 국가의 변화 모습을 서로 비교하는 애니메이션을 제시하여, 전달하고자 하는 메시지를 분명하게 표현함. 애니메이션 제작 시 자신의 의견을 분명히 전달하고 다른 사람의 의견을 경청하려는 태도를 보임. 자신이 제작한 동영상을 유튜브에 공유하여 다른 사람에게 지구온난화의 심각성을 알림으로써 공동체의 긍정적 발전에 기여함.

영어

'열 받는 지구 멈추기!' 프로젝트 수업 중, 목표 문법인 명령문과 다양한 환경 관련 어휘를 활용해 환경 포스터를 제작하였고 표어를 창의적인 그림으로 시각화하는 우수한 표현능력을 보여 줌. 지구온난화 예방 캠페인에서 본인이 제작한 포스터를 들고 큰 소리로 표어를 외치는 과정에서 영어 명령문을 정확한 발음 및 적절한 억양과 속도로 발화하여 친구들이 지구온난화에 대해 관심을 가질 수 있도록 함. 한편, 동물 복장을 갖추고 플래시몹 활동에 참여하여 지구온난화로 고통받는 동물들을 위한 메시지를 전달하려고 노력함. 생태환경 공동체 속에서의 삶을 다시 한 번 생각해 봄과 더불어 다른 친구들에게서 지구온난화 예방 활동에 대한 참여 의식을 이끌어 냄. 또한 플래시몹 동작을 친구들과 함께 성실히 연습하는 과정에서 협업과 조화의 중요성을 배움.

따뜻한 공감 · 바른 인성

2__
Chapter

　　　　　　　　　　　　학교에서 쉬는 시간에 복도를 돌다
보면 여기저기서 욕설이 섞인 말을 빈번히 듣게 된다. 욕설을 직접적으
로 듣는 학생도 언어폭력의 피해자이지만, 그 욕설을 간접적으로 듣는
사람도 얼굴이 찌푸려지게 마련이다. 욕설을 담은 거친 말과 사이버상에
누군가에 대해 부정적인 의견을 쓰는 행위는 다툼을 만들어 학교폭력을
일으키기도 한다. 작은 사회인 학교에서의 언어 습관은 훗날 사회공동체
안에서 다른 구성원들과의 의사소통에도 큰 영향을 미친다. 학교생활에
서부터 언어 순화를 위한 의식적인 노력이 필요하며, 더 나아가 타인의
장점을 찾아 칭찬할 수 있는 따뜻한 마음이 모인 사회를 만들기 위해 '따
뜻한 공감·바른 인성' 프로젝트를 시작하였다.

주제	따뜻한 공감·바른 인성		
교과	국어, 영어, 수학	**대상**	중 1 (자유학기)

	교과	내용요소	성취기준(2015 개정교육과정)
교과별 성취기준	국어	일기 쓰기 칭찬하기	(9국03-05) 자신의 삶과 경험을 바탕으로 하여 독자에게 감동이나 즐거움을 주는 글을 쓴다.
	영어	문장의 형식 주변 대상 묘사 의견 및 감정 표현	(9영03-02) 일상생활이나 친숙한 일반적 대상이나 주제에 관한 글을 읽고 세부 정보를 파악할 수 있다. (9영04-01) 일상생활에 관한 주변의 대상이나 상황을 묘사하는 문장을 쓸 수 있다. (9영02-02) 일상생활에 관한 자신의 의견이나 감정을 표현할 수 있다.
	수학	다면체 성질 탐구 다면체 만들기	[-9수04-07] 다면체의 성질을 이해한다.

미래 핵심역량	☐ 자기관리역량	☐ 지식정보처리역량	☐ 창의적 사고역량
	☑ 심미적 감성역량	☑ 의사소통역량	☑ 공동체역량

산출물	개인	언어 성찰 일기, 다면체
	모둠	칭찬 트리

산출물 공개 및 청중	칭찬 트리 전시, '바른 언어 사용하기' 캠페인

	핵심역량	내용요소
평가내용	· 심미적 감성: 인간에 대한 공감적 이해와 문화적 감수성으로 삶의 가치 공유 · 의사소통: 자신의 생각과 감정의 효과적 표현 및 타인의 의견 존중 · 공동체: 공동체 구성원으로서 요구되는 가치와 태도를 갖고 발전에 적극 참여	· 국어: 칭찬 글 쓰기 · 영어: 문장 구성 요소의 이해 및 묘사 글 쓰고 의견 말하기 · 수학: 다면체의 성질 이해

문제 (or 질문)	언어폭력은 친구끼리 욕설을 하거나 사이버상에서 부정적인 의견을 쓰는 형태로 나타나 학생들 간의 다툼과 같은 학교폭력을 발생시키고 있다. 요즘 학교에서는 본인이 자각조차 하지 못할 정도로 욕설 사용이 생활화된 학생들이 많고 언어폭력이 살인 및 자살을 불러일으키는 사회문제로까지 번지고 있다. 언어폭력의 원인은 다양하지만 부정적인 말들이 타인에게 얼마나 큰 상처가 될 수 있는지 공감하는 능력이 떨어져 발생되는 의사소통의 문제이기도 하다. 작은 사회라 할 수 있는 학교에서부터 바른 말을 사용하도록 하는 언어 습관 개선 노력이 필요하며, 학생들은 언어적 공격성을 줄이고 다른 친구들의 장점을 볼 줄 아는 긍정적인 마인드를 갖도록 해야 한다. 언어폭력의 원인과 심각성을 알아보고, 타인 칭찬하기 활동을 통해 언어 및 인성을 순화시켜 보자. 그리고 친구들에게 칭찬의 메시지를 전달하는 칭찬 트리를 만들어 보자.

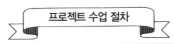

프로젝트 수업 절차

절차 (기능)	교과 (차시)	학습활동	평가 방법	자원
공감하기	국어(2)	· 언어폭력의 심각성 인식하기 · 스캐폴딩 언어폭력 관련 동영상 시청 · 언어폭력 기준 세우기 · 자신의 언어 습관 성찰 일기 쓰기	관찰평가 발표평가	인터넷 자료 유튜브
토의하기	영어(2)	· 악성 루머 관련 영어 기사를 읽고 요약문 쓰기 및 토의하기 · 온라인 영어 채팅 표현 학습하기 · 사이버 영어 댓글 분석하고, 긍정적인 의 견 쓰기 · 스캐폴딩 유명 가수와 관련된 실제 영자 신 문 기사 활용 및 뮤직비디오 시청	관찰평가 발표평가	인터넷 자료 유튜브
표현하기	국어(1)	· 친구들과 롤링페이퍼 쓰기 및 선플 달기	산출물평가	
	영어(1)	· 친구 칭찬 메시지를 영어로 쓰고, 릴레이 칭찬하기 · 피드백 영어 문장의 문법적 오류에 대한 피 드백 제공	관찰평가 산출물평가 발표평가	
제작하기	수학(2)	· 정다면체의 뜻과 성질 이해하기 · 스캐폴딩 폴리(poly) 프로그램을 이용한 입 체도형 설명 · 다면체의 전개도에 칭찬 글을 쓴 후 조립 하기 · 피드백 칭찬 글의 문장 수정과 다면체 조 립의 오류 점검 · 다면체로 칭찬 트리 만들기	산출물평가	폴리 프로그램 커팅 프린터
공유하기	캠페인 및 전시	· '바른 언어 사용하기' 캠페인 · 칭찬 트리 전시(자유학기 학습 결과물 전 시회)		크리스마스 트리

1. 국어

• 수업 활동

국어 교과에서는 바람직한 언어생활 관련 단원이 제시되어 있어 가장 기본적이고 기초적인 내용을 담아 수업을 계획하였다. 학생들에게 폭력적인 언어생활이 지나치게 습관화되어 있다는 것을 스스로 인식하게 하고 바른 언어생활의 소중함과 필요성을 느끼게 해 주는 것이 이번 수업의 목표였다. 이를 위해서 학생들이 폭력적인 언어 사용의 문제점에 대해 진심으로 공감하고, 이를 개선할 수 있는 방안을 함께 찾아 나가는 방향으로 총 3차시의 수업을 계획하였다.

먼저 1차시 수업에서는 '언어폭력' 문제의 심각성을 인식할 수 있도록 다양한 동영상 자료를 준비하여 학생들에게 보여 주었다. 동시에 언어폭력이 불러일으키는 사회적 문제들을 '가정, 학교, 직장' 등으로 구체화하여 생각해 보도록 학습지를 제공하였다. 이를 통해 학생들은 언어폭력이 사회문제의 근원이 될 수 있다는 것을 깨닫고 언어폭력의 심각성을 인식하였다.

그런 다음에 학생들과 함께 언어폭력의 기준이 어디까지인지 자유롭게 의견을 나누어 보는 활동을 하였다. 구체적인 언어 표현을 제시하고 이것이 언어폭력이 될 수 있는가 없는가에 대해 자신의 생각을 발표해 보도록 하였다. 학생들은 자신의 경험을 예로 들며 매우 적극적인 태도로 친구들과 의견을 나누었다. 이렇게 친구들과 나눈 의견들을 바탕으로 자신이 생각하는 언어폭력의 기준을 명확히 세워 보도록 하였다. 학생들은 구체적인 언어 표현을 들며 언어폭력의 기준을 세우는가 하면, 타인의 감정을 공격하여 상처를 주는 모든 말들이 언어폭력이 될 수 있다고 하였다.

이러한 활동을 통해 학생들이 습관적으로 내뱉은 거친 말들이 친구들에게 어떤 감정을 느끼게 하고 어떤 상처를 주는지 생각해 보는 기회가 되도록 수업의 진행을 이끌어 갔다. 학생들의 적극적인 참여를 이끌어 내기 위해 모둠별 활동을 진행하였다. 모둠별 활동지에 모둠원들의 생각과 의견을 적는 칸을 만들어 모든 학생들이 자신의 생각을 발표하도록 하였고, 이 활동지는 학생 활동을 평가하고 기록하는 데 반영하였다.

2차시 수업에서는 앞에서 진행한 수업과 연계하여 일상적으로 친구들과 주고받는 말들이 상대에게는 언어폭력이 되고 있지는 않은지를 스스로 되돌아보고 반성할 수 있게끔 '오늘 하루 자신의 언어생활에 대한 성찰 일기'를 작성하도록 하였다. 이 성찰 일기를 작성할 때에는 구체적으로 언제, 누구와 대화를 할 때, 어떤 언어를 사용하여 언어폭력을 가했는지 생각해 보도록 하였다. 만약 오늘 하루 동안 바른 언어를 사용하였다면 스스로 칭찬하고 앞으로의 언어생활에 대한 다짐도 함께 작성해 보도록 하였다. 그리고 성찰 일기를 친구들 앞에서 발표하면서 바른 언어생활에 대한 다짐을 공개적으로 공표하는 기회를 제공하여 학생들이 자신의 다짐에 대한 실천 의지를 더욱 확고히 하게 하였다.

3차시에는 1, 2차시의 수업 활동을 정리하며 롤링페이퍼를 작성하였다. 먼저 각자의 롤링페이퍼에 자신을 소개할 수 있는 문구나 그림을 간단히 그려 넣고 본인이 친구들에게 가장 듣고 싶은 말에 대해 소개하는 글을 간단하게 기록하게 했다. 이 롤링페이퍼를 반 친구들에게 돌리면 친구들은 해당 학생에게 전하고 싶었던 간단한 편지글이나 친구의 장점을 칭찬하는 내용들을 담아 선플을 작성하였다. 친구들의 잘한 점을 칭찬하고 친구의 기분을 가장 좋게 만들 수 있는 선플을 달 수 있도록 교사는 지속적으로 점검하고, 학생들은 마지막으로 돌려받은 자신의 롤링페이퍼에서 최고의 선플 2개를 선발하도록 하였다. 그리고 반 전체에서 가장 많은 선플을 쓴 친구로 뽑힌 반별 선플왕 5명을 선발하고 수업평가에서 가산점을 부여하였다.

프로젝트 3차시 수업이 진행되는 일주일 동안 반별로 '바른 언어 사용하기' 캠페인을 진행하였다. 단순히 '욕설 사용하지 않기'라는 주제로 바른 언어를 사용할 수 있도록 학생들의 노력을 의도적으로 이끌어 내는 것이었다. 공식적인 캠페인으로 진행된 것이 아니어서 학생들의 큰 변화나 극적인 효과가 눈에 띄지는 않았지만, 일시적으로 학생들의 욕설 사용이 줄어든 모습을 볼 수 있었다.

구분	평가내용	평가기준
내용	내용과 주제 일치성	• 친구의 칭찬 및 선플 내용이 주제에 맞게 적절한 어휘를 사용하여 표현되었는가?
역량	공감	• 언어폭력으로 인한 타인의 아픔을 인식하고 순화된 언어를 사용했는가?
	심미적 감성	• 친구에게 감동을 주는 편지글을 작성했는가?

• 수업 성찰

3차시 수업을 진행하면서 학생들이 자의적 또는 타의적으로 바른 언어를 사용하려는 노력을 보였다. 친구들 간에 서로의 언어 사용을 의식하면서 동시에 자신의 언어 사용도 좀 더 바르게 하려고 노력하는 학생들이 많아졌다. 또한 학생들이 알고는 있지만 실천으로 이어지지 않던 바른 언어 사용에 대한 중요성과 필요성을 이러한 수업을 통해 명확하게 인식시켜 주면서 다시 한 번 자신의 언어생활을 성찰할 수 있는 기회를 제공하였다는 것에 큰 의의가 있는 수업이었다.

그러나 수업 활동이 전반적으로 가벼운 활동들로 구성되다 보니 장난삼아 수업 활동에 참여하는 학생들이 많았다. 성찰 일기나 롤링페이퍼를 대충 장난삼아 쓰는 학생들이 있는가 하면, 수업 중간에 제시되는 거친 표현들을 일부러 큰 소리로 외치는 학생들도 있었다. 수업을 하는 기간 중에는 바른 언어를 사용하기 위해 노력하던 학생들도 시간이 지나면서 다시 원래의 거친 언어들을 사용하기도 했다.

따라서 다음 수업을 계획한다면, 동료 관찰평가 항목을 늘리고 학생들의 수업 참여 과정이 평가에 반영되도록 하여 학생들이 수업에 진지하게 참여할 수 있도록 하는 방안을 고려해 보았다. 또한 수업의 가장 처음에 학생들이 직접 겪었던 언어폭력의 경험에 대해 진솔하게 글로 표현해 보고 이를 친구들 앞에서 발표해 보는 활동을 하여, 학생들이 친구들을 배려하고 이해하는 마음이 자연스럽게 더해질 수 있도록 하는 방안도 생각해 보았다.

2. 영어

• 수업 활동

앞서 국어 시간에 학생들은 일상생활 속 잘못된 언어 사용의 심각성에 대해 생각해 보는 활동을 하고 선플 롤링페이퍼 활동 및 캠페인을 하면서 바른 언어 사용에 대한 의식을 제고하고 있었다.

그래서 영어 시간에는 국어 활동과 연계하여 요즘 학교폭력에서 문제가 되고 있는 '사이버상의 언어 사용'을 학습 주제로, 그리고 '타인 공감 및 칭찬을 통한 언어 순화하기'를 활동 목표로 하여 총 3시간의 수업 활동을 설계하였다.

1차시는 유명 가수의 온라인 루머와 관련된 영어 기사를 10분 동안 읽고 활동지에 요약문을 작성하는 활동으로 시작하였다. 중요 내용을 담고 있는 문장을 추출하여 기사 문장을 그대로 쓰거나 자기의 언어로 바꾸어 요약문을 써 보게 하였다.

몇몇 학생이 자신의 요약문을 발표한 후 다른 친구들은 다 함께 친구의 요약문 내용 및 문법에 관한 피드백을 주었고, 영어 기사를 처음부터 다 같이 읽어 내려가며 글의 흐름과 세부 내용, 어휘 등에 관한 독해 활동을 실시하였다. 또 사이버상에서

뮤직비디오 댓글 분석 활동

다른 친구의 게시물에 부정적인 의견을 쓴 적이 있는지 생각해 보게 하고 '루머 및 악플의 유해성'에 대해 이야기하는 활동을 실시하였다.

2차시에는 사이버상의 좋은 댓글과 나쁜 댓글을 구분하는 활동과 온

영어 1차시 활동지

라인에서 사용되는 영어 채팅 표현에 대한 학습, 그리고 영어 선플 달기 활동을 실시하였다.

학생들은 수업 첫 부분에 유튜브를 통하여 또 다른 유명 가수의 뮤직비디오를 시청하였고, 반 전체가 뮤직비디오 페이지에 달린 유튜버들의 댓글을 함께 살펴보았다. 전 세계 유튜버들은 뮤직비디오의 가수와 음악에 대해 자신들의 의견을 영어로 자유롭게 표현하였고, 학생들은 긍정적 의견과 부정적 의견이 섞여 있던 다양한 댓글을 읽어 내려가며 그것들을 선플과 악플로 구분하여 활동지에 써 보았다.

또한 어휘 학습으로 활동지에 소개된 온라인 영어 채팅 표현의 뜻을 추측하여 써 보게 하고, 실제 사이버상에서 어떤 의미로 쓰이는지를 함께 체크해 보았다. 그다음 활동은 생각을 전환하면 악플도 선플로 바뀔 수 있다는 것을 연습해 보는 활동이었는데, 자신이 평소 좋아하지 않는 가수를 선정해 칭찬할 점을 찾아 그들에 대한 긍정적 의견을 영어로 표현해 보게 하였다.

프로젝트의 마지막 3차시 수업은 칭찬의 대상을 우리 주변 친구들로 바꾸어 각자 4명의 친구에게 한국어 칭찬을 쓰게 하고 그것을 다시 영작하도록 하였다. 그리고 나서 영어로 만들어진 칭찬 문장을 참고하여 친구들을 실제 칭찬해 보는 활동을 실시하였다. 학생 한 명이 영어로 한 친구를 칭찬하면, 그 칭찬을 받은 친구는 또 다른 친구 한 명을 지목하여 영어로 칭찬하는 식으로 학생들은 친구들을 릴레이로 칭찬하였다. 영작이 능숙하지 못한 학생들은 간단한 단어를 활용해 친구를 칭찬하였고, 반 전체가 다 함께 친구들이 사용한 어색한 단어나 비문법적인 문장을 문법에 맞는 자연스러운 문장으로 수정해 주었다. 이렇게 만들어진 영어 칭찬문은 수학 시간에 조립할 다면체의 각 면에 쓰일 예정이었다. 그리고 그 다면체들은 나중에 칭찬 트리에 걸려 많은 학생들이 '나와 너'에 대한 칭찬을 공유하는 것을 가능하게 하였다.

프로젝트 수업 활동에 대한 평가는 문장의 형식과 어휘 활용의 적절성, 칭찬 메시지의 전달력을 중점으로 하였다. 또한 나의 칭찬에 대하여, 그리고 다른 친구들 간에 오가는 칭찬 메시지에 긍정적으로 경청하고 반응하는가도 함께 관찰하였다.

구분	평가내용	평가기준
내용	칭찬 표현	• 알맞은 어휘를 활용하여 친구의 장점을 구체적으로 묘사하고 표현하였는가?
	문장의 형식	• 5가지 문장 형식의 구성요소에 맞게 영어 문장을 만들었는가?
	메시지 전달	• 영어 칭찬 문장을 알맞은 발음과 톤으로 명확히 전달하였는가?
역량	경청과 반응	• 칭찬을 주고받을 때 친구의 말에 경청하며 긍정적으로 의사소통하고 있는가?
	성찰	• 긍정적인 의사소통의 중요성을 깨닫고 올바른 언어 습관을 다짐했는가?

• 수업 성찰

요즘 사이버상에서는 학생들이 친구들에 대한 부정적인 의견을 주고받고, 다른 사람의 사진과 의견 게시물 아래 악성 댓글을 올리는 행위를 빈번히 행하고 있다. 3차시의 수업으로 그 문제점들을 완벽히 해결할 순 없겠지만, 잘못된 언어 습관과 부도덕한 언어 윤리 개념이 있었다면 이 수업 활동을 통해 학생들이 바람직한 변화를 시작하길 바랐다. 칭찬 메시지를 쓰면서 다른 친구들의 장점을 한 번 더 생각해 보고, 칭찬을 들은 친구의 환한 얼굴을 떠올려 보기도 하고, 또한 나중에 칭찬 트리에서 나에 대한 칭찬을 찾았을 때 느낄 기쁨을 함께 공감할 수 있는 기회가 되길 바랐다. 그리고 밝고 즐거운 표정으로 칭찬 활동을 해 나가는 학생들을 보면서 작은 변화가 일어나고 있음을 느꼈다.

> "영어를 잘 못하는 친구도 다른 친구의 장점을 한 문장으로 간단히 쓰는 거라 부담이 없었어요. 문법이 틀린 문장이어도, 또 문장이 아닌 한 단어로 된 칭찬이어도 친구들의 진심을 느낄 수 있었고 그 어색한 문장을 반 전체가 함께 수정하면서 그 친구의 칭찬을 더 하기도 했던 것이 매우 재미있었어요." (솔밭중 1학년, C양)

칭찬 릴레이를 하면서 학생들은 자신과 친하지 않았던 친구들의 장점도 다시 살펴보는 좋은 계기가 되었다. 우리말로 친구에게 칭찬하는 활동이었다면 조금은 쑥스러웠을 수도 있었겠지만, 영어로 표현해 보는 활동이었기에 모두가 조금 더 적극적으로 재미있게 참여할 수 있었던 것 같다.

이렇게 영어 칭찬 릴레이 활동을 하면서 발화된 학생들의 문장들을 열심히 수정해 주려고 노력하였지만 수업 시간의 제약으로 모두가 릴레이 칭찬 활동에 참여하지는 못했고, 결과적으로 학생들의 문장 하나하나에 정확히 피드백을 주지 못하게 되는 한계점이 있었다.

이 수업을 다시 설계해 본다면, 친구의 특징을 설명하는 어휘와 칭찬하기 영어 표현들을 학습하도록 계획하고, 숙지된 어휘를 바탕으로 학생들이 좀 더 자신감 있게 칭찬 문장을 만들고 발화할 수 있도록 할 것이다. 그리고 시간적 여유를 두어 반 전체가 한 명도 빠짐없이 칭찬 주고받기 활동을 할 수 있도록 계획할 것이다.

3. 수학

• 수업 활동

국어와 영어 시간에 쓴 '친구를 칭찬하는 글, 따뜻한 공감을 불러일으키는 글'을 어떻게 하면 자연스러우면서도 효과적으로 친구들에게 전할 수 있을까에 대해 수업 계획 단계에서부터 고민하였다. 수학 시간은 프로젝트 마지막 순서의 수업으로 2시간의 활동을 진행한 후, 학생들의 글을 입힌 다면체를 만들고 칭찬 트리에 장식하여 그것을 현관에 세우기로 하였다.

1시간은 정다면체의 뜻과 성질을 탐구하는 수업이었고, 다른 한 시간은 다면체의 겉면에 아이들의 글을 옮겨 쓰고 조립하는 활동 수업이었다. 그리고 방과 후, 참여를 희망하는 학생들과 함께 다면체들을 칭찬 트리에 매달았다.

1차시에는 학생들의 동기 유발을 위해 TV 화면으로 폴리(poly) 프로그램을 이용한 입체도형 회전을 보여 주고 지오픽스를 활용하여 5종류의 정다면체를 만들어 보는 시간을 가졌다. 정다면체 제작에 10분가량 소요되었으며 이들을 관찰하여 그 성질을 직관적으로 이해하도록 하였다. 그리고 정다면체의 뜻과 성질, 오일러 공식을 찾아내어 모둠별로 학습지에 정리하는 활동을 진행하였다. 다만, 활동 중간에 정다면체의 뜻을 정확하게 숙지하여 정다면체가 되는 것과 안 되는 것을 확실하게 구별하는 활동을 하나 더 추가하였다. 원을 접어 정사면체를 만들고 짝과 함께 정사면체 2개를 이어 붙인 후 정팔면체와의 차이점을 설명하도록 하는 것이었다.

2차시에는 정다면체의 겉면에 글을 써야 하므로, 실루엣 프로그램을 이용하여 커팅프린터로 정다면체의 전개도를 미리 프린트(커팅)하여 학생 수만큼 준비하였다. 종이는 180g의 A4 와트만지를 사용하였다. 교사는 모둠봉투 안에 5종류의 전개도, 투명 양면테이프 2개, 필기도구, 색칠도구, 학습지를 넣어 준비했다.

먼저, 전개도의 각 면 위에 국어, 영어 시간에 미리 써 두었던 글을 옮

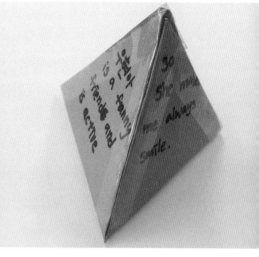

다면체 칭찬 메시지 쓰기   다면체 조립

겨 적었다. 한 면에 한 명의 칭찬 글을 써도 되고, 면끼리 연결하여 장문의 글을 써도 무방하다고 안내하였다. 단, 반드시 국어, 영어 2가지 표현을 포함하도록 했다. 학생들은 글을 다 쓴 후 자신의 정다면체를 정교하게 조립하여 완성하였다. 친구에게 글을 공개하고 싶은 사람은 자신의 다면체에 투명 줄을 달아 바구니에 넣도록 하였다. 비공개로 몰래 친구에게 전달되기를 바라는 학생은 도우미가 대신 전해 주었다.

2차시에도 수업 내용을 확장하는 활동을 하나 더 추가하였다. 정이십면체의 꼭짓점을 균일하게 잘라 내었을 때 부풀린 삼십이면체가 되는 과정을 체험하는 것이었다. 또한 삼십이면체에서 오일러 공식이 성립함을 논리적으로 서술하도록 소요 시간 5분가량의 간단한 학습지를 제공하였다. 어느 반에서는 면의 개수가 32개로 학급 친구들의 인원과 똑같다며 삼십이면체 위에 반 전체 친구들의 칭찬 글을 쓰면 안 되냐는 질문도 하였다. 실제 그 학생은 삼십이면체에 반 전체 친구들의 장점을 하나씩 모두 썼다.

방과 후, 학생들과 함께 바구니 안의 다면체들을 꺼내어 대형 트리에 매달았다. 트리는 밑면의 너비가 1m 50cm, 높이가 2m 40cm 크기로 전나무 모양의 철사 잎으로 이루어져 있어 학생들이 입체도형을 매달기에 수월한 것으로 정했다. 여러 교사들이 직접 매장에 가서 재질을 살펴보고 가격도 비교하였다. 학교 중앙 현관에 일정 기간 세워 둘 예정이라 학생들의 안전을 최우선으로 고려하였다. 트리가 넘어지지 않도록 받침대가 일정 무게가 있으며 견고한지, 나뭇가지와 잎이 너무 날카롭지는 않은지, 보관은 수월한지 등을 꼼꼼하게 살핀 후 의견을 모아 인터넷으로 구매하였다. 칭찬 트리는 겨울방학식까지 중앙 현관 가운데에 세워 놓고 전교생이 볼 수 있도록 하였다.

이 활동에 대한 평가의 관점은 정다면체와 깎은 정다면체의 성질 이해 정도와 칭찬 글을 입힌 다면체의 제작 여부에 두었다. 자유 서술을 통한 자아 성찰은 트리에서 누군가가 자신을 칭찬하거나 격려한 글을 발견했을 때의 느낌과 이 활동이 자신에게 미친 긍정적 영향이 있다면 기록하도록 하였다.

구분	평가내용	평가기준
내용	정다면체의 뜻과 성질 이해	• 정다면체, 깎은 삼십이면체의 성질을 정확히 기록하였는가? • 다면체에서 오일러 공식을 찾아 구체적으로 기술하였는가?
	다면체 제작	• 다면체를 정교하게 완성하였는가?
역량	심미적 감성	• 자아 성찰지에 칭찬 글을 통해 얻은 긍정적 영향을 기술하였는가?
	배려와 칭찬	• 주위를 배려하고 칭찬하는 모습을 보였는가?

• 수업 성찰

평면도형과 입체도형은 1학년의 마지막 단원으로, 그중 (정)다면체는 다음 학년 학습과의 연계성이 거의 없다. 그렇다 보니 학생들은 이 부분을 일회성 지식으로 생각하여 대충 배우고 소홀히 대하는 경향이 있다. 그러나 이 부분은 중학생으로서 공간도형을 처음 다룬다는 점, 처음에는 단순한 조작과 직관적인 관찰에서 출발하지만 논리적인 사고의 확장이 일어나며 논리적인 서술을 연습할 수 있다는 점에서 매우 가치 있는 학습이기도 하다.

1차시에는 학생들이 재미있게 활동하면서 자연스럽게 다면체의 성질을 찾아내도록 유도하였다.

2차시에 칭찬 글을 쓰기 위한 정다면체의 전개도는 일반 프린터로 출력할 수도 있으나 단순히 전개도를 오려 내는 데에만 꽤 오랜 시간이 걸린다. 또 180g의 와트만지에 인쇄를 하기 때문에 잉크가 손에 묻어나는 불편함이 있다. 그뿐 아니다. 정다면체 전개도를 접는 학생의 성향에 따라 때로는 엉성한 다면체가 완성되어 학생 스스로 실망하기도 한다. 그러나 커팅 프린터로 출력할 경우 이 모든 문제를 해결할 수 있다. 접는 선에 점선의 칼집을 넣을 수 있기 때문에 접는 데 시간이 거의 걸리지 않으며 누구나 정교한 다면체를 완성할 수 있는 장점이 있다. 다만, 실루엣 프로그램에 능숙하지 않은 교사는 공개된 자료 파일을 미리 확보해 두어야 한다. 또한 일일이 수동으로 프린트를 해야 하므로 많은 양을 프린트할 경우 생각보다 시간이 많이 소요되어 당황스럽기도 하다.

모둠별로 5개의 전개도를 하나씩 나눠 가지도록 하다 보니, 의외로 정십이면체와 정이십면체를 원하는 학생들이 많았다. '모두 활동하기 편한, 즉 면의 개수가 적은 순으로 정사면체, 정육면체를 원하면 어쩌지? 아이들이 친구들 칭찬을 적기에 기껏해야 4~5가지면 충분하겠지?'라고 생각했던

자유학기 학습 축제에 전시된 칭찬 트리

게 무색했다. 앞의 수업에서 이미 칭찬 글을 썼으나 며칠 지나면서 알게 된 새로운 친구들의 장점을 더 기록하고 싶어 하는 아이들이 꽤 여럿이 었다. 그래서 즉석에서 일반 프린터로 추가 전개도를 인쇄하는 일이 있 었다.

> "선생님, 저는 우리 반 32명 모두에게 해 줄 칭찬을 한 개씩 써 왔어요. 어떻게 할까요? 전부 다 써 주고 싶어요."

학생의 말에 즉석에서 커팅 프린터로 깎은 정이십면체(축구공 모양의 부풀린 삼십이면체)의 전개도를 출력해 주었다. 프로젝트 수업을 진행하 다 보면 교사가 미처 생각하지 못한 상황이 발생하기도 한다. 교사는 미 리 다양한 수업 상황을 예측할 수 있어야 한다.

어떤 학생은 자신이 쓴 영작문이 문법에 어긋나지는 않는지 질문을 하 였다. 아이들과 교사의 지식을 총동원하여 문법 오류를 수정해 주었다. 앞 수업의 영어 담당 교사에게 "선생님, 학생들에게 문법 피드백을 하신 건가요?"라고 여쭈었다. "활동 시간의 제약이 있고 학생 수가 30명이 넘 다 보니, 나름 피드백을 하려고 노력했지만 시간에 쫓겨서 제대로 이루어 지지 못한 것 같아요."라는 이야기를 듣게 되었다.

이 부분에서 교과융합 프로젝트의 장점을 다시 한 번 느낄 수 있었다. 앞 수업에서 부족했던 부분을 다음에 이어지는 수업에서 상호 보완할 수 있었고 학생들은 좀 더 완성도 있게 활동을 마무리할 수 있었다.

▶ 생활기록부 기재 사례 ◀

국어

우리 사회에서 문제가 되고 있는 언어폭력의 심각성을 인식하고 있으며, 언어폭력이 다른 사람의 삶에 얼마나 큰 아픔을 줄 수 있는지 이해하고 공감하고 있음. 하루 동안 자신의 언어생활을 스스로 돌아본 후 깨달은 바를 일기로 표현하고 바른 언어생활에 대해 다짐하며 이를 친구들 앞에서 발표하는 태도가 매우 우수함. 또한 친구들에게 감동을 줄 수 있는 편지글 및 짧은 선플을 전달해 주고, 친구들의 추천을 받아 학급 선플왕에 선발됨. 프로젝트 활동 중 조별 활동에서 친구들을 배려하고 소외되는 친구들이 없도록 적극적으로 친구들의 활동을 이끎. 위 프로젝트 활동을 통해 수업 시간 중 학생이 사용하는 언어가 순화된 모습을 보였으며, 타인을 이해하고 배려하는 태도가 길러짐.

영어

'따뜻한 공감·바른 인성' 프로젝트 수업 중 '영어 칭찬 릴레이' 활동에서 친구의 장점을 찾아, 인물 묘사를 위한 적절한 어휘를 활용하고 다양한 문장 형식을 이용하여 칭찬 문장을 완성해 친구에게 메시지를 진지하게 전달하는 모습을 보여 줌. 친구의 장점에 대한 근거를 인과관계 접속사를 이용해 논리적으로 표현하였고 적절한 톤으로 발화하여 친구에게 잘 전달함. 칭찬 활동을 통해 서로에 대한 감정과 의견을 나누면서 타인에 대해 공감해 보는 의미 있는 시간을 가짐. 또한 다양한 영어 채팅 표현을 배우고 사이버 언어폭력 관련 영어 기사를 학습하며 그 심각성을 깨닫고 올바른 의사소통과 언어 사용을 위한 노력을 다짐함.

수학

반 친구 32명의 장점을 다면체에 적어 칭찬 트리에 장식하면 좋겠다는 생각이 들어 정다면체의 성질을 정확하게 이해한 후 이를 응용하여 준정삼십이면체를 정교하게 제작함. 다면체를 관찰하고 분석하는 탐구 과정에서 오일러 공식을 찾아내어 모둠 친구들에게 설명하는 지식나눔을 실천하였으며, 폴리 프로그램을 능숙하게 다루어 출력한 전개도로 심미성을 발휘하여 아름다운 다면체를 만든 후 겉면에 32개의 칭찬 글을 적음. 이 프로젝트 활동을 통해 어른으로 성장하면서 다양한 인간관계를 맺을 때마다 타인의 장점을 발견하려고 노력하고 바른 인성을 갖고 생활하겠다고 결심함.

흔들리는 재앙, 지진

3_
Chapter

2016년 경주, 2017년 포항에서 발생한 지진은 우리나라는 지진의 안전지대라고 믿었던 많은 사람들에게 충격과 공포를 주었다. 우리나라에도 언제든지 지진이 발생할 수 있고 많은 재산과 인명 피해를 가져올 수 있음에도 불구하고 학생들은 아직 지진의 심각성을 잘 느끼지 못한다. 지진 대피 훈련을 할 때면 대부분 장난기 가득한 얼굴로 친구들과 잡담하며 진지하게 참여하지 않는다. 학생들의 이러한 문제점을 해결하기 위해 '흔들리는 재앙, 지진' 프로젝트를 기획하였다. 지진이 발생하는 이유, 피해, 대처방안 등에 대해 깊이 있는 탐구를 수행해 봄으로써 지진의 심각성을 깨닫게 해 주려는 의도였다.

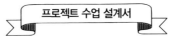

프로젝트 수업 설계서

주제	흔들리는 재앙, 지진		
교과	과학, 수학, 사회, 기술·가정, 국어, 영어	**대상**	중 1

	교과	내용요소	성취기준(2015 개정교육과정)
교과별 성취기준	과학	지진대, 화산대, 진도와 규모, 판	(9과01-05) 대륙이동설을 이해하고 지진과 화산이 발생하는 지역 의 분포를 판의 경계와 관련지어 설명할 수 있다.
	수학	좌표평면과 그래프	(9수03-01) 순서쌍과 좌표를 이해한다.
	사회	자연재해와 인간 생활	(9사(지리)05-02) 자연재해가 지역주민의 삶에 미친 영향을 사례 를 중심으로 탐구한다.
	기술· 가정	건설기술 문제해결	(9기가04-07) 건설기술과 관련된 문제를 이해하고, 해결책을 창의 적으로 탐색하고 실현하며 평가한다.
	국어	토의 문제해결	(9국01-04) 토의에서 의견을 교환하여 합리적으로 문제를 해결 한다.
	영어	상황 묘사 방법 및 절차 설명	(9영02-01) 주변의 사람, 사물, 장소를 묘사할 수 있다. (9영02-04) 일상생활에 관한 방법과 절차에 대해 설명할 수 있다.

미래 핵심역량	☐ 자기관리역량 ☑ 지식정보처리역량 ☑ 창의적 사고역량 ☐ 심미적 감성역량 ☐ 의사소통역량 ☐ 공동체역량

산출물	개인	
	모둠	지진 대피 요령 영어 만화, 영어 역할극, 생존가방 도안, 통계 포스터, 지진 관련 과학 노래

산출물 공개 및 청중	지진 대피 요령 영어 만화 전시, 생존가방 도안 전시, 통계 포스터 전시

	핵심역량	내용요소
평가내용	·지식정보처리: 합리적인 문제해결을 위해 다양한 지식과 정보를 처리하여 활용 ·창의적 사고: 기초지식과 전문 분야의 기술과 경 험을 융합하여 새로운 것을 창출	·과학: 지진 발생 지역 및 대처방안의 이해 ·수학: 좌표평면 및 순서쌍의 이해 ·사회: 지진 발생 지역 특징 및 대피 요령 의 이해 ·기술·가정: 내진설계 원리의 이해 및 내 진설계 구조물의 완성도 ·국어: 토의 활동 및 문제해결 과정의 이해 ·영어: 상황 묘사 및 절차 설명하기

문제 (or 질문)	그동안 한반도는 '불의 고리'라 불리는 환태평양 조산대에서 벗어나 상대적으로 지진 안전지대로 인식되었다. 하지만 최근 몇 년 사이 지진 발생 빈도가 높아졌고 진도도 강해지고 있다. 기상청에 따르면 2016년 한반도에서 발생한 지진(규모 2.0 이상)은 총 263회에 이른다. 또 2016년 9월 12일 경주에서 발생한 규모 5.8 지진의 여진도 3개월 이상 지속되면서 총 556회나 발생했다. 즉 우리나라도 더 이상 지진의 안전지대가 아님을 알 수 있다. 그러나 학교의 경우 내진설계가 되어 있는 건물은 10% 미만이라고 한다. 학교는 많은 학생들이 한 건물에서 생활하고 있기 때문에 지진이 발생하면 큰 피해를 입을 수밖에 없다. 그러므로 지진의 위험성을 이해하고, 지진이 발생했을 때 적극적으로 행동하는 요령을 숙지하여야 한다. 또 지진에 잘 견딜 수 있는 물리적 환경을 조성하여야 한다. 우리 학교에서 지진에 취약한 부분을 찾아 내진설계 방안을 모색해 보고, 지진 발생시 대처방안을 학생들에게 홍보해 보자.

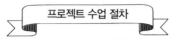

프로젝트 수업 절차

절차 (기능)	교과 (차시)	학습활동	평가 방법	자원
조사하기	과학 (4)	· 지진이 많이 발생하는 나라 조사하여 발표하기 · 각 나라의 지진 대처방안 조사하여 발표하기	관찰평가 발표평가	인터넷 자료
분석/ 해석하기	수학 (2)	· 역대 큰 지진이 발생한 도시의 좌표를 순서쌍으로 나타내기 · 스캐폴딩 지진 발생 도시 자료 제공	관찰평가	세계지도 포스트잇 인터넷 자료
	사회 (2)	· 지진이 인간 사회에 미치는 영향과 발생 지역 및 분포의 특징 파악하기 · 모둠별 조사 결과 발표하기 · 피드백 발표 계획서 수정 피드백 제공	산출물평가	인터넷 자료 파워 포인트
토의하기	국어 (2)	· 학교 및 가정에서의 지진 대비 요령 및 대처 방안을 토의하여 제시하기	발표평가	

발표하기	영어
	(4)
		· 지진 관련 영어 단어 학습하기
		· 피드백 단어 학습에 대한 추가 과제 부여
		· 지진 관련 영어 만화를 그리고 역할극으로
		  발표하기
		· 피드백 영어 문장의 문법적 오류 및 역할극
		  대본 내용 수정·보완 피드백 제공
			관찰평가
			산출물평가	

제작하기	기술
	·
	가정
	(4)
		· 칭찬 글 구조물 만들기
		· 스캐폴딩 전통 건축기술에 쓰인 내진설계
		  설명
		· 스캐폴딩 대표적인 현대 건축기술에 쓰인
		  내진설계 설명
			관찰평가
			산출물평가
				스마트폰

	사회 (1)	· 지진 대비 생존가방 도안 그리기 · 스캐폴딩 생존가방 모형 제시	산출물평가	
공유하기	전시	· 지진 대피 영어 만화 전시 · 지진 대비 생존가방 도안 전시		

1. 과학

• 수업 활동

지진의 발생 원인을 설명하는 가장 보편적인 이론은 '판구조론'이다. 판구조론은 지구의 표면이 20여 개의 판으로 덮여 있고 이들 판은 지구 내부의 대류 현상에 의해서 움직인다는 이론으로 과학 시간에 상세하게 다루는 내용이다. 지진 발생 메커니즘을 과학적으로 이해하면 자연스럽게 지진으로 인한 피해의 심각성을 깨닫게 되고, 대처방안까지도 연계하여 학습할 수 있다. 따라서 이번 지진 프로젝트의 첫 순서는 과학 교과로 정했으며 과학 교과에서는 '지진이 많이 발생하는 나라', '각 나라의 지진 대처방안'에 대한 자료를 조사하고 두 차례에 걸쳐 발표하는 학생들의 개별 활동을 중심으로 하여 4차시 수업을 계획하였다.

1차시에는 학생들에게 도서를 활용한 문헌 연구, 인터넷 검색 등 자신에게 가장 효율적인 자료 조사 방법을 선택하도록 안내하였다. 조사하는 나라의 수는 하나로 제한하였으며, 발표 내용과 분량은 따로 정해 주지 않았다.

이후 발표 자료는 손글씨든 유인물이든 발표자가 편하게 작성하되 A4 한 장에 국한했다. 자칫하면 발표의 내용보다는 형식에 치중하여 발표용 자료를 구성하는 데 시간을 너무 많이 쓸 것이라는 우려가 있었기 때문에 발표 자료의 분량에 제한을 두었다.

발표 시간은 1~2분으로 제한하였으나 30여 명이 발표해야 하므로 시간이 다소 부족하여 수업 1차시 중반부터 조사를 마치는 즉시 발표를 시작게 하였다. 개인의 성향에 따라 발표 시간이 짧아지거나 길어지기도 하였고, 발표에 부담을 가진 학생들은 친구나 교사가 도움을 주기도 하였다.

지진이 많이 발생하는 나라의 위치를 알면 자연스럽게 불의 고리와 판의 구조를 알게 되므로 1차 발표에서 조사한 나라를 칠판 지도에 표시하고 발표를 진행하게 하였다. 발표가 진행될수록 세계지도에 불의 고리가 완성되어 가고 있었다. 학생들도 발표가 진행됨에 따라 점들이 모여 띠를 이루는 과정을 보면서 신기해했다. 이러한 1차 발표 수업은 3차시 수업 초반까지 계속되었다.

3차시 중반에서 4차시까지 이루어진 2차 발표는, 1차에 발표되었던 나라들 중에서 하나를 선택하고 그 나라의 지진 대처방안을 각자 조사하여 발표하도록 하였다. 이 활동 역시 개별로 이루어졌고, 여러 측면에서 혼자 하기 어려워하는 학생들은 두 명이 함께 활동하도록 허용했다. 발표 형식도 1차 때와 마찬가지로 PPT를 따로 만들지 않고 자유롭게 하도록 하였다.

발표 결과, 학생들이 조사해 온 나라는 일본과 칠레 등 몇 개 국가에 한정되어 있었다. 조사하는 과정에서 몇몇 나라들의 정보를 비교적 쉽게 얻을 수 있었기 때문이었다.

선진국이나 지진 발생 빈도가 높은 나라는 국가적으로 체계적인 지진 대처방안이 구축되어 있었고 국민 홍보도 잘 되어 있었다. 하지만 지진 발생 빈도가 높더라도 대처방안이 전혀 구축되어 있지 않은 나라도 있었다. 이러한 자료들을 참고하여 우리나라에 맞는 대처방안을 세우고, 무엇보다 국민들에게 적극적인 홍보를 통해 지진에 대한 인식을 확산시키는 것이 중요하다고 학생들 스스로 정리하였다.

학생들은 불의 고리 작성을 통해 판의 경계를 자연스럽게 이해하게 되어, 지진의 원인을 분석해야 하는 다음 수업에 많은 도움이 되었다.

구분	평가내용	평가기준
내용	판의 경계	• 불의 고리와 판의 구조를 이해했는가?
역량	정보수집능력	• 지진이 빈발하는 나라를 정확하게 조사하였는가? • 지진 대처방안을 정확하게 조사하였는가?
	경청	• 타인의 발표 내용을 경청하였는가?

• 수업 성찰

프로젝트 수업을 계획할 때 학생들이 한 나라라도 스스로 조사하여 정확한 정보를 알아내고, 나라의 위치를 지도에 표시하면서 지진 발생 지역이 불의 고리이고 판의 경계임을 자연스럽게 알게 하는 것에 목적을 두었다.

개인별 발표 수업을 진행하였더니 발표 시간이 생각보다 많이 걸렸다. 하지만 모둠 발표 시 적극적인 친구들에게 가려져서 발표의 기회가 없었을 학생들이 소극적으로나마 발표를 하게 되어 자신감 향상에 도움을 준 것 같아 뿌듯하였다. 또한 발표에 책임을 지고 과학 지식을 깊이 있게 이해하는 태도 또한 긍정적이었다. 발표 자체에 두려움을 가진 친구의 상황을 교사와 반 친구들이 이해하게 되고 이를 함께 도와주는 공감의 시간을 가질 수도 있어서 개인 발표를 한 번쯤은 하는 것이 좋을 것 같다. 모든 아이들의 목소리를 들은 것도 소기의 성과였던 것 같다.

아쉬웠던 점은 개인별로 하나의 나라를 조사하게 했더니 동일한 나라를 조사한 경우가 많아서 어떤 반은 불의 고리가 반만 그려졌다. 앞서 수업한 학급의 불의 고리 표시를 뒤에 수업하는 다른 학급에서도 공유하고 합치는 작업을 했으면 더욱 좋았을 것을 미처 생각지 못하여 아쉬움이 남는다. 2차 발표 시에는 1차에 자신이 조사하지 않은 나라를 선택하게 할 것을 미처 생각지 못하여 1차 발표 때보다 겹치는 나라가 더 많았다.

2차 발표 주제는 각 나라의 지진 대처방안에 대한 것이었다. 일부 선진국이나 지진 발생이 많은 국가는 지진 대처방안이 체계적이고 제도적으로 잘 되어 있다는 비슷한 내용이었고, 그렇지 못한 나라들도 일반적으로 알고 있는 수준으로 되어 있었다. 지진 대처방안에 대한 내용은 조사·발표 수업보다는 토의 수업을 했으면 더 효과적이었을 것 같다고 판단되었다.

과학 수업은 보통 주당 3시간의 시수로 배정되어 있으나 1시간씩 떨어져 있어서 이번 수업처럼 같은 주제를 발표할 때는 중간에 흐름이 끊어지고 학교 행사로 시간표가 변경되거나 할 때는 발표 시간의 간격이 며칠이나 벌어지는 반도 있어서 학생들의 호응도와 집중도가 첫 시간보다 떨어짐을 알 수 있었다. 이러한 수업을 할 때는 일과를 조정하여 2시간 블록 수업을 하면 흐름이 끊기지 않고, 오롯이 하나의 주제를 주어진 시간 내에 끝내고 정리할 수 있어서 훨씬 효율적인 수업 운영이 이루어질 것이다.

다음에 이러한 프로젝트 수업을 한다면, 개인 발표 방식과 칠판 지도에 기록하는 방식은 그대로 유지하되 지진 발생 국가 조사를 대륙별로 나누어서 해 보고, 칠판 지도에 지진 발생 국가를 표시하는 일은 발표자가 하고 학생 개개인에게도 백지도를 주어 다른 학생이 발표할 때마다 각각 표시하게 할 것이다. 이후 수업이 판구조론 내용이라 판을 그려 보는 활동을 할 때 이 지도를 그대로 이용하게 하면 더욱 효과가 클 것 같다.

수업 후 학생들의 반응은 친구들의 발표가 재미있었고 조사 분량이나 발표 형식이 자유로워서 좋았다고 했다. 현재 중학교 1학년들의 수업을 개선해야 한다는 생각에 모든 교과에서 모둠별 활동, 조사·발표 수업이 많아져서 시기가 겹치는 경우, 오히려 학생들의 피로도가 증대하여 본래 의도한 수업의 효과가 나타나지 않는 경우가 있다. 이는 교과 간 소통과 학교 내에서 해결할 수 있는 내용의 구성 등으로 극복할 수 있을 것이다. 교사 개인의 입장에서 이 프로젝트 수업을 하면서 동 교과나 타 교과 교사와 소통하고 협의하는 과정에서 즐거움과 공감을 많이 느꼈고, 틀에 박힌 수업이 아닌 다양한 수업 방식을 시도하면서 개인 역량이 한층 성장했다고 느낀다.

2. 수학

• 수업 활동

"학생들에게 지진이 많이 발생한 나라를 조사해서 칠판 지도에 표시하게 했더니 학생들이 거의 같은 나라를 조사하는 바람에 불의 고리를 완성한 반이 하나도 없었어요. 아이들에게 모든 것을 스스로 하게 했더니 결과에 조금 부족한 면이 있었던 것 같아요. 더 상세하게 안내하고, 선생님이 조금만 방향을 잡아 주면 더 효율적인 결과를 얻을 수 있을 것 같아요."
(솔밭중, 과학 J교사)

과학 교사로부터 학생들이 수집한 정보가 다소 부족하여 불의 고리를 미완성한 학급도 있었다는 이야기를 전해 들었다. 과학 수업 결과의 아쉬움을 보완해 주면서 학생들이 생활 속에서 좌표평면이 왜 필요한지 알 수 있도록 수업을 설계하였다. 점의 위치를 순서쌍으로 나타내고 순서쌍으로 표현된 점을 좌표평면 위에 나타내는 데 수업의 목적을 두었다. 순서쌍과 좌표는 앞으로 학생들이 다양한 함수를 학습하고 함수 그래프를 그리는 데 기초가 되는 내용이다. 다른 단원에 비해 내용은 쉬운 편이지만 중요한 가치를 지닌다.

학생들로부터 과학 시간에 배운 지진 발생 지역 혹은 도시의 위치를 순서쌍(경도, 위도)으로 표현하게 하였다. 이를 바탕으로 강한 지진이 발생했던 도시를 세계지도에 나타내고, 과학 시간에 배웠던 내용을 눈으로 직접 확인하면서 이 지역의 사람들이 어떻게 강진을 이겨 내고 어떤 모습으로 살고 있는지 자유롭게 이야기를 나누었다.

세계지도는 하나의 거대한 좌표평면이다. 적도를 x축, 본초자오선을 y축으로 하고 동경은 x축의 양의 방향, 서경은 x축의 음의 방향, 북위는 y축의 양의 방향, 남위는 y축의 음의 방향으로 놓았다. 이 세계지도를 모둠의 수에 조금의 여분을 두어 B4 크기로 확대하여 출력해 두었다. 학생들이 흥미를 느낄 수 있도록 컬러로 인쇄하였으며 일부 도시를 빨간색 점으로 표현해 두었다. 학생들에게는 모둠별로 역대 강진 발생 도시를 10개씩 조사해 오라고 과제를 내었다. 인터넷으로 조사를 하다 보면 내

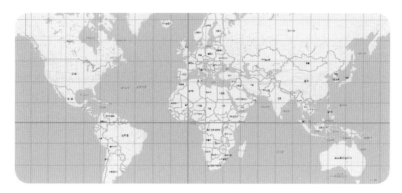

용이 다 비슷해질 수도 있기에 다양한 결과를 얻기 위해 조사할 개수를 다소 많이 냈다.

1차시에는 y축의 역할을 하는 본초자오선을 기준으로 하는 시차에 대해 설명해 주었다. 사회 선생님이 말하기를, 학생들이 시차 계산을 하는 데 어려움을 겪는다고 했던 것이 떠올라 수학적으로 쉽게 설명하여 학생들의 이해를 돕고자 하였다.

세계지도를 평면으로 펼쳐 놓았을 때, x축의 음의 방향과 양의 방향을 모두 합하면 360°이다. 지구는 자전하는 데 1일, 즉 24시간이 걸리므로 360÷24=15가 되고, 경도가 15° 바뀔 때마다 1시간의 시차가 발생한다. 지구는 서쪽에서 동쪽으로 자전하므로 본초자오선(경선)이 0°인 영국의 런던을 표준시로 보았을 때, 한국의 서울은 동경 135°의 위치에 있으므로 135÷15=9, 즉 영국의 런던보다 한국의 서울이 9시간 더 빠름을 알

---

22) 그림 출처: bing.com/maps

수 있다고 설명해 주었다.

　수학 시간에 배우는 순서쌍은 (x좌표, y좌표)이므로 (경도, 위도)로 써야 하지만, 보편적으로 도시의 위치를 검색해 보면 (위도, 경도) 순으로 나타내고 있으므로 착오를 하지 않도록 학생들에게 주의를 주었다.

　먼저 지도에 빨간 점으로 찍혀 있는 10개 도시(로스앤젤레스 외 9개)의 위도와 경도를 찾아 순서쌍(경도, 위도)으로 나타내도록 하였다. 이는 점의 위치를 순서쌍으로 표현하는 연습을 하기 위함이었다.

　2차시에는 학생들이 조사해 온 강진이 발생한 도시 혹은 나라를 포스트잇에 적어 칠판에 붙이도록 하였다. 단, 먼저 포스트잇을 붙인 모둠과 같은 도시를 조사하였을 때는 그 밑에 이어서 붙이도록 하였다. 그런 다음 인터넷을 TV 화면에 연결하여 그중 규모가 가장 큰 지진부터 차례대로 20개를 추려내었다. 이때, 가장 많은 도시(나라)를 찾아온 모둠에게는 칭찬 도장을 찍어 주어 격려하였다. 모둠별 학습지에 도시 이름을 적고 경도, 위도 란을 채워 나갔다. 모둠별로 딱 한 대의 스마트폰(데이터가 무제한인 학생)을 허용하였기에 수업에 앞서 스마트폰 소지 여부를 확인하고 구글의 '위도 경도 찾기' 사이트(iegate.net/maps/rgeogoogle.php)에 접속하도록 안내하였다. 모두 다 찾았으면 기록하는 학생이 경도, 위도를 순서쌍으로 기록하였다.

　이 20개 점의 좌표를 세계지도에 찍고 그 밑에 도시 이름을 적었다. 마지막으로 이들이 어떤 불의 고리에 속하는지 기록하고 모둠별 결과를 비교하였다.

　이 활동의 평가는 교사평가, 동료평가, 자기성찰평가로 이루어졌으며 평가의 관점은 순서쌍과 좌표 표현의 정교성, 모둠 활동 과정에서 얼마나 적극적으로 참여하고 협력하는지를 평가하였다.

구분	평가내용	평가기준
내용	순서쌍과 좌표 이해	• 지도에 찍힌 점의 위치를 순서쌍으로 정확하게 나타내었는가? • 순서쌍으로 나타낸 점을 좌표평면 위에 정확하게 나타내었는가?
역량	자료 수집	• 불의 고리 완성을 위해 역대 강진 발생 도시 자료를 충분히 수집하였는가?
	협력 태도	• 친구들과 협력하여 불의 고리를 완성하였는가?

• 수업 성찰

과학 교사와 대화를 나누면서 앞서 과학 시간에 학생들이 배운 내용을 숙지하였다. 학생들은 이미 지진 발생 국가 및 도시의 명칭, 위치 등을 알아보고 지진에 대한 대처 요령을 배웠다고 하였다. 수학 시간에는 과학 시간에 배운 내용을 바탕으로 세계지도를 좌표평면으로 생각하고, 지진의 규모가 컸던 도시 20개의 위도와 경도를 조사하여 순서쌍으로 표현한 후 지도상에 점으로 나타내어 그 위치를 알 수 있도록 수업을 설계하였다.

학생들이 예상보다 수업 목적에 부합하는 자료를 쉽게 찾지 못해 시간이 많이 소요되었다. 어느 학급에서는 무려 30개를 초과하는 다양한 지진 발생 도시를 조사했는가 하면, 어느 학급에서는 10~15개 정도의 지진 발생 도시를 조사하는 데 그쳤다.

모둠에서 조사한 지진 발생 도시를 포스트잇에 써서 칠판에 붙인 후,

반 전체의 자료를 공유하여 함께 점으로 나타내니 과학 시간에 완성하지 못한 불의 고리 모양이 완성되어 학생들의 탄성을 자아냈다.

이러한 수업을 진행할 때는 교사가 미리 충분한 자료를 확보해 두는 것도 필요할 것 같다. 자료를 수집하는 것이 수업의 주목적이 아니라, 순서쌍과 좌표의 활용 가치를 깨닫는 것이 주목적이었으므로 자료 수집에 어려움을 겪을 때는 교사의 자료도 함께 활용하는 것이 바람직하다고 생각한다. 학생들의 활동 결과가 미흡할 경우, 교사가 적절한 피드백을 해 줌으로써 학생들이 학습목표를 최대한 달성하도록 하는 것이 중요할 것이다.

시행착오도 성장의 한 과정이므로, 학생들이 방향을 잃어 활동에 흥미까지 잃지 않도록 끊임없이 살피고 격려하고 조언해야 할 것이다.

3. 사회

• 수업 활동

사회 교과에서는 지진의 원인에 대해 과학적 측면에서 배경지식을 갖고 있는 학생들에게 지진 발생 지역 및 분포의 특징과 지진이 인간 사회에 미치는 영향을 파악하고 피해를 줄이기 위한 대책을 제시하는 활동을 전개하였다.

1~2차시에는 모둠을 구성하여 지진 발생 지역과 분포 특징, 지진 규모에 따른 현상, 세계적인 지진 피해 사례, 우리나라 지진의 역사, 일본의 지진 대비, 칠레의 지진 대비를 주제로 모둠별로 구성원들의 협의를 통해 주제를 선정하여 2시간에 걸쳐 탐구 활동을 한 후 그 결과를 발표

사회 프로젝트 학습 발표 계획서(완성)

1. 발표 주제: 지진이 인간의 삶에 미친 영향(일본의 가옥 구조와 대피 시설)

2. 모둠장 및 모둠원의 역할 분담

구분	학번	이름	역할
모둠장	1 * * * *	* * *	PPT 제작, 발표
모둠원 (5명)	1 * * * *	* * *	자료 조사
	1 * * * *	* * *	발표
	1 * * * *	* * *	자료 조사
	1 * * * *	* * *	대본 작성
	1 * * * *	* * *	PPT 제작

3. 첨부자료 목록

　가. 일본의 가옥 구조

　　1) 일본의 가옥 외부 사진　2) 일본의 가옥 내부 사진　3) 내진설계 이미지

　나. 일본의 지진 대피 시설

　　1) 일본 지진 대응법(동영상) youtube.com/watch?v=Hg_uRXvPnEE

　　2) 일본 지진 발생 횟수 통계표

　　3) 일본 지진 경보시스템 설명 사진

4. 활동 계획

　1) 5월 25일 모둠 구성 및 주제 선정

　2) 5월 26일 모둠 토의 및 1차 자료 수집

　3) 5월 27일 2차 자료 수집 및 PPT 제작 (1)

　4) 5월 28일 PPT 제작 (2)

　5) 5월 29일 PPT 점검, 발표 대본 작성 및 발표 시행 연습

　6) 5월 30일 최종 수정 및 확인

　7) 5월 31일 PPT 발표

하였다.

　모둠 발표 수업은 발표 일주일 전에 주제를 선정하고 '발표 계획서 제출 -1차 피드백-발표 자료 제출 -2차 피드백-발표' 순으로 진행하였다.

　먼저 모둠별로 제출한 발표 계획서를 수합한 후 탐구 주제를 다음 기

준에 맞게 수정하도록 피드백하였다.

① 주제가 모둠 간에 겹치지는 않는가?
② 주제의 범위가 광범위하며 모호하지는 않은가?
③ 수업 목표에 부합하는 주제인가?

모둠장 및 모둠원의 역할 분담이 적절하게 되었는지를 살펴보고 모둠장에게 과한 역할이 주어지거나 소외되어 역할이 전혀 없는 학생이 없도록 적극적으로 역할을 살펴 피드백하였다. 또한 가장 효과적인 동영상을

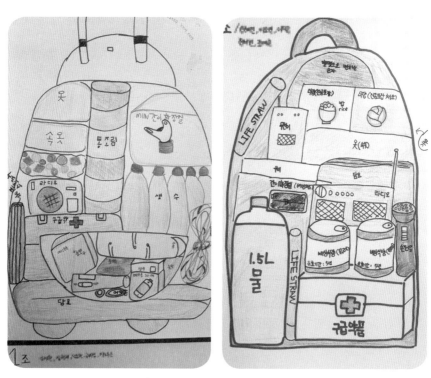

생존가방 도안

찾도록 안내하였다. 학생들이 자신의 역할에 책임을 지고 여유 있게 수행할 수 있도록 발표 계획서에는 반드시 활동 계획을 날짜별로 상세하게 기록하도록 하였다.

3차시에는 모둠별 생존가방 만들기를 진행하였다. 모둠별 주제 발표 수업에 참여한 이후라 모든 학생들이 지진에 대해 우리나라도 더 이상 안전지대가 아니라는 인식을 갖고 생존가방에 넣을 물품을 모둠별 토론을 거쳐 선정하도록 하였다. 모둠원들은 4절지에 생존가방을 그림으로 표현하고, 선정된 물품을 모든 모둠원들이 직접 그려 넣는 활동을 하였다. 생존가방 완성 후에는 생존가방 안 물품을 소개하는 모둠별 발표를 진행하였고, 학급별 우수작을 4층 로비에 전시하여 전체 학생들에게 홍보 효과를 얻고자 하였다.

모둠 활동에 대한 평가는 탐구 주제의 적절성, 모둠원의 협력 태도, 산출물 평가로 교사평가를 실시하였다. 모둠원들 중에 무임승차하는 인원이 생기지 않도록 각자의 능력을 최대로 발휘할 수 있게 역할을 분담하여 효과적인 작품과 발표가 될 수 있도록 협력을 강조하였다.

구분	평가내용	평가기준
내용	내용 이해	• 모둠별로 정확한 지진 대피 요령을 숙지하여 발표하였는가?
역량	협력	• 역할 분담은 잘 이루어졌는가? • 모둠 활동에 협력하였는가? • 모둠 활동에 얼마나 기여하였는가?

• 수업 성찰

가까운 일본에서 자주 발생하는 지진과 지진해일(쓰나미)이지만 일본은 4개 지각판의 경계면에 위치해 있고, 우리나라는 지진 활동이 빈번하게 발생하는 지각판의 경계에 위치해 있지 않다는 점에 안심하고 있었기에 재난 대비 훈련에 우리 모두가 형식적으로 참여한 것은 아닌지 반성해 본다.

지난 경주 지진은 우리나라도 더 이상 지진의 안전지대가 아니라는 점을 인식하게 하고, 우리도 지진 대비 훈련을 철저하게 해야 한다는 경각심을 주기에 충분했다.

사회 교과의 목표는 우리나라가 지진의 안전지대가 아니라는 점을 깨닫고, 지진이 인간 생활에 미치는 영향을 구체적으로 파악하여 피해를 줄이는 방안을 다른 나라의 사례를 통해 모색하며, 하고 지진 대비 훈련에 실전처럼 참여할 수 있는 마음을 갖게 하는 것이었다.

일정 기간 같은 주제로 여러 교과가 함께하는 프로젝트 수업은 학생들이 오래 기억할 수 있는 수업이었다. 과학 시간에 지진 발생 원인과 발생 지역, 지진 대처 상황을 배우고, 수학 시간에 지진 발생 지점을 순서쌍으로 나타내어 세계지도에 정확하게 찍어 본 이후라 수업 진행이 수월하였다. 지진에 대한 배경지식을 질문할 때는 전 시간에 배운 내용을 자신감 있게 발표하며 뿌듯해하는 모습도 볼 수 있었다.

모둠을 구성하여 학생 참여 중심의 수업을 하고자 하였으나, 방과 후 학생들이 학원 수강을 많이 하는 본교의 특성상 모둠원들이 함께 모일 수 있는 시간을 만들기 어렵다는 문제가 있었다. 하지만 사회과이기에 개별 과제보다는 모둠 과제를 제시하여 의사소통능력과 공동체역량을 길러 주고자 모둠원 간의 SNS 소통 공간을 만들어 과제를 수행하도록 하였다. 학급별, 모둠별 주제에 따라 피드백을 하다 보니 쉬는 시간이 줄어들었지만, 학생들이 주제에 맞는 자료를 수집하고 내용을 정리하고 발표하는 과정을 통해 성장해 가는 모습을 볼 수 있었다.

무엇보다도 2017년 11월 15일 포항 지진으로 청주에서 약간의 흔들림이 감지되었을 때 하교하지 않고 남아 있던 1학년 학생들이 순식간에 책상 아래로 몸을 피하는 행동을 보며 '지진 프로젝트 수업이 학생들에게 도움을 주었구나.'라고 생각했다. 이 배움을 잊지 않고 재난에 대비하는 행동 요령을 숙지하여 어떤 상황에서도 잘 대처할 수 있는 학생들이 되기를 바라는 마음이다.

4. 기술·가정

• 수업 활동

기술·가정 수업에서는 지진의 발생 원인, 피해 현황 등 수집된 정보를 바탕으로 내진설계 구조물을 제작해 보는 활동을 전개하였다. 학생들이 다른 교과에서 지진과 관련된 지식과 정보를 충분히 숙지하고 있었기 때문에, 바로 활동 중심으로 수업을 전개하는 데 큰 문제가 없었다.

1차시에는 우리나라의 전통 건축기술 중 첨성대, 불국사, 한옥 등에 적용된 내진설계 방안을 살펴보면서 전통 건축기술의 우수성에 대해 이야기를 나누었다. 이어서 현대의 대표적인 건축물인 부르즈 칼리파, 제

2롯데월드 등에 적용된 내진설계에 관한 동영상을 보고, 지진으로 인한 피해를 다양한 내진설계로 해결할 수 있으며 이를 통해 재산과 인명 피해를 줄일 수 있음을 알아보았다. 그리고 나서 내진설계의 핵심 개념인 내진, 제진, 면진설계의 특성을 정리해 보고, 이를 건물에 활용할 수 있는 방법을 토의하였다.

2차시에는 우리 학교에서 내진설계가 필요한 곳을 찾아보게 하였다. 학생들은 스마트폰을 들고, 학교 곳곳을 돌아다니며 지진이 발생했을 때 취약한 부분을 찾았다. 주차장이 필로티 구조로 되어 있다는 점, 벽면에 부착되어 있는 게시물이 떨어질 수 있다는 점, 중앙 통로의 내력벽이 부족하다는 점, 평소 생활하면서 간과했던 부분을 학생들이 발견하였다. 이 부분에 내진, 제진, 면진 중 어떤 설계 방법이 적용될 수 있는지 탐구하고, 촬영한 사진에 내진설계 방안을 직접 그려 넣어 보도록 하였다. 그리고 발표를 통해 학생들이 찾은 문제점을 공유하고, 내진설계가 적절히 적용되었는지 피드백을 제공하였다.

3~4차시에는 내진설계를 적용한 구조물을 만드는 활동을 전개하였다. 내진설계 중 면진과 제진은 적용하기 어려운 특성이 있어 내진설계의 트러스 구조를 이용하여 구조물을 제작하게 하였다. 먼저 학생들에게 다음과 같은 조건을 제시하였다.

'스파게티 면 50가닥을 활용하여 높이가 최소 12cm인 구조물을 제작하시오. 기술 교과서로 하중을 주며 구조물의 자중 대비 얼마를 버텼는가에 따라 재하 능력이 측정된다.'

학생들은 이 조건에 따라 모둠별로 협의를 통해 설계도를 작성하였다. 학생들이 고루 의견을 제시할 수 있도록 브레인라이팅과 강제결합을 이용한 사고기법을 적용하였고, 설계도를 모둠원들이 보면서 작업할 수 있도록 크게 작성하였다.

학생들은 글루건과 스파게티 면을 이용하여 모둠별로 구조물을 제작하였다. 협력이 원활히 이루어질 수 있도록 모둠별로 순회하며 학생들의 참여 정도를 관찰하고, 모둠의 과정과 결과에 대한 피드백을 수시로 제공하였다. 완성된 구조물에 대해 자중을 측정하고 그 위에 교과서를 올려 두는 재하실험을 실시하였다. 학생들이 가장 긴장하면서도 즐거워하는 순간이다. 일반적으로 구조물의 자중은 30~50g 정도, 버틴 무게는 자중의 200~300배 정도이다. 학생들은 가늘고 긴 스파게티 면이 특정 구조를 갖춤으로써 튼튼해진다는 사실에 매우 놀라워했고, 내진설계의 중요성을 다시 인식하게 되었다.

평가의 관점은 구조물의 완성도와 협력의 정도에 두었다. 완성도는 '구조물이 얼마나 많은 무게를 지탱했는가?'라는 절대 기준에 따라 평가하였고, 협력의 정도는 동료평가와 교사평가를 실시하여 학습자들의 역할 분담과 참여도를 중심으로 평가하였다.

구분	평가내용	평가기준
내용	재하실험 결과	· 구조물이 자중 대비 얼마나 많은 하중을 지탱하였는가?
	내진설계의 적절성	· 학교 건출물의 구조에 적절한 내진설계 방안을 제시하였는가?
역량	협력	· 모둠원들이 각자의 역할을 수행하며 적극적으로 참여하였는가?

스파게티 구조물 재하 실험

• 수업 성찰

평상시 구조물 관련 수업에서는 트러스 구조의 효율성에만 초점을 두었는데, 이 프로젝트 수업에서는 내진설계 구조물이 필요한 이유, 실제 적용 방안에 초점을 두었다. 학생들은 스마트폰을 들고 학교 곳곳을 돌아다니며 내진설계를 적용하기 위한 방안을 탐구하였다. 학생들에게 자신들이 배운 지식을 직접 활용할 수 있는 기회를 제공했다는 측면에서 이 수업의 의의가 있다. 단, 학생들이 교사의 통제를 벗어나 스마트폰을 활용하기 때문에 스마트폰 활용 규칙을 사전에 교육하면 좋을 것 같다.

내진설계와 관련된 구조물을 정확히 테스트하기 위해서는 P파와 S파와 같은 지진파를 이용해야 한다. 몇 해 동안 지진 발생 장치를 직접 만들어서 실험을 하였다. 발사목과 납을 이용하여 하중을 설정하고, 발생

된 진동으로 내진 능력을 테스트
하였다. 그러나 지진파의 진동 정
도가 균일하게 발생되지 않는다는
점, 외부 변인이 많다는 점 때문에
10개 반 이상에 적용하기 힘들다고
판단되어 수업에서는 트러스 구조
만을 이용하여 구조물을 제작하였
다. 완벽한 내진설계 실험은 아니

지진발생장치를 활용한 내진설계 실험

지만, 트러스 구조의 하중 분산을 제대로 이해할 수 있다는 측면에서 가
장 좋아하는 수업 아이템 중 하나이다.

이 주제로 프로젝트 학습을 다시 한다면, 우리 학교 내진설계 방안을
찾아보고 그 내용을 전문가로부터 자문을 받은 후 실제 학교 의사결정권
자에게 전달해 보는 활동을 하고 싶다. 건설 또는 지진 관련 전문가를 섭
외하여 학생들의 의견에 피드백을 제공함으로써, 학생들의 아이디어를
학교 시설 개선에 활용할 수 있을 것이다. 프로젝트 학습은 실제 문제해
결 과정을 거치기 때문에 전문가와 연결되는 경우가 많은데, 이러한 인
력풀이 많지 않다는 측면에서 아쉬움이 남는다.

5. 국어

• 수업 활동

국어 교과에서는 '학교 및 가정에서의 지진 대비 및 대처방안을 토의

하여 제시하기' 활동을 하였다.

1차시에는 토의하기의 첫 번째 활동인 문제 제시 단계에서는 논제를 파악하는 활동을 하였다. 학생들은 학기 초부터 함께하였던 국어 모둠별로 토의를 진행하였다. 논제가 명확하지 않은 모둠은 해결안이 모호해지는 경향이 나타나 논제를 명확하게 다시 정하는 활동을 했다. 두 번째 활동으로 문제의 원인과 영향을 분석하는 활동을 하였다. 앞서 다른 교과 시간에 이미 지진 탐구 활동을 하였기에 학생들은 관련 배경지식을 충분히 가지고 있어 토의가 원활하게 진행되었다.

2차시에는 모든 모둠원들이 참여하여 개별적으로 하나 이상의 해결안과 그것의 장단점을 제시하도록 하였다. 그리고 그중 최선의 해결안을 선택하는 활동을 하였다. 그런 다음 앞 단계에서 선택한 해결안에 대해 모둠원들이 하나 이상의 실천 방안을 제시하는 활동을 하였다.

이처럼 1차시에는 모둠별 토의 활동으로 진행하였고, 2차시에는 학습지를 바탕으로 모둠별 토의 내용을 발표하였다.

평가의 관점은 토의 활동 참여도와 각각이 제시한 의견의 주제 관련성, 의견의 참신성을 기준으로 교사평가로 이루어졌다.

구분	평가내용	평가기준
내용	의견 제시	· 문제의 원인과 영향을 정확히 분석했는가? · 해결안의 장점과 단점을 제시했는가?
	참여도	· 토의에 성실하고 적극적으로 참여했는가?
역량	참신성	· 구체적이고 참신한 지진 대처방안을 제시했는가?

- 수업 성찰

수업을 설계하면서 가장 중요하게 생각했던 부분은 모든 학생들이 한 명도 빠짐없이 토의 활동에 참여하여 자신의 의견을 개진할 수 있도록 하는 것이었다.

그래서 모든 학생이 참여할 수 있도록 4인 1팀 모둠별 토의로 진행하였고, 모둠원 전체의 의견을 쓸 수 있게 만든 토의 활동지를 활용하였다. 다행히 처음 의도대로 모든 학생들이 토의 활동에 참여하여 활동지를 완성하였다.

2차시에 학습지를 바탕으로 모둠별 토의 내용을 발표함으로써 학생들이 다양한 의견을 나누고 공유할 수 있어서 좋았다. 그러나 1차시에 토의를 끝내려고 하니 시간이 충분하지 않은 듯하였다. 모두들 활동지 작성하기에 급급하여 간혹 원활한 토의가 이루어지지 않은 모둠도 있었다.

다음 토의 수업 때는 1차시에 자유롭게 토의할 시간을 주고, 2차시에 토의 마무리와 함께 활동지를 작성하게 하면 좀 더 여유로운 토의 활동이 될 것 같다.

6. 영어

- 수업 활동

영어 수업에서는 학생들이 지진 대피 요령에 관한 4컷 영어 만화를 그린 후, 그 만화 내용으로 역할극을 해 보는 활동을 실시하였다.

1차시는 지진 관련 어휘를 배워 보는 시간이었다. 꽤 어려운 단어가

학생들이 그린 영어 만화와 교내 전시 모습

많았음에도 불구하고 학생들이 과학, 사회 시간에 지진 발생 원인을 배우며 다양한 개념과 용어를 익혔던 터라 영어 단어들을 읽고 나서 오히려 교사에게 지진 어휘에 대한 과학적인 설명을 해 주기도 하였다.

지진 관련 어휘들을 학생들이 좀 더 숙지할 수 있도록 2차시에는 단어 테스트를 하였다. 교과 시간 중 단어 시험 성적은 수행평가에 반영되고 있어 모두가 열심히 시험에 임하였지만 60점을 넘지 못한 학생들에게는 단어를 반복하여 쓰는 추가 과제를 부여하여 어휘 학습을 보충할 수 있도록 하였다. 단어 시험 후, 4인 1모둠으로 지진 관련 어휘를 이용한 영어 만화를 구상하도록 하였다. 학생들은 지진 발생 시 가정과 학교에서 우리가 대처할 수 있는 방안을 국어 시간에 이미 논의한 상태였기 때문에 4컷 영어 만화의 그림과 대사를 금세 정해 그리기 시작했다.

그 이후 1시간의 수업을 더 할애하여 만화 제작을 3차시 수업 동안 마무리하였고, 완성된 만화는 복도에 전시되어 다른 학급 친구들에게 지진에 대한 관심을 다시 한 번 불러일으킬 수 있었다. 만화 제작 후, 학생들은 만화 속 캐릭터 역할을 하나씩 맡아 연습하였다.

마지막 4차시에는 각 모둠이 다른 친구들 앞에서 역할극을 발표하는 시간을 가졌다. 학생들의 발표를 관찰하며 자연스럽게 교사평가가 이루어졌고, 학생들도 다른 친구들의 역할극을 감상하며 서로의 프로젝트 활동에 대해 평가를 할 수 있었다.

구분	평가내용	평가기준
내용	어휘 활용	· 지진 관련 어휘의 뜻을 정확하게 숙지하여 문장 구성에 활용하였는가?
	모둠별 만화 및 역할극	· 다른 모둠의 만화 및 역할극을 보고 지진 대피 요령을 명확히 알 수 있는가?
	비언어적 요소 활용	· 표정, 동작, 소품, 음향효과 등 비언어적인 요소를 잘 활용하여 의미를 전달하고 있는가?
역량	협력	· 대사를 능숙하게 표현하고 모둠원과의 연기 호흡이 잘 맞는가?
	창의성	· 영어 만화의 지진 대피 요령이 창의적인 스토리로 구성되었는가?

• 수업 성찰

지진 프로젝트 수업에서 영어의 문법적 요소는 성취기준에 반영되지 않았고, '주어진 어휘를 문장에 활용하여 상황을 알맞게 묘사하고 방법 및 절차 설명하기'가 활동 목표였다.

학생들은 역할극을 통해 지진 관련 어휘가 활용된 문장을 보다 자연스럽게 발화해 보는 기회를 가졌다. 또한 역할극에서 표정, 동작, 소품, 음향효과 등과 같은 비언어적인 요소들을 활용해 자신의 의견을 효과적으로 표현해 보는 경험을 하였다.

> "이번 지진 프로젝트 수업을 하면서 모둠원들이 협조를 해 주지 않아 정말 많이 힘들었어요. 제가 모둠장이었는데 영작을 잘하는 친구가 없어서 혼자서 영어 대사를 모두 고쳐야 했어요. 특히, 다들 연기를 해 본 적이 없어서 주인공 역할을 부담스러워했고 서로 작은 역할을 맡으려고 싸우다 나중에는 가위바위보로 정했어요. 그런데 다른 모둠이 역할극 하는 것을 보니까 정말 실감 나고 재미있게 연기하더라고요. 영어 대사가 잘 안 들려도 대충 어떤 말을 하려고 하는지 알겠더라고요. '우리도 친구들을 웃길 수 있는 포인트를 넣어 더 잘해 볼걸.' 하는 생각이 들었어요. 그래도 지진 대피 훈련 때 친구들이 역할극에서 했던 대피 동작이 생각나서 다 같이 책상 밑으로 몸을 피했던 기억이 나요." (솔밭중 1학년, C군)

이번 프로젝트 활동에서는 영어 만화 제작부터 역할극까지 '역할 분담'이 매우 중요했다. 한 사람이 만화를 통일성 있게 그려야 했고, 역할극 활동에서도 주인공 같은 큰 역할부터 소품 준비 같은 작은 역할까지 효율적으로 잘 분담하여야 역할극이 완성될 수 있었기에 그 어느 때보다 '협력'의 중요성을 절실히 느낄 수 있었다. 그리고 역량에 맞지 않는 역할을 맡았다 하더라도 최선을 다하는 친구들의 모습을 통해서 깨닫는 것들이 있었을 것이라고 생각한다.

또한 학생들은 역할극을 통해 지진 대피 요령을 몸으로 체득해 보는 기회를 가졌다. 학교 지진 대피 훈련에서 영어 역할극 내용을 떠올렸던 것처럼, 실제로 지진이 발생했을 때도 역할극이나 대피 훈련 내용이 떠오를 것이며 그것은 곧 지진에 차분히 대응할 수 있는 자신만의 매뉴얼을 만들어 나가고 있음을 의미한다. 그렇게 학생들은 교실 속 지식을 실제 삶과 연결시키는 학습 고리를 만들어 나갔다.

이 수업을 다시 한다면, 기말고사 기간을 앞두고 만화 그리기와 역할극 수행 등 시간이 촉박해 학생들에게 제대로 실시하지 못했던 피드백 과정을 보완할 것이다. 또한 역할극에서 학생들이 영어 문법 요소도 활용하여 수준 높은 대사를 말할 수 있도록 지도할 것이다.

▶ 생활기록부 기재 사례 ◀

과학

지진 발생 지역을 조사할 때 방송이나 인터넷에서 많이 검색되는 곳이 아닌 곳을 찾으려는 참신함이 돋보였음. 지진 발생 국가를 칠판에 표시할 때 대륙별로 다른 색으로 표시하자고 제안해 보다 보기 편한 지도 구성에 기여하여 불의 고리 위치와 판의 경계를 명확하게 알게 되었음. 조사·발표 과정에서 지식정보처리역량을 함양하였고 모둠 활동에서 의사소통과 협동능력을 경험하였음. 2차 발표 시 단순히 말로만 표현하지 않고 동작 표현을 하고 연기도 하여 친구들의 환호와 몰입도가 높았음. 조사나 발표를 할 때 다른 모둠과 차별화하는 노력과 창의적 표현력이 돋보임.

수학

나라 혹은 도시의 위치를 위도와 경도로 나타내 이것이 점을 나타내는 순서쌍과 같음을 알게 되어 역대 강진이 발생한 도시를 조사한 후 그 위치를 순서쌍(경도, 위도)으로 표현하고 지도 위에 점으로 나타냄. 자료 수집의 어려움을 겪는 친구에게 합리적인 정보 수집 방법을 친절하게 안내하였으며 반 전체가 함께 점을 찍어 불의 고리를 완성함으로써 협력의 가치를 깨달음.

사회

우리나라도 지진의 안전지대가 아니라는 생각을 갖고 모둠장으로서 모둠원들과 협의를 통해 각자의 능력에 맞는 역할을 분담하여 일본은 어떻게 지진을 대비하는지 구체적 사례를 조사하고 PPT를 제작하여 발표함으로써 의사소통능력을 발휘함. 일본의 지진 대피 훈련과 건축물의 내진설계 및 생존가방을 전문적으로 판매하는 마트를 소개하며 우리도 지진에 대비하는 적극적인 행동 요령을 알고 실천할 것을 학급 친구들에게 강조함. 또한 모둠원들과 협의를 통해 생존가방에 들어갈 물품을 결정하고 생존가방을 그리며 실제 지진 발생에 대비하는 마음을 갖게 됨.

국어

학기 초부터 지진과 대피 방법에 대해 관심과 문제의식을 가졌고, '지진'을 주제로 한 교과융합 프로젝트 학습에서 모둠원들과 함께 학교 및 가정에서의 지진 대비 및 대처방안에 대하여 토의함. 토의 과정에서 모둠의 리더를 맡아 토의를 주도하고 모든 모둠원들이 참여하여 자신의 의견을 낼 수 있도록 독려하는 모습이 돋보였으며 모둠의 협력 정도가 우수함. 토의 과정에서 핵심역량인 지식정보처리역량과 창의적 사고역량을 함양함.

기술 · 가정

인터넷을 통하여 추를 이용한 내진설계, 고무를 이용한 내진설계 등 다양한 정보를 찾아서 우리 학교 주차장에 적용하기 가장 적합한 내진설계 방안을 구체적으로 제안함. 내진설계 구조물을 제작할 때 트러스 구조를 촘촘히 적용하여, 자중의 300배를 버틸 수 있는 우수한 구조물을 제작함. 구조물을 제작할 때 재료를 가공하고 붙이는 등 제작에 적극적으로 참여하였으며, 다른 학생의 아이디어를 잘 수용하는 모습을 보임.

영어

'흔들리는 재앙, 지진' 프로젝트 수업 중, 다양한 문장 형식과 지진 관련 어휘를 활용한 영어 만화를 제작하여 지진 대피 요령을 타인에게 효과적으로 전달함. 모둠별 토의에서 만화 스토리와 형식에 대한 창의적인 아이디어를 내고 자신이 맡은 부분을 성실히 수행하여 만화를 완성함. 만화를 제작하고 그 내용을 역할극으로 표현하는 일련의 과제를 수행하면서 같은 모둠 친구들이 영작하는 데 있어 어려워하는 점을 두루 살펴 문장의 오류를 함께 수정해 줌. 정확한 발음과 적절한 톤으로 대사를 발화하고, 제스처와 표정 등 비언어적 요소까지 잘 활용하여 완성도 높은 역할극을 선보이며 친구들에게 지진 대피 요령을 잘 전달함.

다름의 존중

4_
Chapter

현재 국내 다문화 학생의 수는 크게 증가하고 있고, 이러한 세태에 맞춰 교육 현장에서 다양한 다문화 교육을 진행하고 있다. 하지만 국가인권위원회가 2015년 다문화 가정 학생을 대상으로 한 설문조사에 의하면 '학교에서 따돌림을 당한 적이 있다'고 답한 비율이 36%에 이를 만큼 아직도 다문화 가정에 대한 차별의 시각이 남아 있다. 사춘기 아이들에게 '다름은 곧 싫음'이기 때문에 이들이 더 이상 상처받지 않도록 학교 현장에서 다양성 교육의 활성화와 인식 개선이 시급하다. '다름의 존중' 프로젝트 수업은 국어와 도덕 교과의 융합으로 다문화 가정 학생들이 겪은 차별 사례를 알아보고 그 해결책을 학생들 스스로 찾아볼 수 있는 활동 중심 수업으로 기획하였다. 프로젝트 학습을 통해 차이와 다름을 존중하는 자세를 기르는 것이 수업의 목표이다.

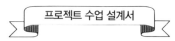

프로젝트 수업 설계서

주제	다름의 존중				
교과	국어, 도덕			대상	중 3

교과별 성취기준	교과	내용요소	성취기준(2015 개정교육과정)
	국어	문학의 가치 공감하기 매체 제작	[9국04-02] 문학작품을 읽고 작품 속 인물의 삶에 공감하고 자신의 삶을 변화시킬 수 있다.
	도덕	문화 다양성	[9도03-02] 보편 규범과 문화 다양성의 관계를 이해하고, 이를 바탕으로 문화적 차이와 다름을 존중하는 등 다양성을 긍정하는 자세를 배울 수 있다.

미래 핵심역량	☐ 자기관리역량	☐ 지식정보처리역량	☑ 창의적 사고역량
	☐ 심미적 감성역량	☑ 의사소통역량	☑ 공동체역량

산출물	개인	
	모둠	다문화 카드뉴스, 월드카페 토의 결과지, 다문화 서약서

산출물 공개 및 청중	다문화 존중 캠페인, 다문화 카드뉴스 전시

평가내용	핵심역량	내용요소
	·의사소통: 자신의 생각과 감정의 효과적 표현 및 타인의 의견 존중 ·창의적 사고: 기초 지식과 전문 기술 및 경험의 융합을 통해 새로운 아이디어 창출 ·공동체: 공동체 구성원으로서 요구되는 가치와 태도를 갖고 발전에 적극 참여	·국어: 작품 속 다문화 존중 가치 공감 및 카드뉴스의 완성도 ·도덕: 토의 활동 및 문화 다양성의 이해

문제 (or 질문)	우리나라는 새터민, 이주 노동자, 결혼 이주민 등 다양한 이주민이 늘고 있고 외국인의 비중이 전 인구의 2%를 차지하고 있으며 매년 10% 내외의 사람들이 외국인과 결혼을 하고 있다. 이에 따라 국가적, 인종적, 종교적 배경이 다른 사람들과 어떻게 공존하고 상호 존중할 것인가 하는 과제를 안고 있다. 이에 소설 속 다문화 가정을 통해 인물의 삶에 공감해 보고, 우리 사회에 만연한 다문화 피해 및 차별 사례를 찾아본 후 그 해결책에 대해 토의하는 시간을 갖고자 한다. 수업을 통해 다문화 가정을 배려하는 태도를 익히고 이를 포스터나 공익광고, 논설문 등 다양한 매체로 표현하여, 우리 학교 학생들의 다문화에 대한 인식을 개선하여 보자.

프로젝트 수업 절차

절차 (기능)	교과 (차시)	학습활동	평가 방법	자원
조사하기	국어 (2)	· 다문화 가정에 대한 관심 유도하기 · 스케폴딩 다문화 관련 영화 및 동영상 시청 · 다문화 가정의 피해 및 차별 사례 조사하여 발표하기	관찰평가	인터넷 자료
토의하기	도덕 (1)	· 모둠별로 다문화 가정의 어려움에 대한 해결 방안 토의하기 · 스케폴딩 월드카페 수업 기법에 대한 안내	관찰평가	
제작하기	국어 (2)	· 다문화 관련 카드뉴스 제작하기 · 스케폴딩 카드뉴스 제작 형식에 대한 소개 · 피드백 카드뉴스 제작 중 내용 및 형식 오류에 대한 피드백 제공	산출물평가	인터넷 자료
표현하기	도덕 (2)	· 다문화 해결 방안 모둠별 조사 결과 발표하기 · 다문화 존중 서약서 작성하고 서약하기	산출물평가 구술평가	
공유하기	전시 및 캠페인	· 다문화 관련 카드뉴스 전시 · 다문화 존중 캠페인 활동 · 카드뉴스 관람 소감문 작성		

1. 국어

· 수업 활동

교과서 내 소설 『완득이』의 주인공이 다문화 가정의 청소년임을 착안
해 우리 사회 다문화 인식에 대한 프로젝트 수업을 구상했다.

1차시에는 먼저 다문화 가정에 대한 인지와 관심을 유도하고자 영화
〈마이 리틀 히어로〉의 예고편을 감상하며 피부색이 다르다는 이유로 한

국 사회에서 차별받는 주인공의 삶을 통해 사회적 문제를 인식하게 했다. 그리고 예고편 외 다양한 동영상을 통해 영화가 아닌 실제 다문화 가정의 아이들이 겪는 학교 내 왕따나 수업 부적응 사례들을 보여 주었다. EBS의 〈차별받는 다문화 가정의 아이들〉, 〈다문화 가정 아동의 이야기〉 등을 참고하였다. 〈다문화 가정 아동의 이야기〉에서 초등학교 입학 후 받아쓰기는 엉망이고, 꿈 발표 시간에 중국 사람은 꿈이 뭐냐며 다른 아이들로부터 비난받고, 자신을 한국인으로 받아주지 않는다고 조선족 엄마에게 속상함을 토로하는 어린 아이의 눈물에 동영상을 보는 아이들의 눈시울도 붉어졌다. 그리고 다문화라는 이유로 피해 및 차별을 받는 사례를 과제로 조사하게 한 후 그들의 인권에 대해 고민해 보기로 했다. 아이들의 생각이 어느 한쪽으로 치우치는 것을 막기 위해 역차별 사례로 강남에서 국공립 어린이집에 다문화 가정의 아이들이 우선순위로 입학한다는 뉴스도 보여 주었다.

2차시에는 다문화 피해 및 차별 사례, 역차별 사례를 발표하는 활동이 이루어졌다. 친구들의 발표를 통해 학생들은 많은 다문화 여성들이 폭력에 시달리고 있으며 임금을 착취당하고 있음을 알게 되었다. 다문화 가정의 어려움을 알고 공감하게 되었지만 역차별 사례도 함께 발표하면서 한쪽으로 치우친 편협한 시각으로 사회현상을 바라보는 것이 아니라 객관성을 유지하고 여러 방면에서 나와 다른 생각도 너그러이 이해할 수 있는 시간이었다.

다문화 아이들로 구성된 레인보우 합창단의 카드뉴스를 통해 다문화 가정의 이야기와 앞 단원에서 배웠던 매체 언어의 특징을 설명하고 다음 시간부터 2시간에 걸쳐 카드뉴스를 제작할 것을 예고했다.

3~4차시에는 4인 1모둠별로 하드보드지를 이용한 카드뉴스를 제작했다. 1인당 2장씩, 모둠은 총 8장의 하드보드지를 이용해 8장면의 다문화 카드뉴스를 만들기로 했다. 다문화라는 소재만 던져 주었을 뿐 주제는 자유였다. 다문화에 대한 자신들의 생각을 정리해 보라는 의미였다. 그리고 결과물은 도서실부터 급식소까지 전교생이 하루에 한 번은 꼭 지나가는 길에 전시할 것임을 알렸다.

아이들은 앞서 조사·발표했던 자료들을 바탕으로 주제를 선정했다. 그림을 그리고 채색을 하느라 시간이 부족한 모둠은 쉬는 시간에도 계속하거나 하교 후에 남기도 했다. 내가 가르친 반이 5개 반이고 한 반에 8모둠이 있으니 40개의 주제를 가진 8장의 카드뉴스, 즉 320장의 카드뉴스에 아이들의 생각이 고스란히 담겨 완성되었고 예고한 대로 도서실부터 급식소까지에 일주일 동안 전시하였다.

아이들은 카드뉴스 주제로 다문화 가정 내 여성들이 당하는 폭력 및

'다문화'를 주제로 학생들이 만든 카드뉴스

피해 사실부터 미국 대법원에서 학교의 인종차별 철폐 명령을 내리도록 하는 데 결정적 역할을 했던 캔자스의 흑인 소녀 린다 브라운, 비행과 일탈에서 살인까지 이어진 호주의 백호주의 비판, 대한민국 속 작은 세계인 안산 다문화 특구의 정책 특성 등 다양한 내용을 선정했다. 또한 용광로 이론(동화주의)과 샐러드 이론(다문화주의) 등 다문화를 대하는 방법적인 측면도 다루었다.

수업 결과물들을 일주일간 전시하였고 이를 통해 5학급 160명의 학생들은 자신의 모둠 외 39개 주제의 카드뉴스를 관람하며 다문화에 대한 폭넓은 지식을 습득했다. 이 수업에 참여하지 않은 다른 반, 다른 학년의 아이들 역시 다채로운 내용의 카드뉴스를 보며 지식과 심미성, 그리고 다문화 가정에 대한 새로운 시각을 키울 수 있었다. 처음에는 자신들의 카드뉴스를 조심스럽게 전시했던 아이들도 친구들이 자기가 만든 뉴스를 본다는 사실에 뿌듯함을 느꼈고, 작은 일에도 성실히 참여해야 하는 이유도 함께 알게 되었다.

평가는 교사평가, 자기평가, 동료평가로 이루어졌다. 제작한 카드뉴스가 주제를 효과적으로 드러냈는지, 모둠원들과 협력했는지, 내용이 창의적인지, 채색 등에 정성을 다했는지를 기준으로 교사평가가 이루어졌다. 이때 심미성은 미술능력을 평가하는 것이 아니기에 정성을 다했는지 여부로 평가가 이루어졌다. 자기평가는 소감문 작성을 통해 모둠 활동에 충실했는지와 다문화에 대한 생각에 성장이 이루어졌는지를 스스로 평가했으며, 동료평가는 전시된 카드뉴스를 천천히 감상한 후 자기 반을 제외한 다른 반 친구들의 작품 중 인상적인 카드뉴스를 고르는 투표로 이루어졌다. 실제 수업은 다문화에 대한 인식, 차별과 역차별 사례 발표, 카드뉴스 제작까지 4차시였지만 1시간을 더 할애해 아이들의 진지한 감상과 소감문 작성이 이루어졌다.

구분	평가내용	평가기준
내용	내용과 주제 일치성	• 다문화에 관한 주제가 효과적으로 드러났는가?
	창의성	• 창의적이고 참신한 소재와 구성을 보이는가?
역량	협력	• 모둠원과 협동심을 가지고 과제를 수행했는가?
	인식의 변화	• 프로젝트 이후 다문화에 대한 차별 인식이 변화했는가?

• 수업 성찰

'문학의 가치'라는 단원에서 영화화된 소설 『완득이』를 가르치게 되었다. 문학을 통해 주인공의 입장이 되어 보고 주인공의 마음에 공감하는 법을 느끼는 단원이었다. 완득이는 다문화 가정의 아이였지만 대부분의 청소년기 아이들이 느끼는 환경에 대한 불만도 가지고 있었고, 책상을 벗어나는 일탈을 꿈꾸지만 결국 책상에 엎드려 꿈만 꾸는 평범한 아이였다. 지각을 밥 먹듯 하고 공부는 뒷전이며 부모님의 아침저녁 잔소리가 듣기 싫어 "난 이제 다 컸다."고 큰소리치지만 막상 내 주관대로 무언가를 결정하려고 하면 망설이는 그런 여느 중학생이었다. 실제 교과서 지문 속에서 우리는 평범한 완득이의 일탈을 접했고 어린 시절 헤어진 어머니와의 낯선 만남이 어떨지에 대해 생각해 보았다.

그러나 나는 여기서 끝내고 싶지 않았다. 교사용 지도서에서 권장하는 학습목표만 가르치는 게 내 일이라는 생각이 들지 않았기 때문이었다. 좀 더 깊이, 좀 더 넓게 교과서 지문도 우리의 일상으로 끌어오고 싶었다. 그래서 아이들과 다문화 가정에 대해 공부하기로 마음먹었다.

그동안 말하기, 쓰기능력으로 아이들을 평가했다면 아이들이 카드뉴스를 제작하며 사고력, 창의력, 분석력을 발휘하는 모습을 보면서 쾌감을 느꼈고, 이것이 살아 있는 교육이라는 생각을 굳혔다. 또한 글을 쓰고 말하는 능력이 부족한 아이들도 세밀한 관찰력을 가진 아이들, 색채 감각이 뛰어난 아이들로 다시 만날 수 있었다. 그들은 말과 글로 자신의 생각을 표현하는 데는 서툴렀지만 선과 색을 이용해 카드뉴스를 인상적인 표현들로 가득 채웠다. 비록 국어능력은 부족할 수 있지만 아이들의 표현 능력까지 부족한 것은 아니었다. 글을 쓰는 것이 싫었을 뿐 자신의 생각을 뚜렷하게 표현할 줄 아는 주체적인 인간이었음을 알게 되었고, 그동안 '저 아이는 내 수업에 왜 흥미가 없을까?' 하고 색안경 끼고 보았던 나를 반성했다.

소설 『완득이』를 읽고 주인공의 마음을 느끼고 인물과 인물의 갈등을 해소하는 과정을 파악하는 것이 교과서의 학습목표였다. 그런데 주인공이 다문화 가정의 아이인 것에 착안해 다문화 가정을 좀 더 깊이 이해하기로 방향을 바꾸면서 아이들은 또 한 번 생각이 커지는 시간을 가졌고, 나 역시 아이들이 가진 무한한 능력을 접하는 소중한 시간을 가졌다.

해가 갈수록 교사로서 내가 부족한 것이 아닌지 고민할 때가 많아졌는데 프로젝트 수업이 고민의 해결책이 되었다. 동료 교사들과 함께 수업을 설계하면서 수업의 질도 높였고, 내가 가진 능력은 미약하나 학생들은 내가 보여 주는 것을 바탕으로 무한한 능력을 발휘했다. 좋은 교사란 '학생들이 스스로 생각의 문을 활짝 열도록 문까지 인도해 주는 사람'이라고 나름의 교사관도 새로이 정립한 시간이었다.

2. 도덕

• 수업 활동

국어 시간에 살펴본 다문화 가정의 어려움에 대해 도덕 시간에는 해결 방안을 찾고, 학생으로서 가져야 할 바람직한 자세가 무엇인지 모둠별로 토의할 수 있도록 월드카페 모형을 적용하였다. 월드카페는 팀을 구성하여 대화를 시작하고 구성원들이 교차하여 대화를 이어 나가는 방식으로 창의적인 생각을 공유하는 데 효과적인 방식이다.

1차시에는 국어 시간에 6가지로 분류하여 조사한 다문화 가정에서 발생할 수 있는 어려움(① 따돌림 및 그로 인한 소외감, ② 언어 문제, ③ 경제적 어려움, ④ 정체성 혼란, ⑤ 생활 방식 등 문화 차이, ⑥ 교육에의 부적응) 중에서 모둠별로 하나의 주제를 선정하였다. 그 후 팀별로 그 어려움에 대한 해결 방안을 10분간 자유롭게 토의하고 4절지에 토의 결과를 적었다. 학생들은 초등학교 때 겪었던 다문화 가정 학생과의 일화를 소개하기도 하고, 국어 시간에 학습한 『완득이』에 대해서도 이야기하며 해결 방안을 자유롭게 토의하였다. 이때 교사는 타이머로 시간을 알려 준다. 각 모둠의 지킴이(host)는 자신의 모둠원이 다른 모둠으로 이동하여도 자리에 남아 주제를 설명하고 대화 내용을 관리하는 학생이다. 10분이 지나면 각 모둠에는 지킴이만 남고 다른 학생들은 다음 모둠으로 이동한다. 새로운 모둠에서 그 모둠의 지킴이에게 주제에 대한 설명을 듣고, 5분간 토의를 거쳐 나온 결과나 그림을 앞선 모둠이 사용한 종이 위에 추가한다. 학생들은 동일한 방법으로 세 번째, 네 번째 모둠에서도 토의 시간을 가졌다. 계획한 이동이 모두 끝난 후에는 원래 모둠으로 돌아가 그동안 모둠의 아이디어가 어떻게 변화하였는지에 대해 모둠 지킴이의 설명을 들었다. 설명을 들은 후 각 모둠원들은 자신들의 주제에 가장 좋은 해결 방안을 제시해 준 모둠 두 팀을 선정하였다.

타이머를 이용하여 학생들에게 시간 제한을 두어도 의욕적인 학생이 많아 시간이 지체되어서 모든 모둠 순회를 마치고 나니 1시간이 꼬박 지나갔다.

2차시에는 월드카페 토의 후 나온 결과물에 대하여 각 모둠의 지킴이가 발표하고, 각 모둠의 선정 결과를 수합하여 베스트 모둠을 선정하였다. 각 모둠에서 베스트 의견으로 선정된 해결 방안은 다음과 같다.

- 따돌림 및 소외감: 다문화 가정의 학생과 멘토 지원 학생의 멘토-멘티 결연을 통해 다문화 가정 학생의 학교 적응을 돕고 멘토 학생 또한 언어 학습의 효과 얻음.
- 언어 문제: 다문화 가정 어머니(혹은 아버지)를 위한 한국어 수업을 지원하거나 역으로 외국어 수업의 강사로 초청.
- 문화 차이: '다문화의 날'을 만들어 다양한 외국 음식, 언어, 문화를 체험할 수 있는 축제의 장 마련.

그 후에는 다문화 사회에서 학생으로서 가져야 할 바람직한 자세를 문화의 다양성에 초점을 두어 '다문화 존중 서약서'로 작성하고 발표하였다.

프로젝트의 성취감을 극대화하기 위해 평가로는 동료평가, 관찰평가를 하였다. 모둠 점수만 부여할 경우 적극적으로 참여하지 않거나 무임승차하는 학생이 있을 수 있으므로 개인 점수 항목을 두어 교사가 관찰평가를 하였다. 모둠 점수는 동료평가를 통해 학생들이 직접 올바르고 창의적인 해결 방안을 제시해 준 모둠 두 팀을 선정하고 그 이유를 발표하게 하였으며, 가장 많은 표를 받은 베스트 모둠에는 상점과 상품을 부여하였다. 모둠 점수와 개인 점수를 합산하여 최종 점수를 수행평가에 반영하였다.

구분	평가내용	평가기준
내용	토의 내용과 주제 일치성	• 월드카페 토의를 주제에 맞게 성실히 하였는가?
역량	창의성	• 창의적인 해결 방안을 제시해 준 모둠은 어디인가?
	다문화 존중	• 다문화 사회에 살아가는 학생으로서 가져야 할 배려와 평등의 가치를 형성하였는가?

• 수업 성찰

100% 만족스러운 수업이 있을 수 있을까? 비경쟁적 토의 방식인 월드카페를 통해 다문화 가정에서 발생할 수 있는 어려움을 해결하는 방안을 토의해 보고자 했던 이번 프로젝트 수업에는 몇 가지 어려움이 따랐다. 월드카페 수업 모형은 수업에 활기와 역동성을 부여할 수 있다는 장점이 있지만, 몇 번 이동을 하고 나니 아이디어를 내며 이야기를 더해 가는 데 초점을 두기보다 이동하는 것에만 재미를 붙이는 학생들이 있었

다. 또한 무임승차형 학생들의 모습도 발견되었고, 엉덩이가 무거운 학생들 중에서는 "귀찮게 왜 이동을 해야 해."라며 이동의 필요성을 느끼지 못하는 이들도 있어 애를 먹었다.

다음번에 또 월드카페 방식으로 수업을 하게 된다면, 이동이 이루어지기 전에 '더욱 다양한 아이디어를 공유하기 위함'이라는 활동의 목적과 이동 규칙을 상세히 설명해 줄 필요성을 느꼈다. 또한 '카페'라는 모형 이름에 걸맞게 수업 시간을 충분히 확보하고, 다과를 각 모둠에서 준비하여 함께 주전부리를 먹으며 토의할 시간을 가지게 하고 싶다. 여유로운 분위기에서 한층 더 창의적인 답변이 나올 수 있지 않을까 생각하게 되었다.

솔밭중학교는 다른 학교에 비해 다문화 가정의 비율이 낮다. 이 수업을 진행할 때 우리 학교 학생들 중 다문화 가정의 학생은 단 두 명이었고, 그 학생들이 겉으로 드러나지 않았기 때문에 학생들이 실제 다문화 교육의 필요성을 잘 느끼지 못할 수 있다고 생각하였다. 그래서 수업의 도입 부분에 차이와 다름을 존중하는 것의 필요성을 설명하며 시간을 많이 할애하였다. '다름의 존중' 프로젝트 학습에서 학생들이 배운 내용을 학교 내에서는 실천할 일이 많지 않겠지만, 앞으로 다문화 사회를 살아가면서 이번 수업에서 다짐했던 내용들을 떠올리고 실천해 나가길 바라는 마음이다.

▶ 생활기록부 기재 사례 ◀

국어

김려령의 『완득이』를 읽고 다문화 가정, 빈곤층과 장애인, 결혼 이주 여성 등의 다양한 삶을 접하고 타인에 공감하며 소외된 계층의 문제를 인식하게 됨. '저쪽 사람'이란 표현을 통해 우리 사회에 흑인과 백인에 대한 선입견이 큼을 느끼고, 주변에서 벌어지고 있는 인종차별을 조사하여 다문화 카드뉴스를 제작하는 데 있어 모둠원들의 다양한 의견을 존중하고 수렴하여 주제를 선정하는 민주시민의 모습을 보여 줌. 다문화를 수용함에 있어 용광로 이론과 샐러드 이론을 비교하여 친구들의 인식 개선이 필요함을 역설하고 안산시의 다문화 정책을 소개함으로써 타인과 어떻게 함께 살아갈 것인지 고민하며 자신의 창의적 사고역량과 미적 재능을 발휘하여 인상 깊은 카드뉴스를 제작하여 친구들의 관심을 끌었음. 카드뉴스 제작을 위한 토의에서도 자신의 의견을 강하게 내세우기보다 다른 친구들의 의견에 더 귀를 기울이는 등 수용과 배려를 바탕으로 한 리더십이 돋보임.

도덕

다문화 가정에서 발생할 수 있는 어려움을 월드카페 토의를 통해 모둠 친구들과 탐구하며 창의적 사고역량을 기르고 문화적 다양성을 이해함. 언어 문제에 대한 다문화 가정의 어려움을 생각해 보고 다문화 가정 부모님을 위한 한국어 수업 지원 및 외국어 수업의 강사로 초청하자는 해결 방안을 제시함. 학급 친구들의 동료평가를 통해 모둠 중 가장 바람직한 해결 방안을 제시한 베스트 모둠으로 선정되기도 하였으며, 다문화 사회를 살아가는 학생으로서 문화가 다르다는 이유로 편견을 가지거나 차별하지 않는 자세를 가질 것을 서약서에 작성함. 이 프로젝트 활동을 통해 공동체 구성원으로서 필요한 배려와 평등의 공동체역량을 함양함.

공정한 세상을 만드는 아름다운 거래

5__
Chapter

우리는 세계화된 세상에서 무역을 통해 다양한 제품을 소비하며 살아간다. 32조각의 가죽을 하나하나 바느질해야 만들어지는 축구공도 그중 하나다. 학생들이 신나게 축구를 할 때, 제3세계의 어린 노동자들은 쉴 새 없는 바느질에 학교조차 못 다니고 있다. 우리 학생들은 축구공 하나에 묶인 어린 노동자들의 인권, 노동의 가치, 불공정한 무역 상황에 별 관심이 없는 경우가 대부분이다. 따라서 공정무역의 개념, 필요성, 가치에 대해 깊이 있는 탐구를 수행함으로써 학생들이 불공정한 거래를 '그들의 문제'가 아닌 '나의 문제'로 받아들이고 윤리적인 소비, 아름다운 거래를 할 줄 아는 따뜻한 어른으로 성장하도록 '공정한 세상을 만드는 아름다운 거래' 프로젝트 수업을 설계하였다.

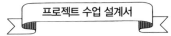

주제	공정한 세상을 만드는 아름다운 거래			
교과	수학, 국어, 영어, 기술·가정, 사회		대상	중 1 (자유학기)

	교과	내용요소	성취기준(2015 개정교육과정)
교과별 성취기준	수학	자료분석 통계처리	〔9수05-01〕 자료를 줄기와 잎, 그림, 도수분포표, 히스토그램, 도수분포다각형으로 나타내고 해석할 수 있다. 〔9수05-02〕 상대도수를 구하며, 이를 그래프로 나타내고, 상대도수의 분포를 이해한다. 〔9수05-03〕 공학적 도구를 이용하여 실생활과 관련된 자료를 수집하고 표와 그래프를 정리하고 해석할 수 있다.
	국어	설명글 쓰기	〔9국03-02〕 대상의 특성에 맞는 설명 방법을 사용하여 글을 쓴다.
	영어	대상 및 상황 묘사 설명문 쓰기	〔9영04-01〕 주변 대상이나 상황을 묘사하는 문장을 쓸 수 있다. 〔9영04-03〕 일상생활에 관한 그림, 사진, 도표 등을 설명하는 문장을 쓸 수 있다.
	기술· 가정	정보통신이용 문제해결	〔9기가04-18〕 정보통신기술과 관련된 문제를 이해하고 해결책을 창의적으로 탐색하고 실현하며 평가한다.

미래 핵심역량	☐ 자기관리역량 ☑ 지식정보처리역량 ☐ 창의적 사고역량 ☐ 심미적 감성역량 ☑ 의사소통역량 ☑ 공동체역량

산출물	개인	공정무역 프로젝트 학습 산출물 감상 보고서
	모둠	통계 포스터, 영어 포스터, 카드뉴스

산출물 공개 및 청중	통계 포스터 전시, 영어 포스터 전시, 공정무역 프로젝트 학습산출물 감상 보고서 전시

	핵심역량	내용요소
평가내용	· 지식정보처리: 합리적인 문제해결을 위해 다양한 지식과 정보를 처리하여 활용 · 의사소통: 자신의 생각과 감정의 효과적 표현 및 타인의 의견 존중 · 공동체: 공동체 구성원으로서 요구되는 가치와 태도를 갖고 발전에 적극 참여	· 수학: 자료의 정리와 해석, 통계 포스터 작성 · 국어: 설명글 쓰기 · 영어: 상황 묘사 및 설명 문장 쓰기 · 기술·가정: 카드뉴스 제작 및 완성도

문제 (or 질문)	세계노동기구(ILO)의 추산에 의하면 전 세계 5세 이상 14세 이하의 어린이 2억 5천만 명 정도가 가난 때문에 노동에 종사하고 있는데, 그 가운데 1억 2천만 명의 어린이들이 학교조차 다니지 못한 채 전일제로 일을 하고 있다고 한다. 공정무역은 저렴한 노동력을 얻으려는 사람들로 인해 노동 착취에 시달리는 어린이들을 보호해 주고 생계비와 안정적 삶을 보장해 줌으로써 아이들이 학교에서 필요한 교육을 받을 수 있도록 해 준다. 또한 윤리적 소비 의식을 강화시켜 올바른 소비를 이끌어 내고 친환경적인 방법을 실시함으로써 생산자의 건강뿐만 아니라 소비자의 건강까지도 함께 보호한다. 이에 공정무역의 개념, 가치, 필요성을 탐구하고 그 결과를 전교생에게 알려 공정무역을 통한 윤리적 소비생활을 할 수 있도록 아름다운 거래, '공정무역'에 동참을 홍보해 보자.

프로젝트 수업 절차

절차 (기능)	교과 (차시)	학습활동	평가 방법	자원
조사하기	수학 (1)	·「커피 한 잔의 진실」을 읽고 공정무역의 뜻과 필요성 인식하기 ·공정무역 관련 자료 조사하기	관찰평가	스마트폰
분석/ 해석하기	수학 (3)	·표/그래프/수치가 나타내는 의미 분석하기 · 피드백 자료의 특성에 맞는 그래프 고르기, 수치 계산의 오류 점검 후 정정 안내 ·통계 포스터 작성하기	관찰평가 산출물평가	인터넷 자료
표현하기	국어 (4)	·공정무역에 대하여 적절하고 다양한 설명 방법을 활용하여 이해하기 쉬운 설명글 쓰기 · 스캐폴딩 한 편의 설명하는 글 예시 제공 · 피드백 내용의 특성에 맞는 설명 방법 수정 피드백 제공	산출물평가	
	영어 (4)	·비주얼 씽킹을 활용하여 공정무역의 정의, 상품, 의도, 장단점을 영어로 표현하기 ·공정무역 영어 포스터 제작하기 · 피드백 포스터에 쓰인 문장의 문법적 오류에 대한 수정 및 어휘 사용의 적절성 점검	관찰평가 산출물평가	인터넷 자료
설계하기	기술 · 가정 (1)	·카드뉴스 제작용 스토리보드 설계하기 · 피드백 내용 선정 및 추출한 메시지 수정 피드백 제공	관찰평가	
제작하기	기술 · 가정 (2)	·공정무역에 대한 내용을 홍보하는 카드뉴스 제작하기 · 스캐폴딩 카드뉴스 제작 어플리케이션 활용법 안내	산출물평가	PC 스마트폰 Q카드뉴스 프로그램
공유하기	축제	·공정무역 영어 포스터 및 수학 포스터 전시 ·교내 축제에서 공정무역 카페 운영		
	사회	·통계 포스터, 영어 포스터, 카드뉴스 감상 후 소감문 작성하기 (※ 중3 학생들이 공정무역 프로젝트 학습 결과 전시회를 감상한 후 소감문 작성하기)		

1. 수학

• 수업 활동

공정무역 프로젝트 학습의 첫 번째 교과인 수학 시간에는 학생들에게 다소 생소한 개념인 공정무역의 뜻과 필요성을 인식시키는 것을 목적으로 4차시에 걸쳐 수업을 진행하였다. 공정무역 관련 자료를 조사한 후 표, 그래프, 수치를 활용하여 자료를 요약·분석하고 다양한 관점으로 접근하여 해석함으로써 실생활 관련 문제를 해결할 때 통계가 유용하게 쓰임을 체험하도록 하였다. 이 수업을 통해 학생들에게 문제 상황을 합리적으로 사고하고 탐구하는 태도를 길러 주고자 하였다. 또한 연구-분석-발표 중심 체계의 수업에 능동적으로 참여하는 과정을 통해 의사소통능력을 신장시키고자 하였다.

1차시에는 학생들에게 '커피 한 잔의 진실'이라는 읽기자료를 제공하였다. 학생들은 자료를 읽고 개발도상국의 또래 아이들이 공정하지 못한 무역으로 인해 노동의 대가를 제대로 인정받지 못하고, 결과적으로 안락한 삶을 보장받지 못하는 암울한 현실로부터 벗어나기를 바라며 이 프로젝트의 기획 의도에 공감하였다. 또한 스마트폰으로 인터넷 검색을 하며 자료를 조사하고 읽기자료 자유서술란에 새롭게 알게 된 점을 모둠별로 정리함으로써 공정무역의 개념을 확실하게 인지하도록 하였다.

2차시에는 탐구 주제의 선정기준을 안내하고 모둠 활동의 유의사항을 상세하게 알려 주었으며, 학생들은 모둠별 역할을 상세하게 분배하였다.

주제를 선정할 때는 흥미를 느낄 만한 주제, 관련 자료를 쉽게 모을 수 있는 주제, 내용을 쉽게 이해할 수 있고 명백한 결론을 이끌어 낼 수 있는 주제를 선정하도록 기준을 제시하였다. 그리고 나서 학생들과 자유로운 의견 교환을 통해 모둠별로 다음 중 하나의 주제를 선택하여 탐구하기로 하였다. 학생들은 주제에 맞는 자료 조사 방법을 결정한 후 모둠원의 구체적인 역할을 정하였다.

- 공정무역에 대한 우리 학교 학생들의 인식 조사
- 우리 학교 선생님들의 한 달 기준 커피 소비량 조사
- 인근 커피숍 아메리카노 1잔 판매 금액 대비 노동자 수입 비율 조사
- 시판 초콜릿 가격과 카카오 함유량에 따른 노동자의 수입 관계 조사 (15개 종류 이상)
- 공정무역 참여 여부에 따른 노동력 현황 조사
- 연도별 공정무역 참여 현황 조사
- 전 세계 여러 나라의 커피 소비량과 원두 생산자의 수입 관계 조사

다음으로, 모둠별로 반드시 수행해야 할 내용 및 유의사항을 다음과 같이 안내하였다.

- 첫째, 조사한 자료를 도수분포표로 정리할 것. 단, 계급의 크기는 모둠별로 정하되 계급의 개수는 7개 이상으로 함.
- 둘째, 히스토그램과 막대그래프를 혼동하지 말고 그 쓰임을 정확하게 구별할 것.
- 셋째, 히스토그램, 도수분포다각형 중 1개 이상을 반드시 그리고 그래프를 분석할 것.
- 넷째, 평균 또는 상대도수를 구하고 분석할 것. (스마트폰 계산기 활용)
- 오류를 점검하고 수정할 것.

학생들에게는 자신들이 정한 주제에 관련된 자료를 미리 조사해 오도록 과제를 제시하여 3차시 활동이 원활하게 진행될 수 있도록 하였다. 3차시에 학생들은 조사한 자료를 바탕으로 도수분포표를 작성한 후 히스토그램, 도수분포다각형을 그렸다. 표와 그래프는 손으로 직접 그려도 되고 스마트폰의 엑셀 프로그램을 활용하기도 하였다. 유의사항을 알려 주었음에도 히스토그램 대신 막대그래프를 그린 모둠이 있어서 자료의 특성을 고려하여 적합한 그래프를 그릴 수 있도록 피드백을 해 주었다.

또한 자료를 수치화하여 평균 또는 상대도수를 구하고 분석하였다. 표, 그래프, 수치가 나타내는 의미를 해석으로써 공정무역에 관하여 제대로 알지 못하는 학생들의 비율이 매우 높다는 것을 알게 되었고, 공정무역을 할 경우 원재료 생산국 노동자들의 수입이 6~12배 정도 증가하고 소비자도 이익을 본다는 사실을 알게 되었다. 공정무역이 왜 필요한지, 왜 확대되어야 하는지를 제대로 인식하게 되었다. 또한 그래프를 그리는 과정에서 생각지 못한 오류가 발생한 경우, 오류의 원인을 점검하고 시사점과 분석한 결과를 반드시 기록하도록 하였다.

마지막으로 4차시에는 주제 선정, 자료 조사, 통계 처리 및 분석까지 일련의 학습 과정을 통해 새롭게 알게 된 사실과 앞으로 나아가야 할 방향을 시각화하여 통계 포스터를 작성하였다. 문제를 해결해 나가는 과정에서 발생한 예상외 사실도 가감 없이 기록하였다. 통계 포스터 작성 시 종이는 A3 크기의 두꺼운 색지로 정해 주었으며 양식은 제한을 두지 않았다.

수업 이후, 빈곤 퇴치의 날인 10월 17일 주간에 통계 포스터를 복도에

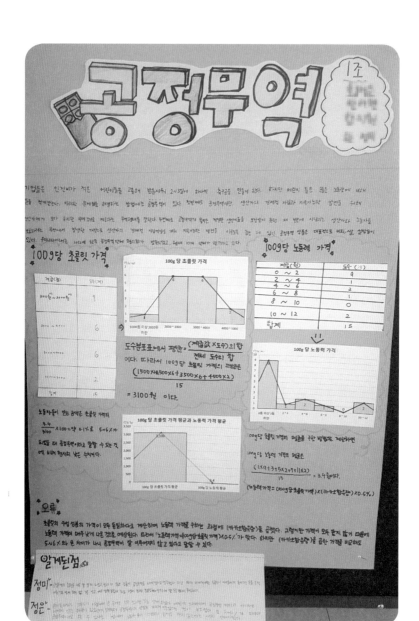

공정무역 통계 포스터

전시하였다. 이를 통하여 수업에 참여하지 못한 학생들에게 공정무역에 대해 알리고 관심을 유도하는 의미 있는 수업 확장으로 4시간의 활동을 마무리하였다.

교사평가의 관점은 모둠별로 협력하여 표, 그래프, 수치 분석을 이용한 논리적인 문제해결 과정이 담긴 통계 포스터의 작성 여부에 두었다. 동료평가는 모둠 내에서 맡은 역할을 얼마나 충실하게 수행했는지, 통계 포스터 작성에 얼마나 기여했는지를 평가하였다. 마지막으로 개인별 수업 성찰 일지를 작성하고 이를 읽어 봄으로써 학생들이 학습한 내용이 다음 교과 수업에 반영되도록 인계하였다.

구분	평가내용	평가기준
내용	통계 포스터 작성	• 제공한 요소를 모두 포함하여 통계 포스터를 작성하였는가?
	통계의 유용성	• 실생활에서 통계가 유용하게 사용됨을 알게 되었는가? • 조사한 자료를 표, 그래프, 수치를 통해 요약·분석하여 유의미한 결과를 도출하였는가?
역량	협력	• 모둠원과 적극적으로 협력하였는가? • 통계 포스터 작성 과정에서 자신이 맡은 부분을 책임감 있게 수행하였는가?

• 수업 성찰

학생들에게 정확한 자료를 조사하는 능력을 길러 주고, 통계 포스터 작성 활동을 통해 윤리적 소비의 가치를 눈으로 보고 가슴으로 깨닫게 해 주고 싶었다. 일반적으로 자기중심적인 소비에 익숙한 중학생 수준에서 공정무역이라는 주제는 조금 어려웠다. 학생들의 공감을 불러일으키는 읽기자료 준비에 많은 시간을 투자하느라 정작 통계 처리를 할 자료 조사에 관한 준비가 미흡했다.

자료를 조사하는 유형이 2가지로 나뉘었다. 한쪽은 동급생, 교사, 카페, 마트 등을 직접 찾아다니며 조사하고 자료를 수집하는가 하면, 다른 한쪽은 통계청 사이트를 검색하여 기존에 연구된 결과를 조사하였다. 그런데 직접 조사하여 얻은 표본의 크기는 너무 작았고 통계청에서 조사한 자료는 지나치게 전문적이어서 학생들이 흥미를 갖고 접근하기에는 어려움이 있었다. 2가지 모두 교사의 의도대로 통계 처리하기에는 적절치 않았다. 막연히 인터넷에 자료가 충분히 있을 것이라 짐작하여 미리 학생 입장에서 자료 조사를 해 보는 시뮬레이션 없이 바로 학생들끼리 자료를 조사하게 하여 1시간을 무의미하게 버리게 되었다. 또한 자료 조사 과정에서 모르는 전문 용어를 질문하고 대답해 주느라 많은 시간이 소요되었다.

어쩔 수 없이 계획된 시간보다 1시간을 더 늘려, 표본의 최소 개수를 정해 주었으며 중학교 1학년 학생 수준에서 이해하기 쉽고 유의미한 통계 처리가 가능한 자료 유형을 학생들에게 안내하였다. 인터넷에 떠돌아다니는 수많은 정보 중에서 유용한 정보를 가려내고 이해하기 쉬운 언어로 표현된 자료를 수집하는 능력이 얼마나 중요한지 깨닫는 계기였다.

학생들은 표, 그래프 표현은 대체적으로 잘 하였으나 분석하는 것을 매우 어려워했다. 너무 세밀한 심층 분석을 요구하면 학생들이 자칫 '통계란 어렵구나!'라는 인식을 갖게 될까 봐 한 가지 이상의 유의한 분석이 있으면 모두 칭찬을 해 주었다.

"평소 초콜릿을 좋아해서 자주 사 먹는 편인데, 이 초콜릿 안에 카카오 열매를 따서 카카오 포드와 카카오 빈을 분리하느라 손이 다 터진 중남미 어린 노동자들의 눈물이 들어가 있는 줄은 몰랐어요.

저희 모둠에서는 초콜릿 30개의 가격을 조사해서 100g 기준 가격을 계산해 보았더니 평균 2,205원이 나왔어요. 인터넷에서 조사해 보니 카카오 농장의 노동자들은 초콜릿 가격의 약 3.5% 정도의 노동 수입을 얻는다고 해요. 약 77원의 수입을 얻는 것인데, 모둠 친구들과 함께 예상했던 금액보다 훨씬 적어서 충격이었어요. 우리 집 방 한구석에 굴러다니는 100원짜리 동전 하나보다 적은 금액이 노동의 대가라니! 수치 분석을 하면서 공정한 무역에 관심을 갖게 되었고, 왜 공정무역이 늘어나야 하는지 가슴에 확 와 닿았어요. 부모님께도 공정무역 커피를 사 드시라고 여러 차례 말씀 드렸어요." (솔밭중 1학년, H양)

교사가 어떠한 수업을 해도 아이들의 마음에 절실히 와 닿기는 쉽지 않을 것이다. 수업의 효과 면을 본다면 상당히 성공적이었다고 생각한다. 하지만 다시 이러한 수업을 하게 된다면, 교사의 눈높이가 아니라 수업에 참여할 학생들의 눈높이를 고려하여 주제를 선정할 것이다. 그리고 꼭 교과서에 소개된 표, 그래프, 수치로만 통계 처리 방법을 제한할 것이 아니라, 더 가치 있는 방법이 있다면 폭넓게 활용할 수 있도록 허용할 것이다.

2. 국어

• 수업 활동

국어 교과에서는 '공정무역'을 주제로 설명하는 글쓰기를 하였다. 교과서에 실려 있는 설명문을 공부하고 난 후 대상의 특성에 맞는 설명 방법을 사용하여 글쓰기를 하는 활동이다.

1차시에는 첫 번째 활동으로 설명문의 구조, 다양한 설명 방법, 설명문의 특징, 설명문 쓸 때의 유의점, 개요 작성법 등을 살펴보았다. 두 번째 활동으로 공정무역에 관하여 각자 설명할 내용들을 마련하는 활동을 하였다. 앞서 수학 교과 시간에 모둠별로 조사, 탐구 활동을 했기 때문에 내용 마련을 많이 부담스러워하지는 않았다. 그러나 학생들이 준비한 내용이 대부분 공정무역의 뜻, 역사, 필요성, 물품, 장단점 등으로 유사하였다. 세 번째 활동으로는 정리한 내용을 바탕으로 개요를 작성하고, 정의, 분류, 분석, 과정, 열거, 인과 등 각각의 내용에 적합한 설명 방법으로 분류하는 활동을 하였다. 내용이 유사하니 사용된 설명 방법도 유사하였지만 각자 자신이 정리한 내용에서 설명 방법을 찾으니 더욱 흥미로워했다.

2차시에는 작성한 개요를 바탕으로 구상한 설명 방법을 사용하여 한 편의 완성된 글을 썼다. 글 쓰는 것 자체를 부담스러워하는 학생들도 있었고 학생들 각자 분량의 차이도 있었지만 한 사람도 빠짐없이 한 편의 글을 완성하였다.

3차시에는 자신이 쓴 글을 교사가 제시한 평가기준에 따라 평가해 보고, 부족한 부분을 보충하여 고쳐 쓰기 활동을 하였다.

4차시에는 학생들 각자 쓴 글을 발표하고, 발표를 들은 학생들은 어느 부분에서 어떤 설명 방법이 사용되었는지, 그 설명 방법이 적합한지를 파악하는 활동을 하였다. 시각자료 없이 청각자료만으로 제대로 파악이 될까 하는 의문이 없진 않았다. 그런데 생각했던 것과 달리 집중해서 듣고 잘 파악하여 학생들 서로 간에 피드백이 잘 이루어졌다.

평가는 교사평가로 이루어졌으며 구조에 대한 분량의 적절성, 내용의 충실성, 적절한 설명 방법의 활용 여부에 초점을 두었다.

구분	평가내용	평가기준
내용	구조에 대한 분량의 적절성	• '처음-중간-끝'의 구조에 따라 적절한 분량으로 썼는가?
	내용의 충실성	• 설명 대상에 대한 내용이 충실한가?
	적절한 설명 방법의 활용 여부	• 적절한 설명 방법을 활용하였는가?
역량	공동체 의식	• 공정무역의 필요성과 가치를 알게 되었는가?

• 수업 성찰

수업을 설계하면서 가장 중요하게 생각했던 부분은 학생들이 표현하고자 하는 대상의 특성에 맞게 설명 방법을 적용하여 실제로 설명하는 글쓰기를 해 보는 것이었다. 또한 이 활동을 통하여 학생들이 다시 한 번 공정무역의 필요성을 인식하고, 앞으로도 지속적인 관심을 갖고 아름다운 거래인 공정무역에 동참하며 따뜻한 사람으로 성장하는 데 도움이 되기를 바랐다.

선수 학습으로 수학 시간에 탐구 활동이 이루어졌기 때문에 공정무역이 어려운 주제임에도 불구하고 내용을 정리하기 용이하였고, 국어 시간을 통하여 설명하는 글쓰기에 활용할 수 있는 표현 방법들과 설명하는 글의 특성, 설명하는 글쓰기 방법, 개요 작성 등의 내용을 배운 후에 글

쓰기 활동이 진행되어서 글쓰기를 그다지 버거워하지 않고 모두들 잘 수행하였다.

다만, '공정무역'이라는 하나의 주제로 글쓰기를 한 까닭에 대부분의 학생들이 설명하고자 하는 내용과 적용한 설명 방법이 순서만 다를 뿐 거의 유사했다. 그러나 주어진 주제에 대하여 학생들이 직접 내용을 정리하여 개요를 작성하고 이를 바탕으로 한 편의 글을 완성하는 활동을 해 봄으로써 개인의 글쓰기 역량을 키울 수 있었으리라 기대한다. 또한 설명하고자 하는 내용을 좀 더 효과적으로 전달하기 위한 정의, 분류, 분석, 열거, 과정, 인과 등의 설명 방법을 자신의 글에 적절하고 다양하게 적용함으로써 단순히 문제집을 풀면서 아는 것보다는 개념과 적용 상황을 더 생생하게 인지할 수 있는 활동이 되었다고 생각한다.

이 수업은 교과 특성을 살리면서도 학생들이 개별적으로 배운 내용을 수렴함과 동시에 창작까지 할 수 있는 시간이어서 종합적인 활동이라고 할 수 있을 것 같다.

3. 영어

• 수업 활동

영어 교과에서는 수학, 국어 교과에서 학습한 공정무역의 정의, 상품, 의도, 장단점 등을 영어로 표현해 보고 4절지에 포스터를 제작하여 홍보에 활용하기로 하였다. 4명을 한 모둠으로 편성하였고 포스터는 모둠별로 한 편씩을 제작하였으며 총 4차시 수업을 진행하였다. 비주얼 씽킹 기법을 활용하여 기존에 학습한 내용을 영어로 도식화하여 머릿속의 내용을 구체적이고 체계적으로 정리하도록 도움을 주는 데 수업 목표를 두었다. 기초적인 의사소통능력을 함양하고, 타 교과와 연계하여 실제적인 주제로 영어에 대한 흥미, 학습에 대한 동기 및 자신감을 북돋우며, 공정무역이라는 주제를 통해 국제 사회에 대한 이해능력과 태도를 신장하여 공동체 의식을 함양하는 부분에 중점을 두었다.

약 33명의 학생 개개인이 인터넷을 사용할 수 없는 교실 환경에서 책상을 붙이고 둘러앉았다. 수학, 국어 교과에서 학습했던 내용과 국제공정무역기구(fairtradekorea.org), 한국공정무역협의회(kfto.org) 사이트를 참고하여 모둠별로 작품을 기획하였다. 수업 환경 중 가장 취약한 부분이 인터넷 검색 및 사전 활용의 어려움이었기에 도서실에서 미리 사전을 대출하여 활용하였고, 4절 도화지, 각종 펜 등 문구류를 교사가 준비해 두었다.

학생들의 모둠은 자율적으로 4명 1모둠으로 구성하였다. 유대관계의 긍정성이 수업에 지대하게 영향을 미치는 중학교 1학년 학생들의 특성을 배려한 것이었다. 처음에는 수준별 모둠 구성도 염두에 두었으나, 아직 1학년이고 레이아웃과 학습내용을 제공하는 상황이라 수준별 구성은 하지 않고 진행하였다.

1~2차시에는 학생들이 어떠한 주제로 포스터를 만들 것인지에 대해 옆 반 수업에 방해가 되지 않는 한도 내에서 자유롭게 토론하고 창작 활동을 하기를 권장하였고, 필요시 모둠별 1개의 스마트폰으로 자료를 검색하는 것을 허용하였다.

3~4차시에는 조사하고 토론한 자료를 도식화하는 활동을 하였는데, 도식화 작업에 그림 요소를 생각하는 데 너무 많은 시간을 쏟지 않도록 핑거형, 서클형, 플로우형, 윈도우형의 4가지 레이아웃만 제시하였다. 학생들은 영어 문법에 유의해 가며 토의한 내용을 개성 있는 그림과 참신한 단어로 표현하려 노력하였다. 교사는 학생들이 포스터 문구로 활용한 영어 문장 혹은 단어가 문법에 어긋나지는 않는지 살피고 피드백하여 수정하도록 하였다.

활동의 평가는 교사평가로 하였으며 평가의 관점은 포스터의 완성도, 메시지의 명확성, 레이아웃의 심미성에 두었다.

구분	평가내용	평가기준
내용	주제와 내용 일치성	• 포스터의 내용과 활용된 이미지가 적절한가?
	심미성	• 시각적인 전달 효과가 뛰어나며 포스터가 아름다운가?
역량	공동체 의식	• 공정무역에 대한 이해와 참여 의식이 길러졌는가?

• 수업 성찰

공정무역 로고, 찻잎, 커피 원두, 초콜릿 등을 활용한 자유로운 레이아웃과 영어라는 도구로 마음껏 상상력을 펼치는 것을 보고 아이들의 창의성에 감탄하였다. 또한 실제 수업의 성공 요건은 '즐거움'이라는 신념을 굳히는 뜻깊은 시간이기도 하였다. 학생들은 학습내용을 시각적으로 표현하기 전에 공통 주제, 핵심 단어와 문구를 추출하는 작업에 주도적으로 즐겁게 참여하였으며, 자연스럽게 창의력과 표현력을 키웠다는 점에서 학생, 교사 모두 만족스러운 시간이었다. 이미 학습했던 내용을 이미지로 빠르게 정리하는 과정에서 영어를 도구로 사용하니 영어에 대한 막연한 거부감이 감소되었고, 모호하고 막연했던 내용을 시각적으로 정리하여 배운 내용을 명확히 정리하는 시간이 되었다. 수업 기법과는 별개로 이미지를 적극적으로 활용하는 수업을 하니 그동안 언어 수업에서 두각을 나타내지 못했으나 재능이 뛰어난 학생들이 표면으로 떠오르며 자신감을 갖고 수업에 동참하는 시간이 되기도 하였다.

아쉬웠던 점은 모둠 편성을 학생들에게 자율적으로 맡겼더니 즐겁고

공정무역 영어 포스터

활기차게 수업 활동을 한 학생들도 있었으나, 영어 수준이 기초인 학생이나 관계 맺기를 어려워하는 학생은 활동을 힘들어하였다. 표현력 향상을 위해 협동학습을 하는 것인데, 그에 앞서 대인관계 문제는 어떻게 해결할지 늘 고민이다.

또한 무선인터넷 연결이 되지 않아 학생들의 스마트폰 데이터를 사용하여 이미지, 사이트, 영어 표현 등을 검색해야 했던 수업 상황이 매우 안타까웠다. 교실에서 자료 준비나 활동을 하면 더 적극적으로 수업에 참여할 학생들도, 포스터 준비 내용을 일부 과제로 내었더니, 남학생의 경우 진행이 매끄럽지 않았다. 게다가 블록 수업이 아니었기 때문에 활동이 연결이 되지 않아 애초에 계획했던 3차시 수업이 4차시가 된 학급도 있었다.

게다가 이미지 활용 수업을 영어라는 언어 수업과 결합시키다 보니 주객이 전도되는 느낌도 없지 않았다. 특히 수업을 지도해야 할 교사가 이미지 표현에 취약해서 비주얼 씽킹 기법 도입이 편안하지 않은 것도 사실이다.

열악한 교실 상황과 수업을 지도하는 교사의 취약점이 드러난 수업임에도 학생들은 능동적이고 즐겁게 수업에 참여하였다. 수업을 주인공으로 이끈 학생들의 웃는 얼굴이 이번 공정무역 수업의 하이라이트이자 가장 큰 수확이라고 생각한다. 어려울 수 있는 주제에 대해 친구들과 진지하게 이야기 나누며 창의적으로 표현하는 시간은 학생과 교사 모두에게 기분 좋은 경험이었다. 이 수업을 다시 한다면, 교실 상황을 보완하고 수업 진행을 좀 더 매끄럽게 하여 다른 주제에 적용해 볼 예정이다.

4. 기술·가정

• 수업 활동

기술·가정 교과에서는 공정무역에 대한 내용을 홍보하는 카드뉴스를 제작하였다. 카드뉴스는 텍스트 중심의 신문기사와 달리 여러 컷의 이미지와 핵심적인 메시지를 체계적인 스토리로 구성하는 것이다. 스마트폰과 같이 화면이 작은 기기에서 정보를 효율적으로 제공할 수 있다는 장점 때문에 최근 언론사, 기업, SNS 등의 뉴스 전달 수단으로 많이 활용되고 있다. 카드뉴스를 활용하면 매체를 이용하여 정보를 전달하는 능력을 키울 수 있고, 공정무역을 많은 사람들에게 홍보할 수 있다.

1차시는 카드뉴스를 제작하기 위한 스토리보드를 만드는 활동이었다. UCC 제작 활동과 맥락은 비슷하나, UCC와 카드뉴스가 가지고 있는 매체 특징은 다르다. 적절한 사진을 선택하고, 수집된 여러 정보로부터 핵심적인 메시지를 만들어 내는 활동이 중요하다. 또 이것이 흥미로운 스토리로 구성되었을 때 독자의 흥미를 유발할 수 있다. 이를 위해 수학, 국어 시간에 수집한 공정무역에 대한 정보를 바탕으로 전달하고자 하는 내용을 선정하는 작업을 진행하였다. 학생들이 수학 시간에 공정무역의 실태를 잘 이해하였고 이를 바탕으로 국어 시간에 설명하는 글을 써 보았기 때문에, 이 자료를 활용하여 핵심 메시지를 도출하는 것은 어렵지 않았다. 전체 카드는 8~10개로 제한하였으며, 각 카드에 들어갈 핵심 메시지를 모두 선정하고 나서 어떤 이미지가 적합할지 고민할 시간을 주었다.

해결방안 1

공정무역에 대한 소비자들의 인식 전환과 직거래등에 대한 방법으로 가격을 낮춰 가격 경쟁력을 높인다.

해결방안 2

생산자는 한 작물을 지나치게 경작하지 않고, 유기농·친환경 재배 및 생산 방법을 개발한다.

학생들이 만든 카드뉴스

2~3차시에는 카드뉴스 제작 어플리케이션을 활용하여 카드뉴스를 제작하였다. 카드뉴스 제작은 PC와 스마트폰을 둘 다 활용할 수 있지만 학생들이 스마트폰을 더 쉽게 여겨서 스마트폰을 활용할 수 있도록 하였다. 'Q카드뉴스'라는 어플리케이션을 활용하였는데, 어플리케이션 자체에서 제공하는 템플릿과 이미지가 있어 학생들이 비교적 손쉽게 제작할 수 있다. 학생들은 어플리케이션이나 인터넷 등에서 적절한 이미지를 선택하였는데, 이때 교사가 확인해야 할 부분은 저작권 준수 여부를 확인하는 것이다. 대부분의 학생들이 출처만 밝히면 인터넷에 있는 자료를 다 사용해도 된다는 생각을 가지고 있기 때문에, 무단 도용의 가능성이 항상 열려 있다. 모둠별로 그러한 부분을 검토해 주었고, 저작권 확보가 힘든 이미지는 학생이 직접 그

려서 카드뉴스에 삽입할 수 있도록 지도하였다.

프로젝트 수업의 마무리 활동으로 카드뉴스 공유하기 활동을 하였다. 유튜브를 통해 동영상이 공유되듯, 카드뉴스가 공유되는 플랫폼이 없기 때문에 개별 SNS를 활용하여 카드뉴스를 공유할 수 있도록 지도하였다. 학생들은 자신이 주로 사용하는 SNS를 통해 카드뉴스를 공유하였다.

평가는 교사평가로 이루어졌으며, 평가의 관점은 카드뉴스의 완성도, 메시지의 명확성, 저작권 준수 여부에 초점을 두었다. 완성도는 카드뉴스의 분량과 이미지의 적절성을 중심으로 평가하였고, 메시지의 명확성은 적절한 메시지를 활용하여 스토리가 흥미롭게 구성이 되었는지를 평가하였다. 또한 이미지와 메시지의 출처를 확인하고 저작권 준수 여부를 확인하였다.

구분	평가내용	평가기준
내용	카드뉴스의 완성도	• 카드뉴스의 분량과 활용된 이미지가 적절한가?
	메시지의 명확성	• 전달하고자 하는 메시지가 명확하고, 스토리텔링이 효과적으로 이루어졌는가?
	저작권 준수 여부	• 저작권을 준수하였는가?
역량	데이터 처리	• 핵심적인 메시지를 잘 도출했는가?
	정보 공유	• 사람들의 의식 변화를 일으키기 위해 제작한 카드뉴스를 공유했는가?

• 수업 성찰

프로젝트 수업의 결과물을 만드는 과정에서 많이 활용되는 UCC는 제작 시간이 많이 소요되기 때문에 효율적으로 메시지를 전달하는 다른 방법을 고려해 보았다. 다양한 방법이 있었지만, 최근 각종 뉴스를 전달할 때 많이 쓰이는 카드뉴스를 선택하였다. 동영상이나 스톱모션 애니메이션과 달리 제작에 소요되는 시간이 매우 적고 메시지의 전달력은 높아 유용한 도구라는 생각이 들었다. 더욱이 프로그램 활용 방법에 대한 별다른 사전 교육 없이도 학생들이 쉽게 할 수 있는 활동이었다.

이 수업을 전개할 때 학습자들이 카드뉴스라는 매체의 특성을 명확히 이해할 수 있도록 지도하였다. 핵심 메시지를 선정하는 활동에 초점을 두었고, 핵심 메시지가 연결이 잘 되어 스토리가 될 수 있도록 지도하였다. 카드뉴스는 기술 교과뿐만 아니라 국어, 영어와 같은 다양한 교과에서도 효과적으로 수업에 활용될 수 있는 가능성을 가지고 있다.

그러나 카드뉴스의 문제점은 앞서 기술하였듯이 공유할 수 있는 플랫폼이 없다는 점이다. 프로젝트 학습에서 산출물을 공개하는 것은 매우 중요한 일이다. 그런데 카드뉴스는 주로 개별 SNS를 통해 공유되는 특징을 가지고 있어, 학생들의 SNS 활용도가 낮으면 그 파급력이 떨어지게 된다. 이 부분에 대한 문제점을 해결하기 위해서는 사람들이 많이 이용하는 카페나 그룹 등에 공유하는 방법, 각종 SNS 이벤트와 연계하는 방법 등이 있다. 이번 수업에서는 SNS를 통한 파급력이 낮은 것 같아 학생들이 작성한 카드뉴스를 출력하여 우드락에 붙여 학교 축제 때 전시하였다. 학교 벽면 곳곳에 부착하여 학생들이 공정무역에 대해 고민해 볼 수 있는 기회를 제공하였다.

카드뉴스를 제작하기 위해서 어플리케이션이 필요한데 학생들이 쉽게 활용할 수 있는 어플리케이션은 다음과 같다.

어플리케이션	특징
Q카드뉴스	안드로이드 어플로 다양한 템플릿과 이미지를 제공하며, 다양한 폰트를 설정할 수 있어 가독성이 높은 콘텐츠를 제작할 수 있다.
좋카만	안드로이드 어플로 다양한 템플릿과 이미지를 제공하며, 사진에 필터를 적용하여 이미지를 아름답게 꾸밀 수 있다.
파워포인트	대부분의 PC에 기본적으로 설치되어 있고, 학생들이 이미 사용 경험이 있기 때문에 별도의 프로그램 활용 교육이 필요 없다. 다양한 레이아웃과 도형 등을 제공하고 있다.
스웨이	인공지능에 의해 기기의 특성에 따라 화면을 최적의 형태로 제공한다. 글, 그림, 동영상 등 다양한 게시물로 정보를 전달할 수 있어 최근 많이 활용되고 있다.

5. 사회

• 수업 활동

3학년 2학기 인권 수업을 실시하던 시기에, 1학년에서는 공정무역을 주제로 수학, 국어, 영어, 기술 교과가 함께 프로젝트 수업을 계획하는 것을 보고 3학년 학생들에게도 1학년 프로젝트 수업을 연계하여 지도하면 더욱 효과적일 것이라는 생각에 참여하게 되었다.

공정무역은 3학년 1학기 교육과정에서 학생들이 이미 공부한 내용이었기에 3학년 2학기 인권 프로젝트 수업의 연계로 매우 적합한 주제였다. 4층 복도에 전시되어 있던 1학년 학생들의 공정무역 프로젝트 수업의 활동 결과물인 수학 통계 포스터와 영어 포스터를 3학년도 감상할 수 있도록 1학년 전시가 끝나면 3학년 교실 복도에도 전시하자는 제안을 하였다. 그리고 인권 프로젝트 수업을 한 3학년 학생들에게 1학년 학생들의 작품을 감상한 후, 소감문을 작성하게 하였다. 학생들은 1학기에 공부했던 '행복한 지구 마을을 만들려면 어떤 노력을 해야 할까?'에 대해 다시 한 번 고민하고, '아름다운 거래가 세상을 바꾼다!'라는 슬로건에 공감하는 기회를 가졌다.

• 수업 성찰

1학년 학생들이 만든 공정무역 통계 포스터 작품 감상의 기회를 제공한 것은 3학년 학생들에게 많은 것을 깨닫게 하는 계기가 되었다. 먼저 1학년 학생들이 수학 교과에서 통계로 나타낸 자료를 보고 3학년 학생들은 1학기 교과 내용에서 미처 고민하지 못하고 지나쳤던 부분을 생각할 수 있었고, 세계경제 불평등의 심각성을 느꼈으며 자신도 공정무역을 위해 무엇인가 노력해야 한다는 마음을 갖게 되었다는 점 등을 소감문에 썼다. 또 그동안은 사회현상을 파악하는 데 있어 수학 교과와의 관련성을 생각해 본 적이 없었는데, 공정무역 통계 포스터를 보고 신선한 충격을 받은 학생도 있었다.

학생들은 통계와 분석에 대하여 관심을 갖게 되었고, 통계 자료의 작성 및 분석의 중요성을 깨달았다. 또 이러한 자료들이 사회문제에 많은 도움이 된다는 것을 알게 되었다. 나아가 학생들은 공정무역 제품을 사용함으로써 저개발 국가의 생산자에게 정당한 대가를 지불하고 원조가 아닌 무역으로 도움을 줄 수 있음을 깨닫게 되었다.

3학년 학생들은 1학년 학생들이 만든 작품이지만 매우 훌륭하다는 칭찬을 아끼지 않았다. 1학년 공정무역 프로젝트 수업을 통해서 3학년 학생들은 공정무역의 주요 원칙을 알고 공정무역에 참여하는 방법을 실천에 옮길 것을 다짐하는 계기가 되었다고 생각한다.

6. 축제-공정무역 카페

• 수업 활동

2017년 12월 학교 축제, 공정무역 카페 부스 앞에는 30명은 족히 넘어보이는 교사와 학생들이 커피와 코코아차를 마시기 위해 줄을 지어 기다리고 있었다. 평범한 카페 앞이었다면 조금은 긴 기다림에 불평을 늘어놓을 법도 하지만, 이 카페는 공정무역으로 거래된 맛있는 커피와 코코아차를 판매하였고 손님들이 지불한 돈은 전액 기부될 예정이었기에 오히려모두들 즐거워하는 모습이었다.

공정무역 프로젝트 수업을 마치고 학교 축제에서 공정무역 카페를 운영한다면 학생들에게 매우 큰 의미가 있는 행사가 될 것 같다고 선생님한 분이 의견을 내셨고, 여러 선생님들이 동의하여 순식간에 카페 운영계획이 만들어졌다.

카페 운영을 준비하면서 무엇보다 중요했던 점은 음료 재료를 공정무역 거래 상품으로 구입하는 것이었는데, 다행히도 프로젝트 수업을 하면서 알게 된 지역 내 공정무역 가게에서 커피와 코코아차를 구입할 수 있었다. 그리고 학교에서 각 축제 부스에 일정 금액의 예산을 지원해 주어서 그 예산으로 카페의 각종 차 재료를 준비할 수 있었다. 그 외에 필요했던 종이컵과 커피포트 등은 선생님들이 집에서 사용하지 않는 것들을 가져와 활용하기로 하였다.

한편, 카페에서 친구들의 주문을 받고 차를 만드는 등의 도우미 활동을 담당할 학생 4명도 선발하였다. 2학기 내내 함께 프로젝트 수업을 했던 1학년 도우미 학생들은 축제 며칠 전부터 공정무역 카페에 대한 홍보 전단지를 학교 복도에 붙였고, 친구들의 참여를 이끌어 내기 위해 노력하였다. 또한 카페 운영 취지에 대한 설명과 음료 메뉴가 적힌 카페 메뉴판을 예쁘게 꾸미기도 하였다.

축제를 코앞에 두고 개업 준비를 마무리하고 있던 어느 날, 공정무역 프로젝트 수업을 함께 진행했던 수학 선생님이 좋은 아이디어를 내 주셨다. 각 교과 프로젝트에서 학생들이 정보를 검색하고 보고서를 쓰면서 자주 접하였던 '공정무역 상징 마크'를 컵에 붙이자는 의견이었다. 차를 마시면서 한 번 더 공정거래의 의미를 생각해 볼 수 있을 것 같아서 모두 흔쾌히 동의했다. 학생들도 수업 중 학습하였던 것들을 축제에서 다시 접한다면 매우 반갑고 친근하게 느낄 것이라 생각되었다. 몇 분의 선생님들과 수학 선생님이 준비한 마크를 컵에 붙였다. 더불어 학생들이 수학 및 영어 시간에 제작했던 공정무역 포스터들도 카페 부스 뒤편에 전시하였더니 공정무역 카페 느낌이 물씬 풍겼고, 그렇게 카페 준비가 마무리되었다.

드디어 축제일이 되었고 혹시 사람들이 안 올까, 성의껏 만든 음료인데 맛이 없다고 하면 어쩌나 하는 걱정이 앞서기도 했지만 그보다 더 큰 설렘으로 공정무역 카페 문을 열었다. 카페 밖에 메뉴판을 세워 놓으니 많은 학생들이 관심을 가지고 주문을 했고, 며칠 전 카페 홍보 때 꼭 오겠다고 대답했던 학생들도 개시를 하자마자 찾아왔다. 그리고 아니나 다를까, 학생들은 공정무역 마크가 붙어 있는 컵을 보고 매우 반가워하였다. 카페에 온 손님은 학생들뿐만이 아니었다. 교내 선생님들에게도 전날 메신저로 공정무역 카페를 홍보하였는데, 몇몇 선생님들이 테이크아웃으로 커피를 여러 잔 주문하여 교무실에 있는 다른 선생님들에게 가져다주었다. 특히 교장, 교감 선생님은 카페를 직접 방문하여 차를 구입해 주셨다.

많은 학생과 선생님이 기꺼이 카페 손님이 되어 준 덕분으로 1,000원짜리 커피와 코코아차는 그 이상의 가치와 의미를 갖게 되었다. 눈코 뜰 새 없는 장사가 1시간 반 넘게 이어지고 있을 무렵, 준비해 두었던 140잔 분량의 커피와 코코아차 재료가 모두 동이 났다. 공정무역 차를 맛보려고 계속 기다렸던 친구들 몇 명은 눈앞에서 기회를 잃자 아쉬움을 감추지 못해 미안하기까지 했다.

성황리에 끝난 공정무역 카페에서 15만 원의 소중한 돈을 모았고, 그 돈은 한 방송사가 주최하는 연말 이웃돕기 성금 캠페인에 기부하였다. 학교 축제 행사로까지 연계하여 진행하였던 2017년 2학기 공정무역 프로젝트 수업은 이렇게 성공적으로 마무리되었다.

• 수업 성찰

공정무역 카페는 프로젝트 수업을 통해 배운 지식들을 우리 삶에서 실천할 수 있었던 멋진 행사였다. '교과서 속 지식을 실제 삶에서 활용하고 실천할 수 있도록 학생들의 학습을 이끄는 것, 그리고 그 실천이 우리

학교 축제 속의 공정무역 카페

사회를 더 나은 방향으로 변화시킬 수 있도록 하는 것'이 바로 이 프로젝트 수업을 하는 이유이자 목표였다. 공정무역 카페는 학생들에게 그러한 경험의 기회를 제공했던 뜻깊은 행사였다.

카페를 운영하면서 아쉬웠던 것은 개인 컵 사용을 미리 공지하지 못해 종이컵을 사용했던 점이다. 카페를 다시 운영한다면, 학생들에게 개인 컵 준비를 사전에 일러두어 종이컵 사용을 줄일 것이고, 개인 컵을 가져온 학생에게는 음료 가격을 할인하여 환경도 함께 생각하는 공정무역 이념을 실천하도록 계획할 것이다. 그리고 십시일반 모은 소중한 돈은 원래 공정무역기구에 기부할 계획이었으나 사정상 다른 곳에 기부하게 되었다. 다음번에는 의도에 맞는 결과로 행사가 마무리될 수 있도록 사전 준비를 철저히 해야겠다는 생각이 들었다.

카페 운영 환경은 열악했지만, 그래도 학생들과 힘을 내어 봉사할 수 있었던 것은 어설픈 실력으로 만든 차를 정말 맛있다고 응원하고 격려해 준 학생들과 선생님들이 있었기 때문이었다. 카페를 찾았던 많은 학생들 중 매우 인상 깊었던 학생이 있는데, 이미 재료가 떨어져 차를 살 수 없다는 것을 알면서도 찾아왔다. 그 학생은 재료가 떨어져 공정무역 차 구입은 못하지만, 그래도 의미 있는 행사에 꼭 참여하고 싶다며 자신의 용돈 만 원을 성큼 기부했다. 우리 학생들이 거창하진 않지만 자기가 할 수 있는 최선의 행동으로 사회를 좋은 방향으로 변화시키고자 노력하고 있음을 더욱 크게 느꼈던 순간이었다. 이러한 감동은 항상 다음 프로젝트 수업을 준비하는 원동력이 된다.

▶ 생활기록부 기재 사례 ◀

수학

제3세계 어린 노동자들의 노동 환경이 얼마나 열악한지 심각성을 깨닫고 '100g 기준 20개 시판 초콜릿 가격과 카카오 함유량에 따른 노동자의 수입 관계 조사'를 주제로 한 통계 포스터를 작성함. 도수분포표와 도수분포다각형 작성, 평균과 비율 계산으로 자료를 요약하고 분석하는 통계 처리 과정을 통해 실생활 관련 문제를 해결할 때 통계가 유용하게 쓰임을 깨달음. 공정무역에 참여하는 경우와 참여하지 않는 경우에 노동자의 수입에 큰 차이가 있으므로 공정무역이 꼭 필요함을 논리적으로 나타냈으며, 엑셀 프로그램을 이용하여 취지에 맞는 도수분포표와 도수분포다각형을 그림으로써 지식정보처리능력을 키움. 모둠 친구들의 특성을 파악한 후 적절한 역할 분담을 해 주고 모둠 활동을 리드하여 협업능력을 함양하였으며, 시각적으로 뛰어난 통계 포스터를 작성함. 연구-분석-발표 중심 체계의 수업에 능동적으로 참여하면서 의사소통능력이 신장함.

국어

학습 전에는 공정무역이라는 주제에 대하여 잘 몰랐지만 '공정무역'을 주제로 한 교과융합 프로젝트 학습에서 설명하는 글쓰기를 통해 공정무역의 필요성과 가치를 알게 됨. 이해하기 쉬운 글이 되도록 대상의 특성에 맞는 설명 방법을 사용하여 글을 씀. 설명하는 글쓰기를 하는 과정에서 핵심역량인 지식정보처리역량을 함양하고 표현하기 능력을 형성할 수 있게 됨.

영어

공정무역 커피에 대해 관심을 갖고 있었음. 교과융합 수업 활동 일환으로 8절 도화지에 공정무역의 의미, 장점 및 대표 상품을 커피 원두 모양 레이아웃을 활용하여 모둠원과 함께 비주얼 씽킹 기법으로 표현함. 커피 원두 이미지로 공정무역의 개념을 효과적으로 시각화하여 타인의 이해를 돕고, 공정무역 참여 의식을 이끌어 냄.

기술 · 가정

공정무역과 관련하여 수학 시간에 수집한 정보를 구체적인 도표로 작성하여 데이터를 한눈에 쉽게 이해할 수 있는 카드뉴스를 제작함. 초콜릿의 부당한 거래를 알리는 메시지를 구체적으로 전달함. 카드뉴스 중 일부 불필요한 스토리가 있었으나, 전체적으로 화면 구성과 메시지 전달력은 매우 우수한 편임. 제작한 카드뉴스를 SNS에 공유해 다른 사람들의 의식 변화에 기여함. 카드뉴스에 활용된 이미지와 글은 모두 학생 개인이 작성하였으며, 저작권 문제에 대해 적극적으로 질문하여 저작권을 준수하기 위해 노력함.

사람답게 사는 삶, 인권을 배우다

6__
Chapter

　　　　　　　"모든 인간은 태어날 때부터 자유로우며 그 존엄성과 권리에 있어 동등하다." 세계인권선언 제1조에 이렇게 명시되어 있지만, 우리 학생들은 자신의 권리만을 생각하고 주변과 낮은 곳에 눈을 돌리는 데 익숙하지 않아 보인다. 최소한의 인간다운 삶을 모든 사람들이 평등하게 누릴 권리가 있음을 알고, 우리 사회 곳곳에서 침해당하고 있는 인권 문제를 학생들이 민감하게 받아들이는 '인권 감수성'을 길러 주기 위해 '사람답게 사는 삶, 인권을 배우다' 프로젝트 수업을 기획하였다. 학생들이 기존에 가지고 있던 고정관념과 편견에서 탈피하여 인권문제에 친숙하게 다가가고, 나의 인권과 타인의 인권을 함께 생각할 수 있도록 하는 데 의의가 있다.

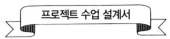
주제	사람답게 사는 삶, 인권을 배우다			
교과	사회, 국어, 수학, 도덕, 기술·가정		대상	중 3

	교과	내용요소	성취기준(2015 개정교육과정)		
교과별 성취기준	사회	인권 보장과 헌법	(9사(일사)06-01) 인권 보장의 중요성을 이해하고, 헌법에서 보장하고 있는 기본권의 종류, 기본권 제한의 내용과 한계를 탐구한다. (9사(일사)06-02) 일상생활에서 인권 침해 사례를 분석하고, 국가기관에 의한 구제 방법을 조사한다. (9사(일사)06-03) 헌법에 보장된 근로자의 권리를 이해하고, 노동권 침해 사례와 구제 방법을 조사한다.		
	국어	반영론적 관점	(9국05-05) 작품 창작의 사회·문화적 배경을 바탕으로 작품을 이해한다.		
	수학	대푯값과 산포도	(9수05-06) 중앙값/최빈값/평균의 의미를 이해하고, 이를 구할 수 있다. (9수05-07) 분산과 표준편차의 의미를 이해하고, 이를 구할 수 있다.		
	도덕	인간 존엄성	(9도03-01) 인간 존엄성과 인권, 양성평등이 보편적 가치임을 도덕적 맥락에서 이해하고, 타인에 대한 사회적 편견을 통제하여 보편적 관점에서 모든 인간을 인권을 가진 존재로서 공감하고 배려할 수 있다.		
	기술· 가정	패스트 패션	(9기가03-02) 재료의 특성, 환경, 가족의 건강 등을 고려한 의복의 세탁과 보관을 통해 청결하게 의복을 관리한다. (9기가03-03) 의복 재활용 방법을 탐색한 후, 창의적이고 친환경적인 의생활에 적용한다.		

미래 핵심역량	☐ 자기관리역량 ☐ 지식정보처리역량 ☐ 창의적 사고역량 ☑ 심미적 감성역량 ☑ 의사소통역량 ☑ 공동체역량

산출물	개인	수학 프로젝트 활동 소감문
	모둠	도덕 멘토 소개 포스터, 통계 포스터, 패스트 패션 포스터

산출물 공개 및 청중	도덕 멘토 소개 포스터 전시, 통계 포스터 전시, 패스트 패션 포스터 전시

평가내용	핵심역량	내용요소
	· 심미적 감성: 인간에 대한 공감적 이해와 문화적 감수성으로 삶의 가치 공유 · 의사소통: 자신의 생각과 감정의 효과적 표현 및 타인의 의견 존중 · 공동체: 공동체 구성원으로서 요구되는 가치와 태도를 갖고 발전에 적극 참여	· 사회: 인권 관련 헌법의 이해 · 국어: 인권 관련 문학작품에 대한 이해 · 수학: 통계표 작성 · 도덕: 인권을 향상시킨 인물 설명하기 · 기술·가정: 패스트 패션의 이해

문제 (or 질문)	인간은 자유롭게 살아갈 권리와 인간다운 삶을 보장받을 권리를 지니며, 모든 사람은 그러한 권리를 평등하게 누릴 수 있어야 한다. 인권 사상이 확대되었음에도 불구하고 인권을 침해하는 사건은 끊임없이 발생하고 있다. 오늘날에도 부당하게 대우받으면서 생계 때문에 일해야 하는 어린이 노동자의 사례 등 세계 곳곳에서 인권을 침해하는 사건이 일어나고 있다. 인권의 의미와 인권이 존엄한 이유를 이해하고 인권 침해 사례를 조사해 본다. 인권 향상을 위해 힘썼던 인물들의 삶을 본받아 보는 것은 어떨가 마지막으로는 인권 존중을 위한 캠페인 자료를 제작하고 그것을 실천에 옮겨서 학습한 인권 존중 의식을 학교 전체로 확산시켜 보자.

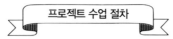

프로젝트 수업 절차

절차 (기능)	교과 (차시)	학습활동	평가 방법	자원
조사하기	사회 (5)	· 인권 보장의 역사와 헌법 알아보기 · 헌법과 기본권 개념 조사하기 · 인권 보장을 위한 국가 기관 파악하기 · 국가기관의 인권 보장 정책에 대해 모둠별 발표하기 · 스캐폴딩 하브루타 기법을 활용한 학습 유도 · 피드백 모둠별 발표 계획서 및 자료에 대한 피드백 제공	관찰평가 발표평가	인터넷 자료
분석/해석 하기	국어 (4)	· 한국문학작품 박두진의 「해」를 통하여 인권 학습하기 · 스캐폴딩 문학작품 감상 관점 안내, 작가 박두진의 인터뷰 영상 시청, 제주 4·3사건 배경 작품 안내 · 인권과 관련된 시를 조사하고 발표하기	발표평가	책 인터넷 자료
	수학 (4)	· '통계로 바라보는 세상 – 인권'을 주제로 통계 포스터 작성하기 · 스캐폴딩 통계청 사이트 및 신문 검색 방법 안내 · 피드백 모둠별 통계 그래프 해석 오류에 대한 피드백 제공	산출물평가	인터넷 자료 엑셀 프로그램
발표하기	도덕 (3)	· 인권 향상에 기여한 도덕적 인물 조사하기 · 스캐폴딩 브레인스토밍 기법으로 배경지식 활성화 · 도덕 멘토 소개 포스터 작성하고 발표하기	관찰평가 산출물평가 발표평가	인터넷 자료
제작하기	기술· 가정 (2)	· 패스트 패션의 작업 환경과 인권 문제 학습 · 스캐폴딩 패스트 패션 관련 다큐멘터리 시청 · 패스트 패션의 이면을 알리는 홍보물 제작	산출물평가	인터넷 자료
공유하기	전시	· 도덕 멘토 소개 포스터 전시 · 통계 포스터 및 소감문 전시 · 패스트 패션 관련 포스터 전시		

1. 사회

• 수업 활동

3학년 학생들과 인권 존중을 주제로 사회, 국어, 수학, 도덕, 기술·가정 교과가 함께 진행하였다. 최근 인권 사상이 확대되었음에도 불구하고 인권을 침해하는 사건은 끊임없이 발생하고 있다. 전쟁 중에 벌어진 학살은 인권이 대규모로 유린당한 사건이며, 오늘날에도 부당한 대우를 받으면서 생계 때문에 일해야 하는 어린이 노동자의 사례 등 세계 곳곳에서 인권을 침해하는 사건들이 발생하고 있다. 이러한 현실에서 학생들에게 인권 존중에 대한 의식과 실천 의지에 대해 스스로 생각하고 다짐할 수 있는 기회를 주고 싶었다.

사회 교과에서 먼저 인권의 의미, 인권 보장의 역사를 학습하며 세계 인권 역사와 우리나라 인권 역사를 인식하고, 헌법에 보장된 국민의 기본권을 구체적으로 파악한 후에 사례 분석을 통해 인권 보장과 관련된 국가기관의 역할을 파악하였다.

사회 교과의 수업을 가장 먼저 진행하여 사회 시간에 습득한 지식을 다른 프로젝트 수업에서 배경지식으로 활용할 수 있도록 하였다. 또한 다른 교과와의 융합 수업이기에 동 학년을 가르치는 사회과 교사의 동의를 얻어 교육과정을 재편성하였다.

1~3차시까지는 인권 보장의 역사와 헌법의 기본권에 대해 하브루타 수업 방식을 적용해 가정에서 자기주도적 학습을 통해 질문을 작성해 온 후, 수업 시간에 짝과 질문을 주고받으며 설명하는 형식으로 진행하였다.

4차시 활동으로는 '인권 보장과 관련된 국가기관으로서 법원은 어떻게 인권을 보장할까?', '헌법재판소는 어떻게 인권을 보장할까?', '국가인권위원회는 어떻게 인권을 보장할까?'를 주제로 제시하고 모둠별로 구성원들의 협의를 통해 주제를 선정하게 하였다. 학생들이 자발적으로 모둠을 구성하도록 자율권을 주었고, 그 결과 뜻이 맞는 학생들끼리 모둠을 구성하여 모둠원들 간 협조가 비교적 잘 이루어졌다.

모둠별 발표 수업은 발표 일주일 전에 주제를 선정하게 하여 '발표 계획서 제출 → 피드백 → 발표 자료 제출 → 피드백 → 발표'의 순으로 진행하였다. 첫 번째 피드백 과정에서 학생들의 발표 계획서를 검토한 후, 내용이 프로젝트 수업의 성취기준에 도달할 수 있도록 모둠원들의 역할과 자료를 안내하였다. 두 번째 피드백 과정에서는 다시 한 번 발표 자료를 확인해 주고 대본 작성을 지도함으로써 모둠원들의 협력을 촉진하고 자신 있게 발표할 수 있도록 지도하였다.

5차시에는 각 모둠별로 법원, 헌법재판소, 국가인권위원회의 인권 보장 사례 분석을 통해 인권 보장과 관련된 국가기관의 역할을 발표하였다.

가정 시간에 '패스트 패션의 빛과 그림자'라는 주제로 모둠별 결과물을 완성해야 하는 과정이 있어서 사회 시간에선 모둠 활동을 통한 산출물을 별도로 계획하지 않았다. 다만, 마무리 활동으로 같은 시기에 진행된 1학년의 공정무역 프로젝트 수업에서 산출된 통계 포스터와 영어 홍보 포스터 등을 감상하고 소감문을 작성하게 하였다. 3학년 1학기에 이미 학습했던 '공정무역'과 2학기에 진행한 '인권 존중'을 결부시켜 사람을 사람답게 대하고 존중할 때 다 함께 성장해 나갈 수 있음을 1학년들이 전시한 작품을 통해 다시 한 번 느끼게 하는 활동이 되었다.

프로젝트 수업의 평가는 다음과 같이 실시하였다.

구분	평가내용	평가기준
내용	인권 침해 구제 방안 제시	• 인권 침해에 대한 구제 방안을 적절한 방법으로 제시하였는가?
역량	협력	• 역할 분담은 잘 이루어졌는가? • 모둠 활동에 협력하였는가? • 모둠 활동에 얼마나 기여하였는가?
	배려	• 사회적 약자를 위한 인권 보장을 위해 노력할 것을 다짐하였는가?

• 수업 성찰

이번 프로젝트 수업에서 1~3차시는 학생들이 자기주도적으로 조사하여 공부해 온 내용을 설명하고 궁금한 것을 질문하는 하브루타 수업 방식으로 진행하였다. 짝과 함께 질문을 주고받으며 진행하는 수업인지라 창문과 출입문을 열고 수업하는 옆 반에 피해를 주지 않기 위해 더위에도 문을 닫고 진행해야 하는 어려움이 있었다. 그래도 하브루타 수업을 통해 학생들이 단답형으로 답변하는 것이 아닌 자신이 공부한 내용으로 자세하게 설명하는 모습을 볼 수 있었다. 하브루타 수업이 효과적으로 진행되기 위해서는 모든 학생들이 사전에 자기주도적 학습 시간을 갖고 질문을 준비해 올 수 있도록 교사의 지속적인 지도가 필요하다.

자기주도적 학습은 학생들 간에 많은 차이가 나타났다. 교과서 내용에 한정된 질문을 작성해 오는 학생들이 있는가 하면, 시사 문제에까지 접근하여 질문하고 설명해 주는 학생들도 있었다.

4~5차시에는 모둠별 활동과 발표를 진행하였는데 학생들끼리 자율적으로 모둠을 구성하고 모둠별 협의를 통해 발표 주제를 선택한 결과, 다른 모둠 구성 방식에 비해 모둠원들이 활동에 적극적으로 참여하고 더 많은 역할을 하려고 노력하는 모습들이 보였다.

이번 프로젝트 수업을 하는 3학년 학생들 대부분은 1학년 때 나와 함께 학습했던 학생들이었다. 모둠 수업을 진행함에 있어서 1학년 때 꼼꼼하게 피드백을 받았던 학생들이라 스스로 알아서 계획서를 제출하고, 자료를 수집하고, 발표 자료를 제작하였다. 모둠 수업 내내 비교적 성숙한 모습을 보였다.

학생들은 살아 있는 인권의 역사를 조사함으로써 지금 우리가 보장받고 있는 인권은 한꺼번에 주어진 것도 저절로 주어진 것도 아니며, 사회 구성원이 적극 참여하고 저항하여 이루어 낸 것이란 사실을 알게 되었다. 수많은 사람들의 노력과 희생으로 얻은 것이기에 인권의 소중함을 알고 인권이 보장받는 사회를 지켜야 한다는 것을 인식하게 되었다.

모둠별로 사례 분석을 통해 인권 보장과 관련된 국가기관의 역할을 탐구하며 그동안 관심을 두지 않았던 다양한 인권 침해 사례를 찾을 수 있었다. 또한 법원, 헌법재판소, 국가인권위원회의 역할을 구체적으로 알 수 있었다. 그뿐 아니라 학생들은 우리나라는 물론 세계의 다양한 인권 침해 사례에 관심을 갖게 되었고, 자신의 경우를 가정하여 나의 인권은 물론 타인의 인권을 위해 국가기관과 시민단체를 통한 구제 방안을 제시하기도 했다.

단독 교과 수업으로 진행했던 이전과 달리 프로젝트 수업을 통해 사

공정무역 작품 감상문

2017년 11월 21일   3학년 ■반 ■번 이름: ■■

제목: 공정무역 작품을 감상하고 나서...

저번에 3학년들은 수학 시간에 배운 통계와 사회, 도덕 시간에 배운 인권이라는 개념을 융합해서 다방면의 인권 침해에 대한 작품을 만들었다. 그 예로 난민의 인권 침해, 장애인, 다문화 사랑들, 청소년, 북한, 국내 상주 외국인의 인권 침해를 다루었다. 반면에 1학년들은 공정무역에 대해서 여러 작품들을 만들었다. 공정무역의 정의부터 공정무역의 상징 마크, 공정무역 운동 등의 내용이 있었는데 나는 그 중에서 인상깊었던 내용이 세 가지가 있었다. 먼저 연도별로 우리나라 공정무역의 역사를 정리한 것이 인상깊었다. 순차적으로 정리된 내용을 보니까 이해를 할 수 있었다. 두 번째는 한 커피 브랜드의 공정무역 현황을 비교한 자료이다. 단지 전체적인 규모나 커피콩, 카카오와 같은 품목만 나열하지 않고, 실제 거래에 대입을 하니까 공정무역이 현실과 밀접하게 연관되어 있다는 것이 와닿았다. 마지막으로 우리에게 잘 알려진 커피콩이나 코코아 외에도 캐슈넛, 견과류, 화장품, 녀, 쌀 등 여러 품목들도 현재 공정무역으로 거래되는 상품이라는 것을 알 수 있었다. 그러나 아쉬운 점도 있기는 했다. 작년에 3학년들도 도덕 시간에 공정무역을 주제로 해서 UCC를 만들었는데 그때와 비교하면 제공하는 정보는 더 많을 수 있어도 직접 체험을 하면서 얻을 수 없는 생생함이나 사실감이 부족하기 때문이다. 여러 조에서 이 프로젝트 수업을 하고 느낀감을 작성하였는데 만약 그 느낀감을 직접 체험한 후 썼다면 훨씬 좋았을 것이라고 생각했다.

공정무역 포스터 감상문

회, 국어, 수학, 도덕, 기술·가정 교과가 함께 계획하여 다양한 활동을 연속적으로 진행함으로써, 학생들로 하여금 인간은 누구나 사람답게 살 권리를 가지고 태어났으며 그 누구도 타인의 권리를 침해할 수 없다는 인식을 갖게 하는 데 훨씬 효과적임을 알 수 있었다.

마지막 수업 활동으로 1학년의 공정무역 프로젝트 학습산출물을 감상할 기회를 제공한 것은 3학년 학생들이 많은 것을 깨닫는 계기가 되었다. 공정무역은 3학년 1학기 교과 내용에 있었음에도 대수롭지 않게 여기고 지나쳤는데, 1학년 학생들의 작품을 보면서 세계경제의 불평등이 심각함을 느끼고 자신도 공정무역을 위해 무엇인가 노력하겠다는 내용이 담긴 학생들의 소감문을 읽을 수 있었다.

또한 어린 아이들이 노동 현장에서 착취당하는 현실을 살펴보며 공정 무역이 아이들의 인권과 생산자들의 노동권을 보장해 줄 수 있다는 것을 깨닫고 초콜릿 하나라도 공정무역 마크가 있는 것을 사야겠다는 다짐들을 소감문에 썼다. 이번 인권 존중 프로젝트 수업에서 학년을 초월하여 1학년 학생들의 작품 감상을 수업에 융합한 것이 사회과로서는 매우 뜻깊은 수확이었다고 생각한다. 또한 사회 교과에 이어서 국어, 수학, 도덕, 기술·가정 교과가 함께 진행하는 수업에 참여했던 학생들 모두 인권 존중에 대한 의식이 많이 향상되고, 각자의 방식으로 실천에 옮기리라 기대한다.

2. 국어

• 수업 활동

박두진의 「해」를 가르치게 되었다. 광복 직후 민주주의와 사회주의 이념의 대립과 갈등을 조화와 화합으로 가득 찬 세상으로 바꾸었으면 하는 바람이 담겨 있다는 것을 아이들에게 가르쳐야 했다. 그러나 나는 가르치기를 거부했다. 강의식 수업을 통해 아이들에게 암기시키는 것은 시를 읽고 스스로 화자의 생각을 찾거나 느끼는 것과는 거리가 멀기 때문이다.

제주 4·3평화공원을 다녀오면서 '레드아일랜드'라 불리는 제주도의 참사가 너무 가슴 아팠다. 캄보디아의 '킬링필드'라 불리는 대학살과 그것이 보여 주는 이념의 대립과 내전이 우리에게도 똑같이 있었는데, 우리는 그것을 감추기만 했던 것이다. 아이들의 시선과 생각에 변화를 주고 싶었고 박두진의 「해」를 감상하며 광복 이후의 이념 대립과 우리 역사의 아픈 과거에 대해 학생들과 공감하는 시간을 갖고자 했다.

1차시에는 박두진의 「해」를 배우기 전에 학생들에게 2학년 때 배운 허균의 『홍길동전』을 예로 들어 문학작품을 감상하는 4가지 관점, 즉 절대론, 표현론, 반영론, 효용론에 대해 설명했다. 이어 반영론적 관점에서 시대와 문화가 드러난 한국문학작품을 조사하는 과제를 냈다.

2차시에는 학생들이 윤동주의 「서시」, 신석정의 「꽃덤불」, 이영도의 「진달래꽃」 등의 시와 오상원의 『유예』, 이범선의 『오발탄』, 하근찬의 『흰종이수염』, 『수난이대』, 황순원의 『학』 등 다양한 시대적 배경이 드러난 소설을 조사해 발표했다. 이를 통해 문학에 시대와 문화, 역사가 함께하고 있다는 것을 인지하고, 작품을 통해 작가와 대화를 나누는 것과 그 시대로의 여행이 가능하며 시대의 아픔을 느끼고 공감할 수 있음을 알게 되었다.

3차시에는 신탁통치 전후의 사정과 김구 피살사건 등 역사적 사건을 살펴보며 광복 직후 이념의 대립이 극에 달했음을 설명한 후 박두진의 「해」를 읽었다.

> 해야 솟아라, 해야 솟아라, 말갛게 씻은 얼굴 고운 해야 솟아라. …
> 사슴을 따라 사슴을 따라 … 칡범을 따라 칡범을 따라 …
> … 워어이 워어이 모두 불러 한자리 앉아 앳되고 고운 날을 누려 보리라.

시를 함께 읽은 후 시대적 배경이 어떻게 드러났는지 시어의 상징성에 대해 물어보았다.

"칡범은 사회주의 같아요. 사슴은 민주주의 같아요. 어둠은 부정적이고 해는 긍정적인 이미지예요. 함께 놀자네요." 등 학생들로부터 여러 대답이 나왔다.

화합과 공존이 이루어지는 밝고 따뜻한 세계를 소망하는 내용의 시라는 것을 설명한 후 시어의 상징성에 대해 다시 정리해 주었다.

4차시에는 박두진의 인터뷰를 듣고 작가가 소망한 세계에 대해 고민해 보았다. 밝음과 어둠의 대립적 이미지를 통해, 동일한 시어와 시구의 반복을 통해 간절히 해가 솟기를 바란 작가의 마음에 공감할 수 있었다. 또 제주 4·3사건이 배경인 박재동 화백의 〈송아지〉를 시청한 후, 노근리 학살 사건이 배경인 〈작은 연못〉, 독재정권의 형성과 붕괴를 풍자한 〈우리들의 일그러진 영웅〉, 노동자들의 인권을 위해 자신을 불사른 실화를 바탕으로 한 〈아름다운 청년 전태일〉, 노무현 대통령의 삶을 소재로 한 〈변호인〉 등의 영화 예고편을 보면서 이념과 경제성장이라는 권력의 횡포 아래 수많은 만행이 일어났던 우리 역사의 숨기고 싶은 상처도 들추어 보았다.

마지막으로 학생들에게 '인권이란 무엇일까?'라는 질문을 던짐으로써 다시 한 번 자신의 생각을 정리할 수 있게 하였다. 덧붙여 과거 우리나라가 민주주의를 표방하면서 얼마나 많은 인권을 유린했는지를 소설과 영화 등 다양한 작품을 통해 역사를 돌아볼 수 있음을 강조하며 문학의 반영론적 관점을 마무리하였다.

프로젝트 수업에 대한 평가는 다음과 같이 실시하였다. 2차시에서 반영론적 관점이 드러난 문학작품 발표를 통해 교사평가가 이루어졌고, 4차시 수업을 마친 후 인권에 대한 생각의 변화가 어느 정도 일어났는지 소감문 작성을 통해 자기평가가 이루어졌다.

구분	평가내용	평가기준
내용	내용과 주제 일치성	• 인권에 관한 주제가 드러난 작품을 발표했는가?
역량	공감	• 프로젝트 이후 인권에 대한 관심이 높아지고 깊이 있게 생각하게 되었는가? • 작품을 읽고 인권의 소중함에 대해 공감하였는가?

• 수업 성찰

문학의 반영론적 관점을 공부하면서 우리 역사 속 인권에 대해 생각하도록 설계했다. 문학을 통해 사회를 들여다보는 것이 수업의 목표였는데, 진도 나가기에 급급해 학생들이 조사해 온 문학작품 발표 중 비교적 짧은 시만 전문을 감상하고 소설은 줄거리로, 인권 영화는 예고편으로만 학생들과 공유한 것이 아쉽다. 시간과 예산이 허락된다면, 하나의 인권 도서를 선정해 30여 권을 구입하여 학생들과 천천히 읽는 시간을 가지고 싶다. 책을 읽을 시간은 기말시험 실시 후를 활용할 수 있을 것이다.

학생들의 언어능력 신장에만 주력하지 않는다면 보다 다양한 내용으로 수업을 구성할 수 있다. 학생들이 사회를 바르게 보고 사회현상을 그냥 지나치지 않고 소신을 가지고 바라볼 수 있도록, 스스로 옳고 그름을 판단할 수 있는 힘을 키울 수 있도록 다양한 시각의 자료를 제공하는 데 힘쓴다면 글이라는 형식을 통해 실생활을 만나는 수업에 학생들도 즐거울 것이다.

3. 수학

• 수업 활동

수학 교과에서는 인권을 주제로 통계 자료를 조사하여 통계 포스터 만들기를 하였다. 수업 시간에 배운 도수분포표에서 평균 구하기, 분산과 표준편차 구하기 등을 활용하여 통계로 세상을 바라보는 기회가 되도록 하였다. 총 4차시에 걸쳐서 활동하였는데, 1차시에는 인권의 의미와 인권이 존엄한 이유에 대하여 이야기를 해 보고, 어떻게 통계 포스터를 작성하는지 안내하는 시간을 가졌다. 또한 조별로 인권 중에서 어떤 주제를 정할지 결정하도록 하였다. 2차시에는 스마트폰을 이용하여 통계 자료를 찾아 도수분포표와 히스토그램으로 나타내고, 평균 및 산포도 등을 구하도록 하였다. 3~4차시에는 4절 색지에 그동안 정리한 결과를 포스터로 나타내고 조별 발표로 활동을 마무리하였다.

평가의 관점은 포스터의 완성도, 역할 분담과 참여도에 두었다. 포스터의 완성도는 도수분포표, 히스토그램, 평균, 산포도를 적절히 잘 사용하였는지 평가하였고, 역할 수행 정도는 학생들에게서 소감문을 받아 학습자의 역할 분담과 참여도 등을 평가하였다.

구분	평가내용	평가기준
내용	내용과 주제 일치성	• 포스터의 내용이 주제에 맞는가?
	내용의 정확성	• 도수분포표, 히스토그램, 평균, 산포도를 적절히 잘 사용하였는가?
역량	협력	• 모둠 활동에 협력적인가? • 자기가 맡은 역할을 잘 수행하였는가?
	발표	• 발표가 유창하고 내용 전달이 잘 되었는가?

• 수업 성찰

이 수업 활동에서 가장 중요하게 생각한 것은 통계 자료를 찾아 도수분포표와 히스토그램으로 나타내는 것이다. 또 평균과 산포도를 구하고 그 의미를 파악하는 것이다.

인권 중에서도 장애인 인권, 여성 인권, 난민 현황, 탈북자 현황, 아동학대, 노인복지, 학교폭력, 인종차별 등 모둠별로 참 다양한 주제들을 선정하였다. 모둠별로 피드백을 줄 때 도수분포표나 히스토그램, 평균과 산포도를 꼭 구하도록 독려하였으나 인터넷에서 적합한 자료를 찾기가 힘들었다. 그래서 설문조사 등을 통하여 통계 자료를 구한 모둠이 의미 있는 결과를 구한 경우가 많았다. 학생들에게 소감문을 받아 보니, 다양

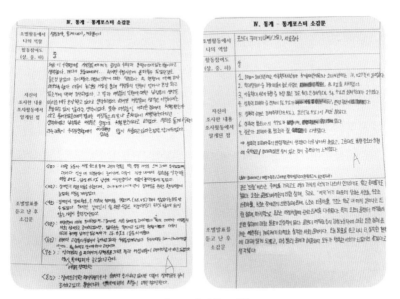

통계 포스터 작성 소감문

한 인권 침해 사례에 대하여 알게 되었고 통계가 의외로 실생활에서 많이 사용된다는 걸 깨달았다는 의견이 많았다.

4. 도덕

● 수업 활동

도덕 교과에서는 프로젝트 수업을 위해 모둠별로 스마트 기기(노트북, 스마트폰 등)를 활용해 도덕적 인물을 조사하고, 그중 인권 향상에 힘쓴 인물을 멘토로 선정하여 소개서를 작성하는 인물 학습을 진행하였다.

1차시에는 학기 초에 미리 정해 두었던 도덕 모둠별로 브레인스토밍 기법을 활용하여 도덕적으로 본받을 만한 인물의 목록을 생각나는 대로 적어보도록 하였다. 그런 다음에 나라를 위해 헌신한 인물, 인권 향상을 위해 노력한 인물, 나눔과 배려를 실천한 인물 등 도덕적 특징별로 인물을 분류하였다. 이후 학생들은 토의를 통해 인권 향상을 위해 노력한 인물 중 한 명을 선정하여 멘토로 삼고, 인물의 생애와 업적을 스마트 기기를 통해 조사하여 학습지에 정리하였다. 학생들이 스마트폰을 수업 외적으로 사용하지 않을까 우려했던 나의 걱정이 무색하게 모두 적극적으로 즐겁게 인물 조사 활동에 임하였다.

2차시에는 모둠이 조사하고 토의한 내용을 바탕으로 멘토 소개서를 작성하였다. 인물 학습의 핵심은 '본받기(모델링)'이기 때문에 인물의 생애와 업적, 멘토 선정 이유와 더불어 토의를 통해 인물의 삶에서 본받을 만한 도덕적 특징을 추출하여 인물과 자신의 차이점을 생각해 보게 하였다. 그런 다음에 실제 자신의 삶에 적용할 수 있는 '도덕적 실천 방안'을 소개서에 필수로 제시하도록 하였다. 각 모둠별 도덕 멘토에 따라 학생들이 작성한 도덕적 실천 방안은 다음과 같다.

- 링컨 대통령 – "나와 다른 사람에 대해 편견을 가지지 않고 모든 사람이 평등하다는 것을 알고 존중할 것이다."
- 이태석 신부 – "자신의 이익만 생각하지 않고, 다른 사람의 아픔을 이해하고 조금이나마 도와줄 수 있는 사람이 되어야겠다."
- 마더 테레사 수녀 – "대가를 바라지 않고 다른 사람을 도운 테레사 수녀님처럼 힘들어하는 친구가 있으면 대가 없이 돕고, 작은 생명도 소중히 여길 것이다."

인물이 가진 도덕규범과 신념을 자신의 삶에 적용하는 과정에서 학생들의 도덕적 자기 인식 및 절제 역량이 길러짐을 알 수 있었다. 또한 학생들은 도덕적 인물의 머릿속 탐구하기, 인물 이름으로 삼행시 짓기, 인물 소개 퀴즈 만들기, 노래 개사하여 소개하기, 만화로 소개하기 등 모둠별 특색을 담아 창의적으로 소개서를 구성하였다. 모둠원 간 활발한 소통을 하다 보면 교실이 소란해질 수밖에 없었다. 옆 교실에 피해를 주지 않고 아이들이 즐겁게 수업에 참여하기만 한다면, 이러한 학생 중심의 활동을 위해 소란은 자연스러운 일임을 받아들여야 했다.

3차시에는 프로젝트 활동의 결과물인 '도덕 멘토 소개서'를 모둠별로 발표하였다. 발표의 원칙은 모든 모둠원이 발표에 참여해야 하며, 발표 중에는 다른 모둠의 발표를 경청할 수 있도록 각 모둠 멘토의 삶을 통해 느낀 점을 활동지에 작성하도록 했다. 아이돌 노래를 개사하여 멘토 소개

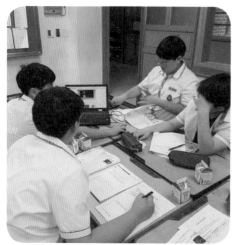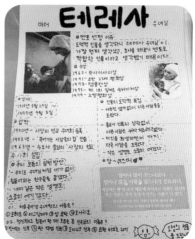

모둠 활동으로 만든 도덕 멘토 소개서

노래를 부른 팀부터 멘토의 도덕적 삶을 연극으로 구현하여 발표한 팀까지 학생들의 창의성에 교사도 놀랐고, 학생들이 다양한 방식을 통해 인물의 삶에 공감하고 있음을 알 수 있었다. 수업 후에도 인물을 본받으려는 다짐을 이어 갈 수 있도록 각 모둠의 멘토 소개서를 담임 선생님의 협조 아래 학급 게시판에 일주일 정도 게시하였다. 다른 모둠 학생들은 물론이고 다른 학급 아이들까지 와서 멘토 소개서를 관람하며 또 다른 배움이 이루어지고 있었다.

평가는 모둠의 협력 정도와 멘토 소개서의 완성도에 중점을 두고 진행하였다. 모둠별 협력 정도를 알기 위해서는 관찰평가를 해야만 했고, 수업 전 설계한 평가 루브릭에 모둠 학습 태도뿐만 아니라 발표, 경청 태도까지 학생들의 모습을 두루 관찰하여 기재하였다. 수업 과정 내내 평가가 이루어지니 32명가량 되는 한 학급 학생들 각각의 성취수준을 파악하는 데 무리가 없었다.

구분	평가내용	평가기준
내용	과제 완성도	· 멘토 소개서가 짜임새 있게 완성되었는가?
역량	협력	· 모둠원과 협동심을 가지고 과제를 수행했는가?
	경청	· 다른 모둠의 발표를 경청하였는가?

• 수업 성찰

프로젝트 수업을 계획하며 생각했던 수업의 목표는 학생들이 인권 향상을 위해 힘쓴 인물들의 삶을 본받아 인권 존중의 자세를 가지는 데 있었다. 도덕 과목의 궁극적인 목표는 결국 도덕 교육을 통해 학생들을 도덕적 실천을 하는 도덕적 인간으로 기르는 데 있다. 이러한 목표에 충실하고자 프로젝트 학습에서 중점을 둔 것은 '인물의 삶을 자신의 삶에 적용하기'였다. 학생들이 실천 방안은 나름대로 적었지만, 실제 자신의 삶에 그 방안들을 적용하고 있는지를 수업 시간에 평가할 수 없음이 아쉬웠다. 다시 이 프로젝트 수업을 설계한다면, '도덕적 성찰' 단원과 연계하여 도덕적 실천 방안을 자신의 삶에 실제로 적용하여 보고 성찰 일기를 작성하는 등 성찰 과정을 포함하면 좋을 것 같다.

도덕 과목은 보통 주당 1~3시간의 시수를 가진다. 중학교 3학년 수업은 주당 2단위 시수여서 3차시 수업을 진행하려니, 수업 시간마다 준비물을 다시 준비해야 하는 번거로움이 있었고 수업의 흐름이 끊기는 느낌을 받았다. 다른 학급 수업은 일과를 조정하여 2시간 연속으로 블록 수업을 하였다. 활동 중심 수업에 2시간 이상의 연속 수업을 확보하는 블록 타임을 시행하니 훨씬 효율적으로 수업을 운영할 수 있었다. 프로젝트 학습을 효과적으로 운영하고, 학생들이 주제에 대해 충분히 생각하고 과제를 해결해 나가는 시간을 갖기 위해서는 블록 수업이 필수적임을 알 수 있었다.

5. 기술·가정

• 수업 활동

기술·가정 교과에서는 '패스트 패션의 빛과 그림자'를 주제로 의생활이 환경과 인권에 미치는 영향을 알아보고, 패스트 패션의 이면을 알리는 홍보물을 제작했다. 자신이 누리던 일상의 편의가 타인의 고통을 양분으로 만들어질 수 있음을 깨닫고 윤리적인 의생활을 고민해 보는 활동이었다.

1차시 활동에서 학생들은 각자 다음 4가지 질문에 대한 답을 작성했다.

① 연간 구매하는 의복이 총 몇 벌인가?
② 의복을 구매할 때 본인이 적용하는 기준은 무엇인가?
③ 더 이상 입지 않는 옷은 무슨 이유로 입지 않게 되었는가?
④ 또 그 옷은 어떻게 처리하는가?

이후 각자가 작성한 답을 발표하고, 응답 내용에 따라 학생들의 의생활을 통계로 정리해 제시했다. 의복 구매량이 많은 학생은 연간 20벌 이상인데 비해 한 해 동안 한 벌도 구입하지 않는 학생도 있다는 사실에 놀랐다. 또 의복을 구매하고 폐기하는 데 디자인과 유행에 민감하게 반응한다는 사실을 서로의 발표와 통계에서 확인할 수 있었다.

2차시에서는 EBS 다큐멘터리 〈하나뿐인 지구—패스트 패션이 알려 주지 않는 것들〉을 시청하고 환경과 타인을 배려한 의생활 방법을 고민했다. 빠르게 변화하는 유행에 발맞춰 판매하는 저렴한 의류들이 실은 제3세계 국가의 환경을 파괴하고 개발도상국 여성과 어린이의 열악한 노동 환경을 심화시킨다는 사실을 확인하고 많은 학생들이 놀라워했다.

이어서 다른 사람들의 건강한 삶과 사람답게 대우받을 권리를 보장하

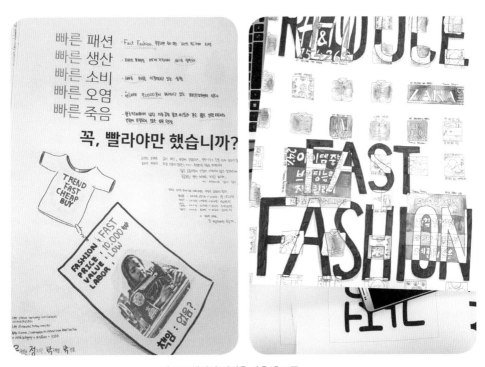

패스트 패션의 이면을 담은 홍보물

기 위해 우리가 할 수 있는 일들을 함께 고민했다. 학생들이 발표한 방안은 공정무역 의류, 천연소재 의류, 오래 입을 수 있는 의복 구매, 의복의 재사용 및 재활용 등이었으며, 이 가운데 자신이 확고하게 지킬 수 있는 방법을 '나의 다짐'으로 정해 옮겨 적으며 윤리적 의생활 실천 의지를 다졌다.

2차시 활동 후, 모둠별 과제로 패스트 패션의 이용에 경각심을 줄 수 있는 홍보물을 제작하고 수행평가에 반영했다. 패스트 패션으로 누리는 편의 뒤에 숨은 눈물을 깨닫도록 장점과 단점을 대비시켜 홍보물을 만들도록 했다.

평가기준은 아래와 같다.

구분	평가내용	평가기준
내용	체계성	• 체계적이고 가독성 있는 홍보물을 제작했는가?
	내용과 주제 일치성	• 패스트 패션의 단점과 장점을 각각 3가지 이상 제시하였는가? • 사진이나 통계, 사례 등을 사용했는가?
역량	협력	• 모둠원들과 협업이 잘 이루어졌는가?
	공감	• 윤리적인 의생활을 위한 실천 방안을 제시하고 실천을 다짐했는가?

• 수업 성찰

기술·가정 교과 활동은 인권이 자신의 생활 속에 연결되어 있다는 걸 깨닫게 하는 데 초점을 맞췄다. 자신이 누리던 일상의 편의가 타인의 인권을 침해하며 만들어질 수 있음을 깨닫고, 이를 사람들에게 알려 행동 변화를 이끌 촉매로 작용하기를 바라며 활동을 계획했다. 따라서 수업도 자신의 생활 성찰에서 시작하여 '나의 삶이 영향을 주는 타인의 삶'으로 시야를 확장한 후, 다시 자신의 생활 방식을 변화시키는 순으로 설계했다. 이 수업은 프로젝트 수업뿐만 아니라 의생활 단원에서도 도입 역할을 하였다. 처음 시도한 수업이었지만 학생들이 '사회와 환경에 긍정적인 영향을 주는 의생활'을 고민하는 데 많은 도움이 되었다고 생각한다.

하지만 첫 시도라 역시 수업을 진행한 후 몇몇 아쉬운 장면들이 있었다. 2차시 활동을 하며 일부 학생들은 "그래도 나는 유행하는 디자인이 좋고 저렴하게 옷을 사고 싶다."고 말했으며 나머지 학생들이 동요하는 모습이 보였다. 또한 다큐멘터리 시청 시간이 길어 활동 시간이 다소 부족했으며, 홍보물 제작을 위한 자료를 수집할 때 다큐멘터리에서 제공한 내용을 벗어나지 못하는 경우가 많았다. 그 때문에 홍보물 제작 결과가 다소 미흡해 전시 및 발표가 이루어지지 못해 결과 공유가 아쉬웠다.

다음에 다시 수업한다면, 1차시에서 평소의 의생활을 성찰한 후 패스트 패션의 화려한 겉모습과 부정적 이면을 사례로 제시한 후, 2차시에서는 패스트 패션 기업과 소비자를 피고로 모의재판을 진행하거나 모둠별로 패스트 패션 관련 사례들을 조사하여 발표하고 함께 대안을 찾는 활동을 진행하고 싶다. 2차시 활동의 내용을 정리하여 홍보물을 만들고 학교 각 층에 게시하여 캠페인 활동으로 마무리하면 학생들이 결과물을 공유하고 학교의 다른 구성원들에게도 이를 알릴 수 있어 학습활동의 의미가 명확히 내면화될 것이다.

▶ 생활기록부 기재 사례 ◀

사회

하브루타 학습을 통해 짝에게 인권의 의미와 인권 보장의 역사적 과정을 구체적인 사례를 들어 설명해 주어 이해에 많은 도움을 줌. 우리 헌법이 보장하고 있는 기본권과 기본권 제한 및 한계에 대해 조사하여 짝과 질문을 주고받으며 짝이 이해하기 쉽게 설명해 줌. 모둠장으로서 모둠원들과 협의를 통해 능력에 맞는 역할을 분담하여 헌법재판소는 어떻게 인권을 보장하는지 구체적 사례를 조사하고 PPT를 제작하여 발표함으로써 의사소통능력과 공동체 능력을 발휘함. 또한 다양한 인권 침해 사례에 대해 자신의 경우를 가정하여 국가기관과 시민단체를 통한 구제 방안을 제시함. 1학년 프로젝트 수업 산출물인 공정무역 통계 포스터를 보고 세계경제의 불평등이 심각함을 느꼈고, 인권 존중 차원에서 자신도 공정무역에 참여해야겠다는 다짐을 함.

국어

박두진의 「해」의 시대적 배경을 조사한 후 모둠원들과 시어를 분석하며 이념의 대립과 갈등을 벗어나 화해의 세계를 소망한 작가의 바람을 찾아냄. 문학이 사회문화를 반영함을 이해하고 현대사를 반영하는 작품을 조사, 발표하는 과정을 통해 이념의 대립으로 인한 민족상잔의 비극을 간접 경험함. 개인의 인권 및 사회 구성원들의 이념, 사상, 언론의 자유가 보장되지 못했던 내용들을 중심으로 한 독서 경험으로 인권의 소중함을 깨달음. 더불어 다른 세계를 경험하고 공유할 수 있는 문학의 가치를 깨닫는 경험을 하고 사회반영론적 관점에서 작품 해석을 통해 우리 사회의 문제에 관심을 가짐.

수학

도수분포표, 평균, 산포도 등에 대한 지식을 충분히 익히고, 모둠의 리더를 맡아 의사소통 과정을 통해 통계 포스터의 주제를 '북한의 인권'으로 정함. 인터넷으로 북한의 인권 자료를 찾아 막대그래프 등으로 통계 처리를 하여 포스터 작성을 잘 하였음. 북한의 인권 침해 실상이 심각함을 조사 과정에서 알게 되었으며 모둠원과의 협력 과정이 즐거웠다는 내용으로 소감문 작성을 함.

도덕

학기 초부터 아프리카의 기아와 난민 문제에 대한 관심과 문제의식이 있었고, '인권'을 주제로 한 프로젝트 학습에서 모둠원들과 함께 이태석 신부의 삶을 조사함. 멘토의 도덕적 특징을 자신의 삶에도 적용하여 다른 사람의 아픔을 헤아리는 사람이 되어야겠다고 다짐함. 모둠의 리더를 맡아 도덕 멘토를 소개하는 소개서를 작성하고 멘토의 삶을 노래로 개사하여 발표하는 과정에서 모둠원을 배려하는 모습이 돋보였으며 협력 정도가 매우 우수함. 프로젝트 활동으로 이태석 신부를 본받는 과정에서 핵심역량인 지식정보처리역량을 함양하고 도덕적 자기 인식 및 절제, 타인 이해 및 협동 능력을 형성할 수 있게 되었음.

기술 · 가정

평소 유행과 저렴한 가격에 치중한 의생활을 하였으나, '인권'을 주제로 한 프로젝트 학습에서 의류 업체의 비윤리적 행태에 문제의식을 느끼고 자신의 의생활을 반성함. 윤리적인 의생활을 위한 방안을 제시하고 이를 실천하겠다고 다짐함. '패스트 패션의 이면'에 관한 홍보물 제작 과정에서 모둠원의 자료 조사에 도움을 주고 홍보물 디자인을 돕는 등 배려하고 협력하여 모둠의 협동이 원활하게 이루어짐. 지식정보처리능력이 우수해 제3세계 국가의 사례를 그래프와 사진 등의 근거자료와 함께 수집하고 설득력 높은 홍보물을 구성하는 데 기여함. 자신의 의생활에 관한 실천적 문제해결역량을 발휘했으며, 타인의 상황에 공감하고 배려하는 관계 형성 능력이 두드러짐.

지구의 분노, 기상재해 대비하기

7__
Chapter

                           2017년 7월 16일, 충북 청주 지역에는 호우 특보와 홍수 및 산사태 주의보가 발효된 가운데 관측 이래 7월 시간당 강수량으로는 최고 기록인 90mm가 넘는 물 폭탄이 쏟아져서 곳곳에 침수 피해 및 재산 피해가 일어났다. '지구의 분노, 기상재해 대비하기' 프로젝트 수업은 이렇게 매년 기상재해가 발생하여 피해를 입고 있는 상황에서 학생들이 기상재해의 원인을 이해하고 기상재해에 대처하는 방법을 숙지하여 최대한 피해를 줄이는 방안을 모색하는 기회를 제공하기 위해 계획되었다. 학생들이 진정으로 기상재해의 심각성을 인식하여 그 방안이 실천까지 이어질 수 있도록 하는 것이 이 수업의 목표이다.

주제	지구의 분노, 기상재해 대비하기				
교과	사회, 과학, 수학, 영어		**대상**	중 1	

	교과	내용요소	성취기준(2015 개정교육과정)		
교과별 성취 기준	사회	자연재해	[9사(지리)05-01] 자연재해가 빈발한 지역을 조사하고, 그 이유를 설명한다. [9사(지리)05-02] 자연재해가 지역 주민의 삶에 미친 영향을 사례를 중심으로 탐구한다. [9사(지리)05-03] 자연재해로 인한 피해가 증가하거나 감소한 지역을 비교하여, 자연재해로 인한 피해를 줄일 수 있는 방안을 모색한다.		
	과학	상태변화 및 열에너지	[9과05-04] 상태변화와 열에너지의 관계를 이해하고, 상태변화 과정에서 출입하는 열에너지가 생활에 이용되는 사례를 찾고 설명할 수 있다.		
	수학	그래프	[9수03-02] 다양한 상황을 그래프로 나타내고, 주어진 그래프를 해석할 수 있다.		
	영어	조동사 동명사 방법 설명 및 묘사하기	[9영02-04] 일상생활에 관한 방법과 절차에 대해 설명할 수 있다. [9영04-01] 일상생활 속 주변 대상이나 상황을 묘사하는 문장을 쓸 수 있다.		

미래 핵심역량	☐ 자기관리역량　　☑ 지식정보처리역량　　☐ 창의적 사고역량 ☐ 심미적 감성역량　　☑ 의사소통역량　　☑ 공동체역량

산출물	개인	수학 활동 소감문, 과학 그림 활동지
	모둠	기후난민 영어 카드뉴스, 사회 기상재해 신문, 수학 그래프 포스터

산출물 공개 및 청중	기후난민 영어 카드뉴스 전시, 그래프 포스터 전시, 기상재해 신문 전시

	핵심역량	내용요소
평가내용	·의사소통: 자신의 생각과 감정의 효과적 표현 및 타인의 의견 존중 ·지식정보처리: 합리적인 문제해결을 위해 다양한 지식과 정보를 처리하여 활용 ·공동체: 공동체 구성원으로서 요구되는 가치와 태도를 갖고 발전에 적극 참여	·사회: 기상재해의 특징 이해 및 기상신문 완성도 ·과학: 상태변화 및 열에너지의 관계 설명하기 ·수학: 그래프 해석 및 작성 ·영어: 조동사 및 동명사 쓰임의 이해 상황 묘사 및 방법과 절차 설명하기

문제 (or 질문)	2017년 7월 16일, 충북 청주 지역에는 호우 특보와 홍수 및 산사태 주의보가 발효된 가운데 관측 이래 7월 시간당 강수량으로 최고 기록인 90mm가 넘는 물 폭탄이 쏟아져서 곳곳에 침수 피해가 발생하는 등 많은 재산 피해가 일어났다. 이렇게 매년 기상재해가 발생하여 피해를 입고 있는 상황에서 기상재해의 원인을 이해하고, 기상재해에 대처하는 방법과 그 피해를 줄이는 방안을 모색해 보자. 또한 대처방안이 포함된 기상재해 신문과 기상난민 관련 카드뉴스를 전시하여 기상재해의 심각성을 전교 학생들에게 알리도록 하자.

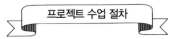

프로젝트 수업 절차

절차 (기능)	교과	학습활동	평가 방법	자원
조사하기	사회 (2)	· 자연재해의 의미와 종류 조사하기 · 기상재해가 자주 발생하는 지역 조사하기	관찰평가	인터넷 자료
분석/ 해석하기	사회 (1)	· 기상재해가 인간의 생활에 미치는 영향 알아보기 · 스캐폴딩 하브루타 기법 활용 학습 유도	관찰평가	인터넷 자료 신문
	과학 (1)	· 기상재해 대책 관련 신문기사 분석하기 · 기상 상태의 변화를 그림으로 표현하기		
	수학(1)	· 기상재해에 대한 그래프를 해석하기		
표현/ 제작/ 발표하기	과학 (2)	· 열에너지와 기상 대책의 관련성 토의하기 · 상태변화와 관련된 열에너지 출입 설명하기 · 피드백 모둠별 발표 내용 오류 수정 피드백 제공	발표평가	인터넷 자료
	수학 (2)	· 기상재해의 영향을 그래프로 표현하기 · 스캐폴딩 기상청 사이트 및 관련 자료 안내 · 기상재해에 대해 조사된 자료를 포스터로 만들고 발표하기	관찰평가 산출물평가	인터넷 자료
	영어 (3)	· 기후난민 영어 카드뉴스 만들기 · 스캐폴딩 영어 카드뉴스 샘플 소개 · 피드백 영어 카드뉴스의 스토리보드 작성 후, 내용 및 문법적 오류에 대한 피드백 제공 · 기상재해 행동 요령을 영어로 표현하기 · 스캐폴딩 행정안전부 재해 관련 동영상 시청 · 피드백 영어 행동 요령 문장 문법적 오류 수정 및 내용의 적절성에 대한 피드백 제공	관찰평가 산출물평가	인터넷 자료 유튜브
	사회 (2)	· 기상재해 신문 만들기	관찰평가 산출물평가	
성찰하기	사회(1)	· 모둠별 신문 내용 발표 및 성찰 시간 갖기		
공유하기	전시	· 기후난민 영어 카드뉴스 전시 · 기상재해 신문 전시 · 기상 관련 수학 그래프 포스터 전시 · 기상 상태의 변화와 기상 관련 과학 포스터 전시		

1. 사회

• 수업 활동

사회 교과에서는 자연재해의 의미와 종류 및 기상재해가 자주 발생하는 지역을 먼저 파악하고, 기상재해가 인간의 생활에 미치는 영향과 대응방안을 조사하여 주제별 기상재해 신문 만들기를 계획하였다. 동 교과를 가르치는 선생님에게 동의를 구해 교육과정을 재구성하였고, 덕분에 교과서 후반부에 나오는 지리 수업을 먼저 진행할 수 있었다.

1~3차시에서는 평소 진행해 온 하브루타 수업 방식을 활용하여 자연재해의 의미와 종류, 발생 지역, 영향 및 대응방안에 관한 수업을 진행하였다. 학생들은 가정에서 미리 자기주도적 학습을 통해 주제에 관한 질문을 만들어 보고, 이를 바탕으로 수업 시간 중에 짝과 질의응답을 하며 내용을 더욱 심도 있게 이해하였다.

4~5차시에는 기상재해 신문 만들기 활동을 실시하였다. 학생 4명이 한 모둠으로 구성되었고 소주제는 모둠원들의 협의를 거쳐 선정하였다. 신문을 제작하기 전에 신문의 기능 및 구성 요소를 교사가 간단하게 설명하고 모둠 학습으로 길러질 수 있는 4가지 핵심역량을 강조하며 수업 활동에 의미를 부여하였다. 기상재해 신문 만들기 활동을 통해 학생들에게 창의적 사고력, 정보활용능력, 의사소통능력, 공동체능력과 같은 4가지 핵심역량을 길러 주고자 하였다. 따라서 모둠별로 신문을 제작하기 전 학생들에게 다음과 같은 내용을 강조했다.

모둠 활동으로 만든 기상재해 신문

"여러분들은 각각 4명의 모둠원으로 구성되어 있습니다. 모둠원 4명은 서로 다른 생각과 능력을 가지고 있습니다. 2차시에 걸쳐 여러분들은 세상에서 하나밖에 없는 창의적인 아이디어를 십분 발휘하여 신문을 만들 것입니다. 우선 모둠장을 중심으로 서로 대화를 통해 각자의 능력이 무엇인지 알아보고 모둠원들 각자의 능력을 발휘할 수 있도록 역할을 분담합니다. 분담된 역할에 따라 4명의 공동체 능력을 최대한 발휘하여 '기상재

Ⅴ. 세계 곳곳에서 일어나는 자연재해

<기상재해 신문 만들기>

*. 핵심역량 : 창의적 사고력, 정보 활용 능력, 의사소통 능력, 공동체 능력

1학년   반   번 이름 : (   )

♥ 동 료 평 가 지 ♥		
모둠주제 :		
가장 잘한 모둠	선생님, 저는 ( )모둠을 추천합니다. 추천이유:( )	
모둠원 이름	활동내용	활동순위

★ 모둠평가는 서로를 격려하고 다음 모둠에서 자신의 역할을 찾아 협력하는 자세를 기르기 위한 것입니다. 모둠원의 재능을 펼 수 있도록 기회를 주고 도와줄 수 있도록 하기 위한 것이 평가입니다. ★

● 모둠활동을 통해 새로이 알게 된 점, 느낀 점을 적어보세요.

해'라는 주제로 최고의 신문을 만들어 보십시오. 신문을 만드는 과정에서 여러분들은 창의적 사고력, 정보활용능력, 의사소통능력, 공동체 능력이 크게 향상될 것입니다."

6차시에는 모둠별 발표와 동료평가 및 소감문 작성 시간을 가지며 프로젝트 수업을 마무리하였다. 영어 교과 시간에 활동한 기상재해 대응 요령을 특집 기사로 실어 신문을 더욱 풍성하게 한 모둠도 있었다. 학생들의 활동 과정과 결과물은 수행평가에 반영하였고, 모둠 활동에 대한 평가는 주제별 내용 이해도와 모둠원들의 협력도를 평가기준으로 하여 교사평가와 동료평가를 실시하였다.

구분	평가내용	평가기준
내용	탐구내용의 적절성	· 모둠 활동 주제에 맞는 탐구와 발표가 이루어졌는가?
	기상재해 신문 구성 요소의 적절성	· 신문의 구성 요소를 포함하여 적절한 내용으로 구성하였는가?
역량	개념 이해	· 자연재해에 대해 일목요연하게 설명할 수 있는가?
	실천 의지	· 자연재해 피해를 줄일 수 있는 대책을 적극적으로 실천하려는 의지가 있는가?
	협력 태도	· 모둠 활동에 협력하였는가? · 모둠 활동에 얼마나 기여하였는가?

• 수업 성찰

사회과 기상재해 프로젝트 수업에서는, 그동안 지리적으로 내륙에 위치해 있는 청주에 살면서 자연재해로 인한 큰 피해 없이 생활해 온 학생들에게 기상재해가 갑자기 닥칠 수 있다는 문제의식을 심어 주고, 기상재해를 줄일 수 있는 방안을 생각해 보는 한편, 생활 속 실천 자세를 기르는 데 중점을 두었다.

하지만 3차시까지 진행된 하브루타 수업은 날씨가 더워지면서 환경적으로 진행하기가 어려운 점이 있었다. 짝과 함께 질문을 주고받으며 진행하는 수업인지라 창문과 출입문을 열고 수업을 하고 있는 옆 반에 피해를 주지 않기 위해 무더위 속에서도 문을 닫고 진행해야 하는 어려움이 있었다. 그래도 하브루타 수업을 하며 학생들은 각자 자신이 공부한 내용을 친구들에게 설명하며 뿌듯함을 느꼈다.

하브루타 수업이 효과적으로 진행되기 위해서는 모든 학생들이 사전에 자기주도적 학습이 이루어져 질문을 준비해 올 수 있도록 교사의 지속적인 지도가 필요하다.

그런데 기상재해 신문을 제작하기 위해 모둠 활동을 안내했을 때 성적에 관심이 많은 학생들은 대부분 부정적인 반응을 보였다. 학생들은 초등학교 시절부터 모둠 활동을 하며 무임승차하는 모둠원들을 경험했고 그들과 동일한 성적을 받는 것이 불합리하다고 생각했다. 따라서 많은 학생들이 개인적으로 활동하며 자신이 노력한 만큼의 결과물에 대해 평가받기를 원하였다. 이러한 생각을 갖고 있는 학생들에게 모둠 활동은 더욱 필요하다고 생각했고, 학생들에게 핵심역량을 더욱 강조하며 수업을 진행하였다.

모둠 활동을 하는 내내 교사는 모둠원들을 관찰하며 학생들이 많은 노력을 하고 있다는 것을 알게 되었다. 모둠장을 중심으로 능력에 맞게 역할을 분담하고 서로 도움을 주고받으며 신문을 완성해 나가는 모습을 볼 수 있었다. 제한된 시간 안에 신문을 완성하기 위해 4명의 모둠원들이 머리를 맞대고 완성해 나가는 모습이 참으로 보기 좋았다. 두 차시만을 할애하여 신문을 완성해야 했기에 신문 제작에 필요한 자료는 사전에 과제로 제시하여 수업 중에는 신문 제작에만 집중할 수 있게 하였다.

모둠 활동에 대한 평가는 주제별 내용 이해도와 모둠원들의 협력 정도를 평가기준으로 하여 교사평가와 동료평가를 실시하였다. 모둠평가에서는 자신의 모둠을 제외한 다른 모둠에 대한 평가를 실시하고 동료평가에서는 자신을 제외한 모둠원들의 평가를 실시한 결과, 학생들은 대부분 객관적으로 평가에 임하였다.

소감문에서 학생들은 핵심역량을 기준으로 자신들의 변화된 모습을 서술하였다. 모둠의 주제에 맞는 자료를 구하기 위해 모둠원들이 역할을 분담하며 노력했던 경험과 그동안 별로 친하게 지내지 않았던 친구와 모둠 활동을 하며 많은 대화를 하게 된 경험을 들며 많은 학생들이 수업 만족도가 높았다고 서술하였다. 특히 평소 수업에 집중하지 않았던 친구가 신문에 넣을 만화를 진지하게 그리는 모습을 보고 그 친구를 다시 보게 되었다는 소감을 읽으며, 학생들이 다양한 활동을 통해 자신의 재능을 발휘할 수 있도록 적절한 기회를 제공하는 것이 교사의 역할이라는 생각이 들었다.

2. 과학

• 수업 활동

과학 교과에서는 기상재해 대책과 관련된 신문기사를 읽고, 기사에 나타난 상태변화를 찾아 그림으로 표현해 보는 한편, 상태변화 과정에서 출입하는 열에너지의 이용 사례를 설명하고 발표하는 수업을 하였다.

상태변화와 열에너지의 관계를 고려하여 자료를 검색한 후 폭염, 오미자 개화기의 서리 피해, 가뭄 등의 기상재해 대책과 관련된 신문기사 3가지를 선정하여 학생들에게 제시하였다.

1차시에는 개인별로 기사를 읽고 기사와 관련된 상태변화를 찾아 그림으로 자유롭게 표현해 보도록 하였다. 그런 다음에 모둠별로 토의하여 기사를 한 가지씩 선정하고 기사에 관련된 상태변화를 A4 색지에 그림으로 표현하게 하였다.

2차시에는 모둠별로 기사와 관련된 상태변화 과정에서 출입하는 열에너지가 기상재해 대책에 어떻게 이용되고 있는지 토의하고 설명하도록 하였다.

3차시에는 수업의 마무리 활동으로 모둠별로 완성된 결과물을 칠판에 게시한 후 발표를 통해 정보를 공유할 수 있도록 하였다. 그리고 개인별로 활동지를 완성하여 제출하는 과제를 부여하였다.

평가의 관점은 활동 결과물의 완성도, 발표, 협력 정도에 두었다. 결

모둠별 학습결과물 발표

과물의 완성도는 모둠과 개인 두 측면으로 평가하였다. 모둠 점수는 모둠 활동지에 활동 내용이 맞게 들어가 있는지, 발표 내용이 바르게 되었는지를 평가하여 모둠원들의 점수를 동일하게 주었다. 그리고 무임승차를 방지하기 위해 개별 활동지를 검사하여 활동 내용이 맞게 들어가 있는지를 평가하여 개인 점수에 차등을 주었다. 협력 정도는 학생들에게 동료평가지를 작성하게 하여 학습자의 역할 분담과 참여도를 평가하였다.

구분	평가내용	평가기준
내용	내용과 주제 일치성	• 신문기사 내용에 맞는 상태변화가 잘 표현되었는가? • 상태변화 과정을 설명할 때 열에너지의 출입이 잘 설명되었는가?
역량	발표	• 발표가 유창하고 내용 전달이 잘 되었는가?
	협력	• 협업을 통해 상태변화의 실례를 조사·발표했는가? • 역할 분담의 중요성과 협업의 필요성을 느꼈는가?

• 수업 성찰

프로젝트 수업을 설계하면서 가장 중요하게 생각한 부분은 학생들이 상태변화 과정에서 출입하는 열에너지가 우리 실생활에서 어떻게 적용되고 있는지를 탐구해 보도록 하는 것이었다.

처음 수업을 설계할 때는 학생들이 직접 기상재해에 관련된 기사를 조사하여 상태변화와 열에너지 관계를 알아보게 하고자 하였다. 그러나 기상재해의 종류가 다양하고 범위가 넓어 상태변화와 열에너지 관련 자료를 찾는 데 많은 시간이 소요되고 초점이 흐려질 것 같았다. 그래서 동료 과학교사와 협의하여 기상재해와 관련된 신문기사는 교사가 제시하고, 학생들은 제시된 신문기사를 읽고 상태변화를 찾아 실생활에서 상태변화 과정 시 출입하는 열에너지의 적용 실례를 설명하는 데 초점을 맞추기로 하였다.

먼저, 개인별로 신문기사를 읽고 상태변화를 찾아 그림으로 그려 보도록 하였다. 그런데 대부분의 학생들이 신문기사의 내용도 제대로 파악하지 못하였다. 그래서 방법을 달리하여 모둠별로 기사를 같이 읽고 내용을 요약해 가면서 상태변화에 대해 토의하고 나서 각자 활동지에 그림으로 표현하고 열에너지 관계를 설명하게 하였다. 이때 도움을 요청하는 모둠이 있으면 모둠별로 순회하면서 도움을 주었다. 그리고 각 모둠별로 한 가지 기사에 대한 결과물을 다음 시간까지 완성해 오도록 하였다.

다음 단계에서는, 모둠별로 한 가지씩 선정하여 완성된 A4 색지 결과물을 칠판에 게시하게 하고, 모둠별로 과정에서의 열 출입 관계를 이용하여 기상재해에 대처하는 방법을 발표하도록 하였다. 이때 다른 모둠의 결과물과 발표를 각자의 동료평가지에 작성하게 하여 발표에 집중할 수 있도록 환경을 조성하였다. 한편, 모둠 발표 시 오류가 있는 경우에는 학생들 간의 토의와 교사의 도움을 받아 가며 자발적으로 발표 내용을 수정하게 하였다. 열에너지의 출입 관계를 제대로 파악하지 못한 일부 모둠은 다른 모둠의 결과물과 발표 내용을 듣고 자발적으로 잘못된 부분을 수정하여 다시 발표하고자 하였다. 시간 여유가 있었던 학급에서는 발표 기회를 한 번 더 주었으나, 프로젝트 수업을 진행했던 2주 동안 수요일이 계속 공휴일이어서 수업 시간이 부족했던 탓에 일부 학급에서는 다시 발표할 기회를 주지 못하고 결과물만 수정하도록 한 점이 아쉬웠다.

학생들의 소감문을 받아 보니, 많은 학생들이 기사를 처음 접했을 땐 막막함을 느꼈다고 했지만 모둠 결과물을 완성해 가면서 역할 분담의 중요성과 모둠원들의 협력에 대한 필요성을 알게 되었다고 하였다. 또 결과물이 완성된 것을 보니 뿌듯하고 자존감이 높아졌다고 했다.

교과서 중심으로 수업을 했을 때는 학생들이 교과성에서 배운 지식을 실생활에 얼마나 적용할 수 있을지 파악하기가 어려웠다. 그런데 이 수업을 통해 학생들은 상태변화 과정에서 열에너지 출입의 적용 실례를 스스로 찾고 문제를 해결하고 탐구해 나갔다. 과학 지식이 별개의 것이 아니라 우리 실생활과 아주 밀접한 관련이 있음을 깨달으며 성장해 가는 학생들의 모습을 엿볼 수 있어 기뻤다.

3. 수학

• 수업 활동

수학 교과에서는 기상재해에 대한 그래프를 해석해 보고 기상재해 포스터 만들기를 하였다. 처음에는 1차시 정도 그래프를 해석하는 활동만 할 생각이었지만, 학생들에게 도움이 되면서 수행평가에도 반영할 수 있으면 좋겠다는 생각이 들어 포스터 만들기까지 해 보고자 하였다. 마침 학습공동체에 참여하지 않는 동 학년 선생님들도 적극 찬성해 주셨다.

활동을 구안하기 위해 여러 기상재해 중에서도 황사, 폭염, 태풍, 홍수 등 4가지를 선택하여 각각 관련 있는 그래프를 조사하였다. 원하는 그래프가 보이지 않아 결국은 기상청에서 통계 자료를 찾아 엑셀 프로

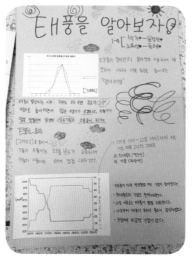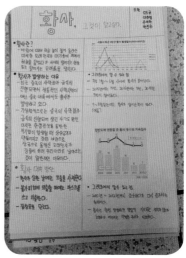

그래프로 표현한 기상재해 포스터

그램을 이용하여 그래프를 그렸다. 1차시에는 기상재해의 정의, 발생 원인, 주어진 그래프를 보고 알게 된 점을 조사하도록 하였고, 2차시에는 기상재해의 영향을 받는 자연현상 및 사회현상을 찾아 그래프로 표현하고 설명하도록 하였다. 3차시에는 모둠별로 활동 결과를 4절 색지에 포스터 형식으로 표현하고 발표하면서 프로젝트 수업을 마무리하였다.

평가의 관점은 포스터의 완성도와 협력 정도에 두었다. 포스터의 완성도는 활동 결과의 내용이 주제에 맞게 표현되었는지를 평가하였고, 협력 정도는 학생 소감문에 드러난 학습자의 역할 분담과 참여도, 동료평가로 평가하였다. 동료평가는 총합이 100점이 되도록 모둠원들에게 점수를 주도록 하고, 모둠원 3명이 준 점수의 합계가 95점 이상이면 만점을 주었다.

구분	평가내용	평가기준
내용	내용과 주제 일치성	• 포스터의 내용이 주제에 맞는가?
	체계성	• 포스터의 내용이 체계적으로 구성되었는가?
	발표	• 발표가 유창하고 내용 전달이 잘 되었는가?
역량	그래프 이해	• 그래프의 특징을 정확히 알고 잘 활용했는가?
	역할 수행도	• 자기가 맡은 역할을 잘 수행하였는가?

• 수업 성찰

수학과 기상재해 프로젝트 수업에서 가장 중요한 것은 '그래프를 보고 관련 정보를 얻을 수 있는가'이다. 기상재해에 대한 지식은 이미 사회 시간에 배웠기 때문에 1차시 활동은 쉽게 수행한 반면, 2차시 활동에서 기상재해와 관련 있는 자연현상이나 사회현상 조사를 어려워하였다. 그래서 그래프를 정확한 수치대로 그리지 않고 증가와 감소가 나타나는 정도로만 그리게 하였음에도 2차시 활동을 완수한 모둠은 한 학급에서 4, 5개 정도였다.

수업 시간만을 이용하여 프로젝트 활동을 하였는데, 조별로 노트북을 1대씩 나누어 주고 인터넷 검색을 통하여 조사하도록 하였다. 모둠원 모두 한꺼번에 노트북으로 조사하는 것은 어려웠기에 소외되는 학생들도 보였다. 학생들에게 스마트폰을 준비하도록 하여 역할을 나누어 조사하게 했다면 시간도 절약되고 더 효율적이었을 것 같다.

학생들에게 소감문을 받아 보니, 기상재해 관련 지식을 많이 알게 되었고 친구들과 협력하는 방법을 생각하게 되었다는 의견이 있었다. 역할 분담을 잘 하여 조사를 빨리 끝낸 모둠은 포스터의 완성도도 높았다.

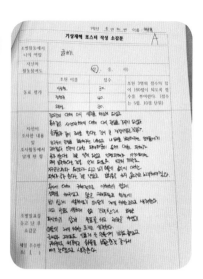

수학 활동 학생 소감문

4. 영어

• 수업 활동

영어과 기상재해 프로젝트 수업은 학급마다 활동을 달리하여 총 2가지 활동을 실시하였다. 내가 맡고 있는 다섯 학급 중 사회 시간에 기상재해 신문을 만들기로 한 세 학급에서는 '비상 행동 요령을 영어로 작성하기' 활동을 실시하였고, 기상재해 신문을 만들지 않는 두 학급에서는 '기후난민 알리기 포스터'를 제작하도록 하였다.

비상 행동 요령은 영어과 프로젝트 수업 다음에 이어지는 사회과 기상재해 신문의 특집 기사로 실리면서 교과 간 연계가 이루어진 활동이었는데, 행정안전부와 국가재난대책본부 같은 홈페이지에 재해 시 필요한 행동 요령 자료가 영어로 구축되어 있지 않은 점을 학생들과 이야기하고 외국인의 안전에 꼭 필요하다는 것을 모두 공감하여 실시하게 되었다.

1차시에는 4인 1모둠으로 총 8개 노트북이 지급되어 행정안전부 홈페이지에 접속하여 모둠별로 다른 기상재해 동영상을 시청하며 비상 행동 요령을 파악하는 활동을 하였다.

모둠 구성은 프로젝트 시작 전 사회 선생님과 협의하여 두 교과 시간에 똑같은 구성원이 같은 모둠 안에서 활동할 수 있도록 하였다. 그러한 모둠 구성은 과목 간 연계가 밀접히 이루어져 프로젝트 수업이 훨씬 효율적으로 이루어질 수 있도록 하였다.

2차시는 비상 행동 요령을 영어로 표현해 보는 시간이었다. 수업 첫 부분에 기상재해 어휘 학습지를 통해 관련 단어를 다 함께 학습한 후 모둠 활동을 시작하였다. 각 재해별로 가정, 학교, 야외 등의 장소를 나누어 개

노트북을 활용한 모둠별 조사활동

인당 2가지의 비상 행동 요령을 영어로 영작하고 모둠별 총 8개의 비상 행동 요령을 정리해 보는 활동을 하였다.

영작 활동에서는 동명사 및 'should', 'must'와 같은 조동사를 활용하여 행동 요령 문장을 만들어야 한다는 조건이 있었다. 조별로 지급된 노트북을 활용하여 영작에 필요한 단어와 영어 예문

기상재해 어휘 학습지

등을 검색하고 모둠원끼리 서로 도와 가며 모둠별 활동지를 완성하였다. 그리고 다음과 같은 기준으로 모둠별 활동지를 평가한 후, 문법이 틀린 부분과 잘못된 단어의 쓰임 등을 수정하여 다시 모둠에 돌려주었다.

3차시는 모둠별로 완성한 영어 비상 행동 요령을 발표하고 정보를 공유하는 시간이었다. 무작위로 지목된 학생들이 모둠 활동으로 작성한 행동 요령을 영어로 말하면, 다른 모둠 학생들이 어떤 기상재해 행동 요령인지를 맞추는 활동이었다. 이 시간을 통해 정보 공유는 물론이고 동료 평가, 교사 피드백이 자연스럽고 재미있게 이루어질 수 있었다.

이렇게 완성된 비상 행동 요령은 사회 수업에서 만든 기상재해 신문에 특집 기사로 실렸다. 신문이라는 틀 안에 학습한 내용을 정리하여 써

봄으로써 중요 내용을 복습하는 좋은 연계 활동이 되었다.

한편, 내가 맡고 있는 다섯 학급 중 나머지 두 학급에서는 '기후난민' 관련 카드뉴스를 제작하여 기상재해의 심각성을 알리기로 하였다.

1차시에는 영어 카드뉴스 샘플을 학생들에게 제시해 주고 뉴스의 형식을 파악하도록 하였다. 이를 시작으로 학생들은 4인 1모둠 단위로 노트북을 받아 기후난민의 정확한 뜻과 원인, 심각성 및 구조 상황에 대

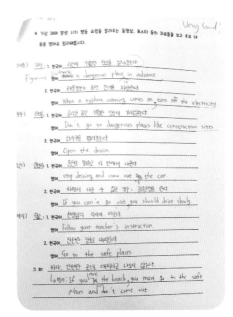

영어 비상 행동 요령 활동지

한 정보를 조사하였고, 구체적으로 어떤 뉴스를 작성할 것인지 모둠원과 토의하였다. 또 국내외 사이트에 접속하여 환경, 기후, 난민과 관련된 영어 어휘들을 접하고 해석해 보는 활동이 이루어졌다.

2차시는 각 모둠이 정한 카드뉴스 주제로 스토리보드를 작성하고 자기가 맡은 부분의 기사를 영어로 써 보는 시간이었다. 총 8컷 중 2컷의 그림과 기사를 각자 맡아 관련 사진을 찾아보고 기사도 작성해 보았는데, 이 활동에서도 마찬가지로 동명사와 조동사를 활용하여 문장을 만드는 성취기준을 달성해야 했다.

모둠의 스토리보드는 교사가 검토하여 내용의 흐름을 수정해 주었고 개인이 작성한 2개의 기사문은 1차로 모둠 내에서 비문을 수정하도록 하

였고, 2차로 교사가 피드백을 해 주었다.

마지막 3차시에는 각자가 완성한 영어 기사와 준비한 사진으로 카드뉴스를 만드는 시간이었다. 2절지 종이와 꾸미기 도구들이 각 모둠에 지급되었고, 학생들은 디자인 감각을 발휘하여 자신들의 기사가 돋보일 수 있도록 카드뉴스를 꾸몄다.

영어 카드뉴스 제작 활동에서도 비상 행동 요령 작성 활동 때와 같은 기준으로 학생들의 평가가 이루어졌다. 모든 활동이 끝난 후, 활동평가서를 작성하게 하여 자신과 모둠원의 활동에 대해 평가하고, 배운 점을 정리하도록 하였다.

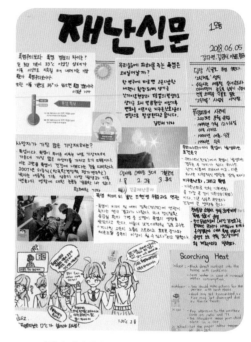

사회과 기상재해 신문 속 영어 비상 행동 요령

1. 활동하며 어려웠던 점, 흥미로웠던 점, 느낀 점을 쓰시오.
2. 새로 배워 알게 된 개념, 문화, 어휘, 문장 등을 쓰시오.
3. 자신이 모둠 안에서 맡은 역할을 쓰고, 역할 완수에 대하여 '잘했다, 보통이다, 제대로 하지 못한 것 같다'로 쓰시오.
4. 모둠 활동에서 가장 큰 공헌을 한 사람과 그 이유를 쓰시오.
5. 모둠 활동을 하면서 자신의 역할을 다하지 않은 모둠원과 그 이유를 쓰시오.

6. 협동학습을 통해 배운 점과 다른 모둠과 다르게 창의적이었다고 생각하는 점을 쓰시오.

구분	평가내용	평가기준
내용	내용과 주제 일치성	· 기후난민 뉴스와 비상 행동 요령이 정확한 정보로 쓰여졌는가?
역량	공감과 실천 의지	· 프로젝트 활동 후, 기후난민의 상황을 공감하고 그들을 위한 행동을 실천할 수 있는가?
	협력	· 모둠 내 구성원 간의 협력을 통해 카드뉴스를 완성하였는가?

• 수업 성찰

지금까지 3년째 교과융합 프로젝트 수업을 해 오면서 수업 활동 후 산출물을 전시하여 다른 사람이 볼 수 있도록 해야 한다는 강박관념이 있었다. 그러나 이번에 실시했던 '비상 행동 요령 영어로 작성하기' 활동은 영어 수업의 결과물이 다른 과목의 산출물로 연계되어 색다른 경험이었다.

지금까지 영어 프로젝트 수업은 보통 수업 시간 중 배웠던 문법을 이용하여 카드뉴스, 포스터, 영어 만화 만들기 등의 형태로 산출(outcome)만 하는 활동으로 설계했었다. 하지만 다음 프로젝트 수업에서는 교과지식이 우리 생활에서 실제로 어떻게 쓰이는가를 알아보고 지식을 다질 수 있는 투입(input) 활동을 프로젝트 수업 초반에 잠깐이라도 실시하여 이후 진행될 프로젝트 활동에 실제성(authenticity)을 더 부여할 수 있도록 할 것이다.

프로젝트 활동 후 학생들에게 성찰 일지를 작성하게 하고 있는데, 프로젝트 활동 결과 전시물 감상 후에 비평 일지를 작성하게 하는 것도 좋은 마무리 활동이 될 것 같다. 비평을 통해 자신과 다른 친구의 작품을 객관적으로 보고, 타인의 의견을 긍정적으로 수용할 수 있는 태도를 기르는 수업을 앞으로 설계해 보고자 한다.

영어 카드뉴스

▶ 생활기록부 기재 사례 ◀

사회

하브루타 학습을 통해 짝과 질문을 주고받으며 자연재해의 의미와 종류, 기상재해가 자주 발생하는 지역, 기상재해가 인간 생활에 미치는 영향과 대응방안에 대해 구체적인 사례를 들어 설명해 주어 짝의 이해에 많은 도움을 줌. 기상재해 신문 만들기에서 모둠장으로 모둠원들과 협의를 통해 각자의 능력에 맞는 역할을 분담하고 기상재해 중 태풍을 주제로 신문의 구성 요소인 기사, 사진, 시각자료, 만화, 광고를 포함하여 제작하고 발표함으로써 의사소통능력과 공동체 능력을 발휘함. 프로젝트 수업을 통하여 모둠 발표 주제는 물론 다른 모둠이 다룬 여타의 자연재해 피해를 줄일 수 있는 대책에 관심을 갖고 실천해야겠다고 다짐함.

과학

일상생활에서 접하는 신문기사에서 기상재해 대책과 관련된 내용을 읽고 과학 지식으로 배웠던 상태변화의 실례를 모둠원들과 역할 분담을 하여 조사함. 이 과정에서 역할 분담의 중요성을 알게 되었으며 소감문에 협업을 위해 노력한 흔적이 잘 드러남. 또한 다른 모둠 학생들이 발표하는 내용을 경청하면서 처음엔 막연히 이해가 되지 않았던 일부 내용들을 명확하게 이해했으며, 상태변화 과정에서 출입하는 열에너지는 항상 우리 주변에 존재하고 있다는 사실을 깨달음. 더불어 모둠원들과의 질의를 통해 개념을 스스로 찾아내는 모습이 관찰됨.

수학

기상재해 관련 배경지식을 이용하여 태풍을 주제로 주어진 그래프의 특징을 잘 조사함. 인터넷에서 관련 정보를 찾아 처리하는 능력이 뛰어나 태풍의 중심으로 갈수록 최대 풍속은 증가하고 기압은 감소하는 그래프를 조사하여 포스터 작성을 잘 하였음. 모둠의 리더를 맡아 의사소통 과정을 주도하였으며, 소감문에 협력의 방법을 고민한 흔적과 기상재해에 관련한 지식을 많이 익혔음을 잘 나타냄.

영어

기후난민의 개념과 원인 및 해결책에 대해 모둠원들과 자료를 조사한 후 하나의 영어 카드뉴스로 제작하며 협업의 중요성을 배움. 창의적이면서 시각적으로 흥미로운 뉴스를 꾸미고 전시하여 기후난민에 관한 관심을 효과적으로 이끌어 냄과 동시에, 공동체 사회에서 우리가 할 수 있는 일을 친구들에게 홍보하고 촉구함.
기후난민 대책을 영어 기사로 작성하는 과정에서 해외의 다양한 인터넷 사이트 및 뉴스를 접하며 프로젝트 목표 문법이었던 조동사와 동명사의 쓰임을 학습하였음. 직접 뉴스 기사문을 작성해 봄으로써 목표 문법을 완전하게 학습하려고 노력함. 기상재해 시 비상 행동 요령을 영어로 작성하는 활동에서는 이전 차시에서 학습했던 기상 관련 어휘를 활용하여 보다 정확한 영어 문장을 완성하여 글로벌 공동체 사회에서 영어를 모국어로 사용하는 친구들에게 재난 상황에서도 도움이 될 수 있도록 함. 모둠원들과 서로 도와 영어로 완성한 기상재해별 비상 행동 요령을 사회 교과 기상재해 신문의 한 부분으로 함께 구성해 보는 과정을 거치면서 학습의 연계성을 알게 됨.

움직이는 장난감이 들려주는
환경 이야기
8__
Chapter

예년과 달리 뿌연 미세먼지로 뒤덮
인 하늘을 보고 있으면 한숨이 나온다. 잦은 미세먼지 경보는 학생들이
뛰어놀 수 있는 기회조자 박탈한다. 최근 환경오염으로 인한 문제가 크
게 이슈가 되고 있다. 미세먼지의 급격한 증가, 미세 플라스틱으로 인한
해양오염, 해수면 상승 등 지구촌 곳곳에서 발생하는 환경문제는 당장
학생들의 삶에 영향을 미치고, 미래 세대에게 큰 부담으로 다가오고 있
다. 우리는 환경문제의 원인과 영향을 정확히 인식하고 환경문제를 극복
하기 위한 노력을 모색해야 한다. '움직이는 장난감이 들려주는 환경 이
야기' 프로젝트 수업은 최근 발생하는 환경문제의 원인과 영향을 구체적

으로 살펴보고, 오토마타 장치를 설계 및 개발하고, 환경문제 공익광고 UCC를 제작하여 환경문제에 대한 인식을 개선하기 위한 의도로 설계되었다.

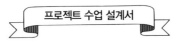
프로젝트 수업 설계서

주제	움직이는 장난감이 들려주는 환경 이야기			
교과	사회, 기술·가정		대상	중 3

교과별 성취기준	교과	내용요소	성취기준(2015 개정교육과정)
	사회	환경문제 및 지구온난화	〔9사(지리)10-01〕 전 지구적인 차원에서 발생하는 기후 변화의 원인과 그에 따른 지역 변화를 조사하고, 이를 해결하기 위한 지역적·국제적 노력을 평가한다. 〔9사(지리)10-03〕 생활 속의 환경 이슈를 둘러싼 다양한 의견을 비교하고, 환경 이슈에 대한 자신의 의견을 제시한다.
	기술·가정	기계 요소	〔9기가05-06〕 생활 속 문제를 찾아 아이디어를 구상하고 확산적·수렴적 사고 기법을 활용하여 창의적으로 해결한다.

미래 핵심역량	☐ 자기관리역량　　　　☐ 지식정보처리역량　　　☑ 창의적 사고역량 ☐ 심미적 감성역량　　　☐ 의사소통역량　　　　☑ 공동체역량

산출물	개인	
	모둠	오토마타, 공익광고 UCC

산출물 공개 및 청중	오토마타 전시, 공익광고 UCC 상영

평가내용	핵심역량	내용요소
	· 창의적 사고: 기초 지식과 전문 기술 및 경험의 융합을 통해 새로운 아이디어 창출 · 공동체: 공동체 구성원으로서 요구되는 가치와 태도를 갖고 발전에 적극 참여	· 사회: 환경문제의 원인과 영향 이해 · 기술·가정: 오토마타의 완성도

문제 (or 질문)	최근 터키와 이라크에서는 수자원을 둘러싼 분쟁이 일어나고 있고, 미국과 아프리카에서는 기온이 52°까지 올라가는 이상 고온 현상으로 많은 인명 피해가 발생하고 있다. 또 투발루와 같이 해수면이 낮은 국가에서는 빙하가 녹아 해수면이 상승하자 국토의 상당 부분이 물에 잠기는 현상이 발생하고 있다. 이러한 환경문제는 전 세계적인 관심사이며 당장 우리의 삶에도 많은 영향을 주고 있다. 그러나 환경문제에 대한 인식은 매우 낮은 편이며, 환경문제를 극복하기 위해 어떠한 노력을 해야 하는지 잘 모르고 있는 실정이다. 환경문제의 원인과 영향을 알아보고 이를 극복하기 위한 노력에 대해 탐색해 보자. 또 환경문제의 심각성을 알릴 수 있는 오토마타 장치를 만들어 많은 학생들이 환경문제의 심각성을 이해할 수 있게 공익광고를 제작하여 보자.

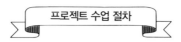

프로젝트 수업 절차

절차 (기능)	교과 (차시)	학습활동	평가 방법	자원
문제 확인 하기	기술· 가정(1)	· 프로젝트 안내하기 · 문제 확인하기 · 모둠 구성하기		
분석/ 해서 하기	사회(2)	· 환경문제의 원인과 결과 알아보기 · 스캐폴딩 환경문제 카드게임 실시	교사평가 (관찰평가) 자기평가	카드 게임
설계 하기	기술· 가정(1)	· 오토마타 장치 설계하기 · 피드백 오토마타 장치 설계에 대한 피드백 · 피드백에 따른 설계도 수정 및 보완하기	교사평가 (관찰평가)	
제작 하기	기술· 가정(3)	· 오토마타 장치 만들기 · 피드백 오토마타 장치 작동에 대한 피드백 · 피드백에 따른 장치 수정 및 보완하기 · 공익광고 UCC 만들기 · 스캐폴딩 UCC 제작에 따른 저작권 안내	교사평가 (산출물평가)	오토 마타 스마트 폰
공유 하기	축제	· 오토마타 장치 전시하기 · 공익광고 UCC 상영하기		

1. 사회

· 수업 활동

사회 교과에서는 세계적인 환경문제의 종류와 원인 및 결과에 대해 학습하였다. 이 학습을 바탕으로 기술 시간에 환경문제를 홍보하기 위한 장치를 만들어야 했으므로, 사회 시간의 이론 정립 및 이해는 프로젝트 수업의 출발이라고 할 수 있다.

| 정밀기기 제작 및 운영 차질 | 빗물의 pH(수소 이온 농도) 농도가 5.6 이상 | 황산화물·질소 산화물이 빗물에 녹음 | 화석 연료 사용 증가 |
| 삼림 말라 죽음 | 산성화로 강과 호수의 물고기 죽음 | 토양의 산성화 | 건축 구조물과 유물 부식 |

환경문제의 인과관계를 담은 카드

환경문제에 대한 수업 활동을 구안할 때 가장 중점을 둔 것은 환경문제의 원인과 결과가 서로 연결되어 있다는 사실을 알려 주는 것이었다. 이를 단순히 말로 설명하는 것보다 게임을 이용해 문제를 해결하는 게이미피케이션을 적용한 수업을 구상하였다. 여러 환경문제에 연결되어 있는 현상(개념) 카드가 마치 조커 카드처럼 활용되는 경험을 통해 환경문제의 상호 관련성을 가르치기 위함이었다.

환경문제는 교과서를 기준으로 지구온난화, 오존층 파괴, 생물의 종 다양성 감소, 황사, 산성비로 선정하였고, 각 환경문제의 원인과 결과를 간략히 정리해 카드로 만들었다. 고등학교 수준이라면 현상만을 적은 카드를 가지고 환경문제에 따라 구분해 보는 활동을 진행하겠지만, 중학교 수준에서는 더욱 많은 힌트가 필요할 것 같아서 각 카드를 환경문제에 따라 색으로 구분해 준비하였다. 지구온난화는 빨간색, 오존층 파괴

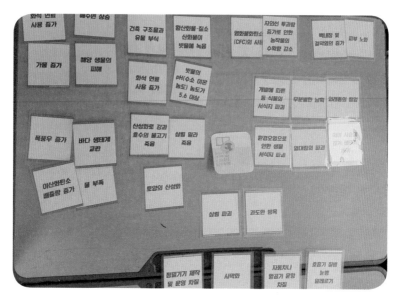

카드게임 활용 모습

는 분홍색, 사막화는 노란색 등으로 정해 카드에 색을 넣었다.

수업 시간에는 모둠별로 활동을 진행하였다. 1차시에는 카드를 모둠별로 나누어 주고, 각 카드를 5개의 환경문제로 분류하게 하였다. 분류가 끝나면 각 환경문제에 해당되는 카드를 다시 한 번 원인 카드와 결과 카드로 분류하게 하였고, 각 모둠의 분류 상황을 사진으로 찍어 확인하였다. 그런데 기대와 달리 많은 모둠이 분류를 완벽하게 하지 못하였다. 이에 카드의 5가지 색상은 각각 다른 환경문제를 의미한다고 힌트를 주고 다시 카드를 배열하게 하였다. 그러자 카드를 적절히 분류하는 모둠이 많아졌다.

그런 다음, 카드 분류를 찍은 사진을 바탕으로 각 모둠에게 카드 분류 이유에 대해 질문하였다. 예를 들어 여러 환경문제에 해당하는 조커 카드인 '삼림 파괴'를 황사의 원인으로 분류한 학생들에게 "왜 그 카드가 황사의 원인에 해당되는가?"라고 묻는 것이다. 여러 색깔을 가진 카드들이 모둠별로 다른 환경문제에 배치되었기 때문에 학생들은 이러한 질문 활동을 통해 같은 내용의 카드가 여러 환경문제에 해당되며, 각기 다른 이유로 환경에 영향을 미친다는 것을 자연스럽게 알게 된다.

2차시에는 영상 및 사진을 보여 주며 환경문제를 좀 더 구체적으로 살펴보았다. 1차시에서 카드게임을 통해 환경문제 내용을 한 번 정리했기에 학생들은 비교적 쉽게 답변하였다. 그래서 심화된 질문으로 환경문제를 극복하기 위한 방안을 물어보았고 여러 학생들이 의미 있는 답을 하였다. 이어지는 기술·가정 시간에 오토마타 설계 수업에 활용할 수 있게 수집한 정보를 잘 기록하도록 지도하였다.

구분	평가내용	평가기준
내용	환경문제에 대한 이해도	• 환경문제의 원인과 영향을 정확히 이해하였는가?
역량	공동체역량	• 공동체의 구성원으로서 환경문제를 극복해야 하는 이유와 실천 의지를 말할 수 있는가?

• 수업 성찰

사회과 프로젝트 수업을 계획하며 가장 중요하게 생각했던 것은, 학생들이 여러 환경문제가 연결되어 있으며 이를 해결하기 위해서는 종합적인 노력과 관심이 필요하다는 것을 인지하는 것이었다. 이를 위해 조커 카드를 사용하는 게임을 생각하였다. 게임 속에서 여러 환경문제에 해당하는 조커 카드를 다양하게 사용하면서 한 요소가 여러 환경문제에 얽혀 있다는 것을 느끼게 하고 싶었다. 카드게임을 바로 적용하다 보니, 환경문제에 대한 개념이 명확히 정립되지 않은 학생들이 게임을 어려워하였다. 다음에 수업을 하게 된다면, 환경문제 관련 개념을 먼저 소개하고 심화학습으로 카드 활동을 하면 좋겠다는 생각이 들었다.

원래 이 프로젝트 수업은 보드게임을 추가하여 3차시에 걸쳐 진행하고 싶었다. 그러나 학기 말이라 교과 수업 진도에 대한 부담으로 2차시밖에 진행하지 못하였다. 시간 여유가 된다면 3차시에 게임을 하면서 환

환경문제 카드로 활동하기: '올레 게임'

게임 목표

게임의 목표는 손에 지닌 6장의 카드가 한 가지 주제에 해당되도록 만들어 '올레'를 외치는 것이다.

게임 방법

1. 환경문제 카드를 모두 섞는다.
2. 한 사람당 6장씩 카드를 나누어 갖고, 남은 카드는 뒤집어서 가운데에 놓는다.
3. 가운데에 놓인 카드 더미에서 한 장을 꺼내어 앞면이 보이게 펼쳐 놓는다.
4. 플레이어는 앞장이 보이는 카드 또는 뒤집혀 있는 카드 더미의 가장 위 카드 중 하나를 가져갈 수 있다. 그렇게 한 장의 카드를 가져간 후에는 자신이 가진 카드 중 하나를 앞면이 보이게 내려놓는다.
5. 다음 플레이어 또한 앞면이 보이는 카드 또는 뒤집혀 있는 카드 더미의 가장 위 카드 중 하나를 가져갈 수 있으며, 한 장의 카드를 가져간 후에는 자신이 가진 카드 중 하나를 앞면이 보이게 내려놓는다.
6. 위의 과정을 반복하여 플레이어 손에 들린 카드가 하나의 주제로 모아질 경우, '올레'를 외치고 자신의 카드가 어떤 주제에 해당하는지 설명한다.

경문제에 대해 다시 정리를 해 보면 좋을 것 같다. 또는 2차시에 했던 사진 및 영상 적용 수업을 1차시에 하고, 2차시에는 환경문제 카드를 분류하고 이어서 보드게임을 진행하면 개념이 정리됨과 동시에 조커 카드를 손쉽게 활용하며 환경문제의 연관성을 깨달을 수 있을 것 같다.

2. 기술·가정

• 수업 활동

기술·가정 교과에서는 기계 요소의 기초적 원리를 이해하고 이를 활용하여 환경문제의 심각성을 표현하는 오토마타를 제작하는 활동을 해 보기로 하였다. 여기서 오토마타란 여러 기계적 요소에 의해 일정한 움직임을 만들어 내는 기계장치이다. 학생들이 사회 시간에 환경문제의 원인과 영향을 살펴보았기 때문에, 기술·가정 시간에는 바로 주제를 선정하고 사전에 학습한 기계 요소를 활용하여 창의적인 오토마타 장치를 제작하였다.

1차시에는 모둠별로 다양한 환경문제를 살펴보면서 문제 상황을 설정하고, 기계 요소를 활용하여 다양한 움직임을 표현할 수 있는 방법에 대해 이야기를 나누었다. 먼저 학생들에게 동영상을 통해 오토마타의 개념과 작동 원리를 소개하고 다음과 같은 조건을 제시하였다.

> '환경문제의 심각성, 대처방안을 알릴 수 있는 창의적인 오토마타 장치를 제작하고 이를 공익광고로 제작하시오. 단, 주어진 재료를 활용하여 2가지 이상의 기계적 운동이 있도록 해야 합니다.'

학생들은 오토마타에 대표적으로 많이 사용되는 캠과 링크 장치, 크랭크축, 기어 등의 특성과 원리를 정리하고, 이를 어떤 움직임으로 표현할 것인지 구체적으로 구상한 후 설계도를 작성하였다. 교사는 오토마타 구상과 설계 과정에서 학생들이 브레인스토밍 기법을 통해 다양한 아이디어를 떠올리게 하고, 주어진 재료 내에서 활용 가능한 기계 요소를 가지고 창의적인 움직임을 표현할 수 있도록 안내하였다. 학생들의 설계도에 피드백을 제공하고, 주어진 제한 조건에서 구현할 수 있는지, 또 다른 움직임은 없는지를 생각해 볼 수 있는 기회를 제공하였다. 학생들은 교사의 피드백을 바탕으로 설계도를 최종 수정·보완하였다.

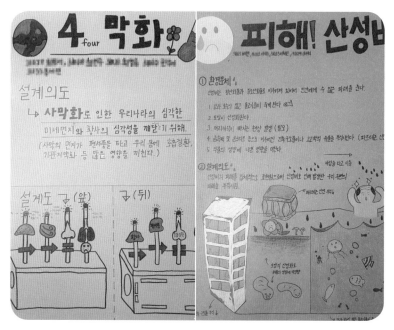

오토마타 구상과 설계도

2~4차시에는 다양한 기계 요소를 적용한 오토마타 제작 활동을 하였다. 각 모둠에 오토마타 박스와 폼보드, 캠, 나사와 플라스틱 푸시로드 등 12종류의 동일한 재료를 제공하였고, 학생들은 필요한 재료를 선택적으로 사용하기도 하고 주어진 재료 외에 주변에서 구할 수 있는 폐품을 활용하기도 하였다. 수업 시간에 배운 이론적 지식을 실제 작품에 적용하여 움직임을 표현하는 데 어려움을 겪

오토마타 장치

공익광고 UCC

은 모둠도 있었지만 모둠원들이 협력하여 슬기롭게 문제를 해결하였다. 모둠별로 나사와 폼보드를 이용하여 크라운 기어를 만들어 회전운동의 방향을 바꾸어 주기도 하고, 캠과 핀을 이용하여 직선왕복운동을 표현하기도 하였다. 교사는 모둠 내 협력이 원활히 이루어질 수 있도록 학생들의 참여 정도를 관찰하고 모둠의 활동 과정과 결과에 대한 피드백을 수시로 제공하였다.

5차시에는 오토마타의 움직임을 공익광고로 표현해 보는 활동을 하였다. 공익광고는 환경문제의 심각성을 알리거나 대처방안을 생각해 보게 하는 메시지를 전달해야 된다. 다만, 이 프로젝트 수업의 성취기준은

기계 요소의 이해였기 때문에 학생들이 동영상 제작에 너무 많은 노력을 들이는 것을 방지하고자 촬영 10분, 편집 10분으로 활동 시간을 제한하였다. 그리고 오토마타에 표현된 내용으로만 동영상을 제작하게 하였다. 학생들은 단순히 기계의 원리를 표현하는 것이 아니라, 기계의 움직임으로 메시지를 전달하는 데 초점을 두고 동영상을 제작하였다. 동영상을 제작할 때 이용하는 인터넷상의 이미지, 음악 등이 '저작권 위배'에 해당되지 않도록 사전 교육을 실시하였다.

학생들이 제작한 동영상은 플립그리드(flipgrid.com)에 제출하게 하였다. 플립그리드는 동영상에 대한 피드백을 남기는 유용한 도구로 최근 동영상을 활용한 토론 수업에 많이 이용되고 있다. 평가기준을 설정하고 평가와 피드백을 바로 제공할 수 있다는 장점 때문이다. 구체적인 활용 화면은 다음과 같다.

플립그리드를 활용한 과제 평가

평가의 초점은 결과물의 작동 및 완성도, 기계장치의 창의성, 모둠의 협력 정도에 두었다. 작동 및 완성도는 설계도에서 의도한 대로 오토마타가 잘 작동하는지, 주어진 조건을 다 충족시키는지 등의 여부를 평가하였고, 협력의 정도는 동료평가와 교사평가를 실시하여 학습자들의 역할 분담과 참여도를 중심으로 평가하였다.

구분	평가내용	평가기준
내용	동작 및 완성도	• 2가지 이상의 운동을 나타내는 오토마타가 5초 이상 부드럽게 잘 작동하는가?
역량	창의성	• 기계 요소의 움직임을 고려하여 기계장치를 창의적으로 제작하였는가?
	협력	• 모둠원들이 각자의 역할을 수행하며 적극적으로 참여하였는가?

• 수업 성찰

프로젝트 수업을 설계하면서 단순히 만들기 활동에 그치지 않고 기존의 교과 지식을 어떻게 학생들에게 녹아들게 할까 고민이 많았다. 이 프로젝트는 '창의적인 제품 제작'이라는 주제로 아이디어를 구체화하고, 도구를 사용하여 제품을 만들어 봄으로써 창의력, 문제해결력, 협동능력, 성취감을 길러 주는 것을 목적으로 하였다. 이전에 교사 연수에서 동료교사들과 오토마타 제품을 제작해 보았음에도 많은 어려움이 있었기에 이 수업을 실제로 학생들에게 적용하지 못하고 있는 상황이었다. 과연 학생들이 생소한 오토마타라는 제품을 잘 만들 수 있을까 의구심이 들었지만, 함께 프로젝트를 진행하는 학습공동체 교사들과 아이들의 무한한 상상력을 믿고 도전하게 되었다.

환경오염이라는 주제로 캠, 크라운 기어, 링크 장치 등을 사용하여 정말 다양한 작품들이 나왔다. 캠을 이용하여 공장 매연을 표현한 모둠, 달팽이 캠을 이용하여 북극 빙하가 녹아내리는 모습을 표현한 모둠, 크라운 기어를 이용하여 과도한 냉방기구의 사용을 표현한 모둠 등 다양한 소재를 활용하여 작품에서 강조하려는 내용을 대체적으로 잘 전달하였다. 학생들은 교과서에 나온 다양한 기계 요소들을 사용해 폼보드나 플라스틱 모형으로 직접 만들어 봄으로써 더 쉽게 교과 지식을 습득할 수 있었고, 모둠원 간 상호 작용을 통해 의사소통능력, 창의력, 문제해결력 등을 키울 수 있었다. 다만, 재료 구입비 등의 예산 문제로 한정된 범위 안에서 제작 활동을 할 수 밖에 없었던 것, 오토마타의 동작이 단순한 상하왕복운동, 회전운동으로만 표현된 점 등에서 조금 아쉬움이 따른다.

다음에 이 프로젝트 학습을 한다면, 박스와 병뚜껑 등 각종 폐품을 포함해 더 다양한 재료를 학생들에게 제공하고 보다 다양한 움직임을 표현할 수 있게끔 하고 싶다. 이번에는 오토마타의 회전축이 1축용으로 제작되어 움직임을 표현하는 데 한계가 있었지만, 다음 수업에서는 범위를 조금 더 넓혀 2축용, 3축용으로 제작하고 더 다양한 기계 요소들을 활용해 보다 근사한 산출물이 나오게 할 것이다.

프로젝트 수업을 진행하면서 교사로서 학생들의 무한한 상상력을 볼 수 있었고, 학생들은 배움의 즐거움을 느낄 수 있었던 것 같아 뿌듯함을 느낀다. 미흡한 점들은 보완해서 조금씩 더 발전된 수업을 할 것이다.

▶ 생활기록부 기재 사례 ◀

사회

에너지 자원 단원에서 환경오염의 심각성을 인지하고 이상기후 현상과 기후 변화 등에 평소 관심을 두고 있던 중에 수업 활동으로 '환경 카드 놀이'를 하게 됨. 다양한 색의 카드를 분류하는 것에 친구들이 어려움을 느끼자 "지구온난화 같은 익숙한 환경문제부터 분류해 보자."고 제안하며 친구들의 활동을 이끌었음. 또한 카드 분류에 대한 자신의 의견을 적극적으로 제시하여 활발한 모둠 활동을 만들어 감. 카드 분류 과정에서 카드의 규칙성을 찾아냈으며 이를 바탕으로 카드를 정확하게 분류했고, 분류된 카드로 각 환경문제의 원인과 결과를 설명해 냄. 카드 분류에 대한 모둠별 질의응답 시간에는 카드 분류 방법이 다양하다는 것을 알게 되어, 한 가지 요인이 다양한 환경문제의 원인 또는 결과가 될 수 있다는 것을 깨달음. 프로젝트 수업을 통해 환경문제의 상호 연관성과 심각성을 느껴 이후 진행된 환경 단원 수업에 진지한 태도로 임하였으며 환경 문제를 해결하기 위한 방안을 고민하고 실천하겠다는 포부를 밝힘.

기술·가정

과도한 플라스틱 사용으로 인한 해양오염 문제를 선정하여 캠, 크랭크축, 베벨기어 등을 활용하여 원활하게 작동하는 오토마타 장치를 제작함. 캠과 크랭크축을 이용하여 해양에 플라스틱이 떠다니는 모양을 표현하고, 베벨기어로 환경오염으로 인해 고통받는 동물들의 모습을 창의적이고 구체적으로 표현함. 모둠별로 제작한 오토마타 장치를 활용하여 UCC를 빠른 시간 내에 완성하였으며, 적절한 이미지와 글자를 선택하는 등 동영상 편집능력이 매우 우수함. 집중하지 않는 모둠원이 있을 때 그를 독려하고 학습에 집중할 수 있는 긍정적인 의사소통을 함.

내 삶의 목적은 무엇일까?

9__
Chapter

　　　　　　　　　　　　청소년기는 자아에 눈을 뜨는 시기다. 이 시기에 청소년들은 '나는 누구인가? 나는 왜 사는가? 나는 무엇을 위해 사는가?' 하며 삶의 이유와 목적을 묻는다. 하지만 수없이 질문만 할 뿐 쉽게 답을 내리지 못한다. 삶의 목적을 묻고 답하는 일은 내 삶의 이유를 깊게 생각해 보는 중요한 과정이다. 삶의 목적은 인생이라는 드넓은 바다에서 우리가 나아가야 할 방향을 알려 주는 나침반과 같은 역할을 한다. 삶의 목적이 뚜렷할수록 그것을 이루기 위해 구체적인 목표를 세우게 되고, 구체적인 목표는 적극적인 실천의 원동력이 된다. '내 삶의 목적은 무엇일까?' 프로젝트 수업은 학생들에게 삶의 목적에 대해 깊이 있는 성찰을 제공하기 위한 의도로 설계되었다.

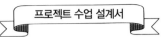

プロジェクト授業設計書 *(프로젝트 수업 설계서)*

주제	내 삶의 목적은 무엇일까?		
교과	도덕, 국어, 기술·가정	대상	중 1

	교과	내용요소	성취기준(2015 개정교육과정)
교과별 성취기준	도덕	도덕적 삶의 이유	[9도01-04] 본래적 가치에 근거한 삶의 목적 추구가 도덕적으로 정당화될 수 있음을 도덕 공부를 통해 이해하고, 자신의 삶의 목적을 도덕적 이야기로 구성할 수 있다.
	국어	비유와 상징의 효과	[9국05-02] 비유와 상징의 표현 효과를 바탕으로 작품을 수용하고 생산한다. [9국03-05] 자신의 삶과 경험을 바탕으로 독자에게 감동이나 즐거움을 주는 글을 쓴다.
	기술·가정	재료의 특성과 활용	[9기가04-03] 제조기술의 특징과 발달과정, 재료의 특성과 이용을 설명하고 제조기술의 발달 전망을 예측한다. [9기가04-04] 제조기술과 관련된 문제를 이해하고, 해결책을 창의적으로 탐색하고 실현하며 평가한다.

미래 핵심역량	☑ 자기관리역량 ☐ 지식정보처리역량 ☐ 창의적 사고역량 ☐ 심미적 감성역량 ☐ 의사소통역량 ☐ 공동체역량

산출물	개인 미래 일기, 사진 시, 피규어 모둠

산출물 공개 및 청중	사진 시 전시, 피규어 전시

	핵심역량	내용요소
평가내용	· 자기관리: 자신의 삶 및 진로에 필요한 가치와 능력에 대해 표현	· 도덕: 삶의 목적 이해 · 국어: 비유와 상징을 이용한 시적 표현 · 기술·가정: 재료의 특성 이해와 제품의 완성도

문제 (or 질문)	청소년기는 앞으로의 삶을 계획하고 준비하는 중요한 시기로 자신의 삶의 목적은 무엇인지, 왜 그런 목적을 추구하는지를 진지하게 고민해야 할 필요가 있다. 하지만 한 학급에서 절반 정도의 학생들이 명확한 꿈이 없거나 어떤 삶의 목적을 가지고 살아가야 하는지 모른다고 답하였다. 한국고용정보원의 설문조사에 의하면 장래 희망이 '없다'고 답한 학생이 중학생 34.4%, 고등학생 32.3%로 나타났다. 뚜렷한 목적의식을 가지고 바람직한 가치가 반영된 삶의 목적을 설정하는 것은 매우 중요한 일이다. 비유와 상징을 이용하여 자신의 삶의 목적을 사진 시로 진솔하게 표현하고, 20년 뒤의 모습을 구체적으로 표현하는 인물상(피규어)을 제작하여 친구들에게 전시하여 보자.

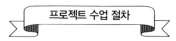

프로젝트 수업 절차

절차 (기능)	교과 (차시)	학습활동	평가 방법	자원
탐색하기	도덕 (3)	· 문제 확인하기 · 삶의 목적 설정의 중요성 이해하기 · 20년 이후의 삶의 모습 생각하기	포트폴리오 평가	포스트잇 인터넷 자료
표현하기	국어 (3)	· 비유와 상징 개념 복습 및 사진 시 작성 요령 학습하기 · '내 삶의 목적'을 글로 표현하기 · '내 삶의 목적'을 비유나 상징을 활용하여 사진 시로 표현하기 · 스캐폴딩 사진 시 예시 자료 제공	산출물평가	사진 인터넷 자료
설계하기	기술· 가정 (2)	· 플라스틱의 특성 이해하기 · 피규어 설계하기 · 피드백 피규어 설계에 대한 피드백 제공	산출물평가	인터넷 자료
제작하기	기술· 가정 (2)	· 피규어 제작하기 · 스캐폴딩 3D펜 적응이 어려운 학생들에게 쉬운 예시 자료 제공	산출물평가	3D펜
공유하기	축제	· 학교 축제에서 자신의 피규어 전시하기 · 학교 축제에서 사진 시 전시하기 · 친구의 꿈 응원하기		

1. 도덕

• 수업 활동

"앞으로 인생을 살아가며 가지고 싶은 삶의 목적이 있니?"라는 질문을 학생들에게 하면 고개를 끄덕이는 학생은 소수에 불과하다. 실제로 많은 학생들이 삶에 대한 뚜렷한 목적이 없는 채로 학교를 다니고 공부를 한다. 삶의 목적이 있는 학생과 없는 학생을 비교해 보면 학교에서의 생활 방식

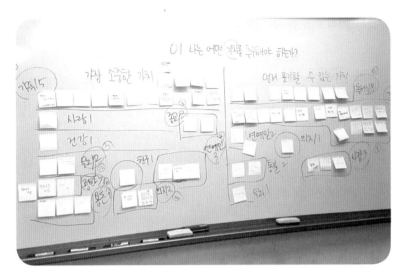

포스트잇을 활용하여 작성한 다양한 가치

과 공부 습관이 확실히 차이가 난다. 목표 의식이 있는 학생들은 학교 활동에 적극적으로 참여하고 학습을 자기주도적으로 이끌어 간다. 그러나 그렇지 못한 학생들은 학교생활을 힘들어하고 공부 자체를 기피하는 모습을 보이기도 한다. 목적이 있는 학생이 자신의 미래를 보다 더 효율적으로 준비할 수 있고 그 과정을 즐길 수 있다는 것을 학생들이 알기를 바라는 마음으로 이번 프로젝트 수업을 계획하였다. 도덕 교과에서는 도덕적 관점에서 삶의 목적의 중요성을 학습할 수 있는 수업을 계획하였다.

1차시에는 우리 학급이 소중하게 생각하는 가치에 대해 탐색하였다. 삶의 목적을 정하기 전에 학생들은 어떠한 가치가 인생에서 중요하고 바람직한 가치인지를 알아야 한다. 돈이면 다 된다거나 물질이 최고라는 물질만능주의적 생각을 가진 학생들이나 아이돌 가수의 영향으로 내면

보다는 멋진 외모를 중시하는 외모지상주의에 빠진 학생들에게 눈에 보이는 가치보다는 정신적 가치를 추구해야 함을 설명하였다. 또한 학생들은 어떤 것의 수단이 되는 도구적 가치보다는 사랑과 평화처럼 그 자체로 가치가 있는 본래적 가치와 행복이 지향해야 할 가치임을 알게 되었다. 그 후 학생들에게 포스트잇 두 장씩을 주어 소중하게 생각하는 가치와 가장 먼저 포기할 수 있는 가치를 적어 칠판에 부착하게 하고, 각각의 이유를 설명하도록 하였다. 이 활동을 통해 학급 친구들이 어떤 가치를 소중히 여기는지 한눈에 알게 되었고, 친구들의 이유를 들으며 돈이나 연예인과 같은 가치보다는 가족이나 사랑과 같은 가치의 소중함을 알게 된 학생들도 있었다.

2차시는 삶의 목적을 설정하는 것이 중요한 이유를 여러 인물을 통해 제시하며 시작하였다. 어린 시절부터 삶의 목적을 가지고 노력하여 요리 분야에서 성공한 백종원 대표 이야기와 스포츠 분야의 김연아, 박지성 선수 이야기, 교사라는 목표를 이루기 위해 힘든 고시 생활을 했던 나의 이야기를 들려주었다. 학생들은 친숙한 인물들의 이야기에 눈을 크게 뜨고 경청하였고, 올바른 삶의 목적을 세우는 것이 동기와 책임감을 갖추고 인생이 옳은 방향으로 향해 가는 길임을 알게 되었다.

3차시에는 '20년 후의 나'가 되어 보는 활동을 했다. 20년 후의 나로 변장하여 소중한 사람을 만나 보는 MBC 예능 프로그램 〈미래 일기〉를 짧게 보여 준 후, 학생들과 타임머신을 타고 20년 후로 이동하였다.

"지금부터 여러분은 선생님과 함께 타임머신을 타고 20년 후로 이동할 것입니다. 타임머신 출발합니다. 레디, 고! 미래에 도착하였습니다. 2038

년 6월 19일 토요일로 이동한 여러분은 어떤 모습인가요?"

손발이 오그라드는 대사이지만 교사가 부끄러워하지 않고 진짜 타임 머신을 타고 이동한 것처럼 행동하니, 학생들은 정말 미래에 온 것처럼 기대에 가득 찬 표정을 지었다. 미래로 이동했다는 가정 하에 그날의 일기를 써 보고 역할극을 진행해 보았다. NASA에 들어가 우주탐사원이 되는 꿈을 이룬 학생부터 축구 빅 클럽의 구단주가 되어 있는 학생, 가정을 꾸려서 행복한 신혼생활을 하고 있는 학생까지 자신들이 정한 삶의 목적에 따라 다양한 미래 모습을 생각해 보고 짝꿍과 함께 역할극으로 표현하는 즐거운 시간을 가졌다.

이번 '내 삶의 목적' 프로젝트 수업은 국어, 기술 교과의 융합 수업으로, 도덕 수업은 제일 초반에 이루어지며 학생들에게 삶의 목적의 중요성을 깨닫게 하는 것에 중점을 두었기 때문에 거창한 결과물을 산출해 내지는 않았다. 그래서 평가는 수업 중 작성한 학습활동지 평가와 역할극 평가로 계획하였다. 학습활동지에 작성한 '자신이 바람직하다고 생각하는 가치와 이유 쓰기'와 '20년 후 일기 쓰기' 등의 내용 완성도를 평가하였다. 또한 역할극에 참여한 학생들을 관찰평가하고, 잘못된 가치를 지닌 학생들에게는 피드백을 하였다.

구분	평가내용	평가기준
내용	내용과 주제의 일치	• 주제에 맞게 글이 쓰여졌는가?
	역할극	• 연극을 통하여 삶에 대한 바른 가치를 전달하고 있는가?
역량	자기관리역량	• 자신의 삶의 가치를 구체적으로 설명할 수 있는가?

• 수업 성찰

　20년 후 자신의 모습을 생각해 보고 역할놀이를 할 때 소위 흥행의 보증수표가 될 수 있는 끼가 많고 모범적인 대답을 하는 학생이 발표하기를 내심 바랐다. 그런 학생들이 발표를 해야 성공적인 역할놀이가 될 거라 생각했다. 그런데 평소 눈에 띄지 않고 조용한 학생이 짝꿍의 권유로 어쩔 수 없이 발표를 하러 나오는 것을 보고 걱정스러운 마음이 들었다. 그런 걱정이 무색할 만큼 학생은 발표를 잘 해냈다. 연기력이 뛰어나지는 않았지만, 20년 후 종교인이 된 자신이 왜 그러한 삶의 모습과 가치를 선택했는지 구체적인 장면을 설정하여 역할극을 하는 모습을 보고 스스로 반성하였다.

　실제 수업 중 역할놀이를 진행할 때는 지나치게 모범적인 답안을 말하거나 개그나 연기만 잘하는 학생은 피하는 것이 좋다. 다른 학생들이 도덕적으로 사고해 볼 기회가 없어지기 때문이다. 또한 역할놀이 수업 후 피드백이 이루어질 때에는 연기력보다는 활동의 목적을 잘 수행했는지, 해결 방안을 어떻게 제시했는지에 초점을 두고 피드백하는 것이 좋다. 다음에 또 역할놀이로 수업을 진행한다면, 충분한 시간을 확보하여 한 번 시연에 그치는 것이 아니라 역할을 바꿔 재연하게 함으로써 삶의 목적에 대한 방향성을 더욱 공고하게 가져가도록 하는 것이 좋겠다.

　학생들에게 "이번 '내 삶의 목적' 단원은 프로젝트 수업을 통해 진행할 겁니다."라고 하니 대번에 "또 프로젝트예요?", "시험이 얼마 안 남았잖아요?"라는 반응이 돌아왔다. 학습공동체 선생님들의 활발한 활동으로 프로젝트 수업이 여러 교과를 통해 여러 주제로 이루어지다 보니, 적극적으로 참여하는 학생들도 있지만 불만을 표출하는 학생도 더러 있었다. 그래서 이번 교과융합 프로젝트 수업의 첫머리 교과로서 프로젝트 수업의 의미와 필요성을 설명하고 수업의 주제인 '내 삶의 목적'에 대한 문제의식을 일깨우는 데 시간을 꽤 보낸 것 같다. 이 주제에 대한 수업은 학생들이 부담을 느끼지 않도록 다른 프로젝트 수업과 기간 차이를 두고 진행하는 것이 좋겠다는 생각을 하였다.

2. 국어

• 수업 활동

국어 교과에서는 '내 삶의 목적'을 주제로 비유와 상징을 활용하여 '사진 시'를 제작하였다. 사진 시란 자신이 표현하고 싶은 이야기나 대상을 사진과 함께 시로 표현한 것을 말한다.

1차시에는 이전 수업 시간에 배웠던 내용을 바탕으로 비유와 상징의 개념과 종류 등에 대하여 살펴보았다. 그런 다음 교과서에 수록된 사진 시를 보면서 시의 내용이 어떠한지, 사진 시란 어떻게 쓰는 것인지 등에 대해 이야기를 나누고 사진 시 쓰기 과정을 익혔다. 시화나 시화엽서를 제작할 때 그림 솜씨가 없는 학생들이 굉장히 힘들어했는데, 사진 시는 굳이 그럴 필요가 없어서 좀 더 수월하게 접근할 수 있을 것 같았다.

2차시에는 학습지에 '내 삶의 목적'이라는 주제로 떠오르는 생각을 글로 써 보게 하였다. 아이들은 이 주제를 어려워했다. 그래서 일단 자신이 생각하는 것을 솔직하게 서술해 보게 한 것이다. 처음에 나는 '내 삶의

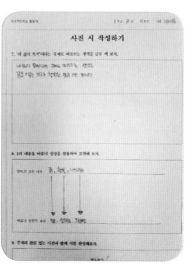

사진 시 작성 활동지

목적' 하면 아이들이 꿈, 희망하는 진로 정도로만 언급할 것 이라고 생각
하였다. 그런데 아이들은 변호사가 되는 것, 의사가 되는 것, 교사가 되
는 것 같은 일반적인 꿈과 희망 진로뿐만 아니라 행복하게 살아가는 것,
누군가에게 중요한 존재가 되는 것, 배려하는 삶을 사는 것, 누군가에게
도움이 되는 삶을 사는 것, 아버지 같은 사람이 되는 것 등 다양한 이야
기들을 하였다. 학생들이 도덕 시간에 이미 충분히 고민했던 내용이라
다양한 생각들이 도출되었던 것 같다. 이어서 자신이 말하고 싶은 내용
을 교과서에서 배운 은유법, 직유법, 의인법과 같은 비유와 상징을 활용
하여 표현해 보게 하였다. 되도록 시를 완성하기 전에 비유와 상징의 표
현을 먼저 다듬을 수 있도록 지도하였다.

　3차시에는 주제와 관련 있는 시를 사진과 함께 완성하게 하였다. 시를

 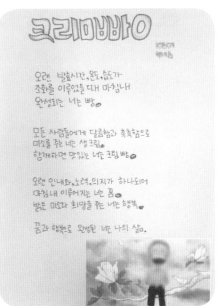

사진 시 작품

쓸 때는 부담 없이 편안한 마음으로 쓰되, 내용을 압축하여 짧게 쓸 것과 음악성이 느껴지게 쓸 것, 비유와 상징의 표현을 시 속에 적절하게 담아낼 것을 안내하였다. 사진은 자신이 표현하고 싶은 이야기나 대상을 먼저 정하고 사진을 찍게 할 수도 있지만, 이미 가지고 있는 사진이나 인터넷에 있는 사진 중에서 자신이 전달하고자 하는 이야기나 대상에 부합하는 것을 골라도 좋다고 하였다.

시를 쓸 때 비유나 상징의 표현을 만들기 어려워하는 학생에게는 모둠별로 토의하여 서로 도움을 주고받으며 쓰도록 하였고, 수업 활동에 대한 평가는 다음과 같이 이루어졌다.

종류	평가내용	평가기준
내용	내용과 주제의 일치성	• 주제에 어울리는 사진과 함께 시를 표현하였는가?
	비유와 상징 표현의 활용	• 비유나 상징의 표현을 활용하여 시를 썼는가?
역량	삶의 목적 수립	• 삶의 목적이 드러난 시를 썼는가?

- 수업 성찰

수업을 설계하면서 가장 중요하게 생각했던 부분은 학생들이 자신의 삶의 목표를 생각하며 자유롭게 생각을 표현하되 비유와 상징을 활용하여 시를 쓰게 하는 것이었다. 이 수업을 계기로 학생들이 자신의 삶의 목표를 생각해 보는 것만으로도 매우 유익하다고 생각하였다.

수업 내용 중 비유와 상징은 학생들이 많이 어려워하는 부분이다. 학생들이 비유와 상징 표현에 대한 의도는 가지고 있었지만 실제 작품에는 그것이 잘 드러나지 않은 것도 일부 있었다. 본인이 의도하지 않았지만 다양한 표현 방법이 드러난 작품도 많았다. 우리는 자신이 표현하고자 하는 바를 효과적으로 드러내기 위하여 일상에서 자신도 모르게 다양한 표현 방법을 사용하고 있다는 것을 알게 되었다.

수업 후 아이들은 다음과 같은 반응을 보였다.

"평소 내 삶의 목적을 제대로 생각해 본 적이 없었는데, 이 활동을 계기로 생각해 볼 수 있어서 좋았다."

"진지하게 내 삶의 목적을 찾으려고 노력하였고, 진정한 목적을 찾게 되어서 좋았다."

"더 열심히 목표를 향해 달려야겠다는 생각이 들었다."

"비유와 상징과 같은 이론을 배우는 데에서 그치지 않고 실제 활용해 봄으로써 재미도 있었고, 내 생각을 표현하는 더 효과적인 방법들을 익힐 수 있어서 좋았다."

"시 쓰기 활동이 쉽지는 않았지만 또 하고 싶다."

시 쓰기가 쉽지는 않지만 아이들 모두 교과서 암기나 문제풀이 중심의 수업보다는 이러한 활동 수업이 훨씬 유의미하고 재미있다고 생각하는 듯했다. 앞으로도 부족한 점들을 보완하여 다양한 프로젝트 수업을 진행하고 싶다.

3. 기술·가정

• 수업 활동

기술·가정 교과에서는 도덕 시간에 설정한 '내 삶의 목적'을 반영하여 20년 뒤의 나의 모습을 피규어로 만들어 보는 활동을 하였다. 때마침 재료의 특성 부분을 지도하고 있던 중이어서 플라스틱을 활용한 제작 활동을 수업에 적용하였다.

1차시에는 플라스틱의 특성과 종류를 이해하는 활동을 하였다. 플라스틱을 만드는 방법을 동영상 자료로 소개하고, 우리 생활 속 많은 제품에 플라스틱이 사용되고 있음을 설명하였다. 그러고 나서 몇 가지 제품을 소개하며, 왜 이 제품에 플라스틱을 주재료로 활용했는지 생각해 보고 그 특성을 말해 보게 하였다.

다음으로 플라스틱을 열가소성 플라스틱과 열경화성 플라스틱으로 구분하고 그 특성을 알아보았다. 우리 생활 속에서 활용되고 있는 플라스틱 제품이 그 종류와 다 특성이 다르다는 사실에 학생들은 매우 놀라

위했다. 이와 연계하여 3D펜을 보여 주면서 열가소성 플라스틱의 특성을 설명하였다. 대부분의 학생들이 3D펜을 처음 다뤄 보기 때문에 3D 펜에 대해 매우 흥미를 느꼈고 빨리 사용해 보고 싶어 했다. 3D펜이 손에 익숙하지 않으면 피규어를 제작하기 어렵기에 시간을 할애하여 학생들이 자유롭게 3D펜을 활용해 볼 수 있게 하였다. 학생들은 3D펜으로 이름, 로고, 다양한 모양을 만들었다. 무언가를 만들어 본다는 것에 매우 재미있어하였고, 미래의 자신의 모습을 빨리 피규어로 표현하고 싶어 하였다.

2~4차시에는 도덕 시간에 설정한 자신의 20년 뒤 모습을 피규어로 만들기 위한 설계와 제작 활동을 하였다. 학생들은 3D펜에 쓰이는 필라멘트의 특성을 고려하여 실제 제작할 수 있는 모양을 구상하였다. 활동지에 표현하고자 하는 모양을 간단히 스케치하였다. 이때 학생들에게 설계에 대한 피드백을 제공하였다. 3D펜으로 구현이 가능한 모양인지에 초점을 두고 다음과 같이 피드백하였다.

"공중에 떠 있는 것은 표현이 어려울 수 있으니, 따로 제작하여 글루건으로 부착해 보세요."

"20년 뒤의 모습이 구체적이지 않은 것 같네. 여기에 사물을 추가하여 한눈에 무엇인지 알아볼 수 있게 하면 어떨까?"

학생들은 설계 내용을 일부 수정하고 바로 피규어 제작에 들어갔다. 이 수업에서는 개별 산출물을 제작하여야 하기 때문에 1인당 1대씩 3D 펜을 지급하였다. 그리고 다양한 색상의 필라멘트를 제공하였다.

학생들이 3D펜으로 제작한 '20년 후의 내 모습'

피규어 제작의 기본 원리는 '적층'이다. 피규어의 하체부터 필라멘트를 조금씩 쌓아올려 제작할 수 있도록 지도하였다. 대부분의 학생들이 처음에는 실패하였으나 금방 적응하여 피규어를 제작하였다. 일부 학생들은 3D펜을 다루는 데 힘들어하여, 쉽게 만들 수 있는 모양부터 제작해 보도록 점심시간에 연습할 수 있게 해 주었다. 제작에는 2~3차시 정도의 시간이 소요되었다. 피규어를 안정적으로 전시하기 위한 받침대로는 종이컵을 활용했다. 종이컵을 뒤집어 그 위에 피규어를 올리고 글루건으로 고정하였다. 종이컵 겉면에는 자신의 삶의 목적과 20년 뒤 자신의 직업을 명시하게 하였다.

평가는 교사평가로 이루어졌으며 플라스틱의 특성 이해, 설계의 구체성, 피규어의 완성도에 초점을 두었다. 그 평가기준은 다음과 같다.

구분	평가내용	평가기준
내용	플라스틱의 특성 이해	• 플라스틱의 특성을 잘 이해하였는가?
	설계의 구체성	• 제작하고자 하는 물체를 치수, 설명 등을 적용하여 구체적인 도면으로 작성하였는가?
	피규어의 완성도	• 설계에 따라 피규어를 완성도 있게 제작하였는가?
역량	삶의 목적 수립	• 삶의 목적과 직업이 분명히 드러나는 피규어를 제작하였는가?

• 수업 성찰

기술·가정 시간에 다양한 실습 활동이 이루어지는데, 무언가를 만들 때 목적의식이 있으면 좋겠다고 생각하였다. 무언가를 만드는 그 자체로도 훌륭한 교육적 경험이지만 목적과 청중을 구체화하면 교육적 효과가 배가된다. 그래서 학생들에게 피규어에 자신의 삶의 목적과 직업을 담아 제작하게 하였다. 만일 기술 교과 단독으로 수업이 이루어졌다면 '내 삶의 목적'을 구체적으로 설명하지 못했을 것이다. 시간상의 문제, 전문적인 지식의 부재로 "삶의 목적을 설정하는 것은 중요한 일이야." 정도로 설명하고 바로 실습 활동에 들어갔을 것이다. 그러나 학생들이 도덕, 국어 시간에 자신의 삶의 목적을 충분히 고민한 상태였기에 곧장 제작 활동에 들어가는 데 무리가 없었다.

한 학급에서 1인당 1개씩의 피규어를 만들기 위해 32개의 3D펜이 필요했다. 32개의 3D펜이 고온 상태로 계속해서 필라멘트를 녹이기 때문에 수업 중 학생들의 안전과 환기 문제가 걱정되었다. 3D펜에 사용되는 필라멘트가 무독성이긴 하나, 인체에 유해할 수 있으므로 수시로 환기를 하였다. 또 학생들 간 장난으로 인한 화상 방지를 위해 미리 사용 규칙을 명확히 제시하는 것이 중요하다.

다음에 플라스틱을 활용하여 프로젝트 수업을 기획한다면 미세 플라스틱에 대한 내용을 다루고 싶다. 최근 미세 플라스틱이 해양오염은 물론이고 동물의 죽음, 인체에 유해한 영향을 주고 있어 심각한 문제가 되고 있다. 기술 시간에 플라스틱의 종류를 더 자세하게 알아보고, 미세 플라스틱 사용을 줄일 수 있는 방안을 실천하는 캠페인을 전개한다면 보다 의미 있는 프로젝트 수업이 될 것 같다.

▶ 생활기록부 기재 사례 ◀

도덕

학습 전에는 자신의 삶의 목적에 대한 막연한 생각을 구체적으로 표현하지 못하였음. 그러나 '내 삶의 목적'을 주제로 하는 교과융합 프로젝트 수업을 진행하며 어떠한 가치가 자신에게 바람직하고 소중한 가치인지 알고 그 이유를 생각하여 학습활동지에 기록함. 20년 후 삶의 목표를 이룬 자신의 모습을 떠올려 보고 일기 쓰기를 하며 도덕적 상상력과 목적의식을 길렀으며, 자신의 삶의 목적과 미래상을 학급 친구들 앞에서 역할놀이를 통해 실감 나게 표현함. 프로젝트 활동을 통해 도덕적이고 바람직한 가치를 학습하고 이를 자신의 삶의 목적에 적용해 보며 진로에 대한 확고한 자신감을 가짐.

국어

학기 초부터 자신의 삶에 대한 관심을 가지고 있었고, 교과융합 프로젝트 학습에서 '내 삶의 목적'이라는 주제에 맞게 자신의 삶의 목적을 진지하게 생각해 보고 그 생각에 어울리는 사진과 아름다운 시로 표현함. 비유와 상징의 기법을 자신의 시에 활용함으로써 확실하게 파악할 수 있었음. 또한 사진 시를 쓰는 과정에서 핵심역량인 지식정보처리역량과 심미적 감성역량을 함양하고 표현능력을 향상시켰음.

기술·가정

3D펜에 활용되는 열가소성 플라스틱의 특성을 구체적으로 설명할 수 있음. 자신의 삶의 목적을 '정의롭고 공정한 사회에게 기여할 수 있는 사람'이라고 설정하고 3D펜을 활용하여 법률가의 특성을 구체적으로 표현함. 피규어를 매우 완성도 있게 표현하였고 자신의 피규어를 다른 사람에게 적극적으로 설명함.

함께 행복한 교육

우리가 만들어요!